N'écoutez pas votre cerveau!

Comment rester sain dans un monde malade

■ Martine Laval

N'écoutez pas votre cerveau!

Comment rester sain
dans un monde malade

 **InterEditions**

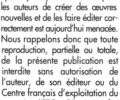
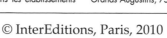
© InterEditions, Paris, 2010
ISBN 978-2-7296-1090-6

À Patricia
À Philippe,
et à tous mes petits-enfants

Sommaire

Introduction

COMMENT RESTER SAIN
DANS UN MONDE MALADE ?

COMMENT RESTER SAIN DANS UN MONDE MALADE ? Et quelles portes ouvrir pour y arriver ?

C'est en tant que consultante en entreprise, témoin du malaise et de la brutalité montante du monde professionnel, alertée par la corrélation entre la santé d'un individu et ce qu'il vit dans son travail et dans sa vie affective, que j'ai eu envie d'écrire ce livre. Quantitativement, à l'état de veille nous vivons plus de temps dans notre milieu professionnel qu'avec nos enfants ou les personnes choisies dans notre sphère personnelle. Alors, comment gérer nos existences lorsque l'environnement professionnel devient toxique et trop omniprésent ?

Depuis plus de trente ans, des personnes de tous les niveaux hiérarchiques en entreprise me font part de leur quotidien à travers leurs engagements, leurs désirs, leurs difficultés et leurs doutes, et le nombre de ceux qui spontanément résistent à la pathologie ambiante se fait de plus en plus rare. L'argent érigé en maître suprême, accompagné d'une obsession de productivité de plus en plus tenace, fait passer l'être humain au second plan. Beaucoup y perdent leur âme, leur joie d'être, et au final leur santé. Les conséquences humaines de cette dérive économique deviennent lourdes[1].

Qu'on ne s'y trompe pas, ce livre n'est ni un réquisitoire désespéré, ni un constat d'impuissance. Il est au contraire une incitation personnelle à se prendre en main, et à ne pas céder aux pressions ambiantes malsaines et démesurées qui finissent par faire partie du

---

1. Je partage ici le contenu de trente ans de réflexions, de conférences, de coachings, de séminaires en entreprises et à HEC, toujours centrés sur la nature humaine et sa façon de réagir à ses environnements, pour le meilleur et pour le pire.

quotidien. Il a pour ambition d'aider chacun à (re)devenir acteur de lui-même, gardien de son équilibre psychologique et physiologique, engagé à être heureux ici et maintenant, et à « injecter » du sens dans sa vie et celle de ceux qui l'entourent.

Longtemps j'ai hésité à écrire un livre sur la santé ou sur la vie en entreprise car, dans mon expérience professionnelle, les deux sujets sont indissociables. Et finalement, le cœur de cet ouvrage est l'être humain dans un face à face avec lui-même, avec un éclairage particulier sur sa capacité à se laisser influencer quasi totalement par son environnement et sa socioculture au point, quand les deux deviennent toxiques, d'en perdre la raison et la santé.

Après un survol rapide de « l'ambiance » générée par le monde économique, nous nous arrêterons particulièrement sur l'univers médical que je connais bien professionnellement. Il est très représentatif du jeu socio-économique, et de l'enfermement dans lequel chacun se trouve s'il manque de vigilance. Puis nous partagerons des informations très détaillées sur la biologie du cerveau, car sans conscience, c'est lui qui nous gouverne de l'intérieur. Avec les émotions, si nous n'y prenons garde, il a tout pouvoir sur ce que nous sommes.

Sélectionné depuis des millions d'années pour aider les espèces animales à survivre dans un monde de manque, aujourd'hui il n'est pas adapté à notre environnement d'abondance, et nous mène à notre perte si nous le laissons agir à sa guise. Une connaissance approfondie de son fonctionnement me paraît indispensable pour réussir à guider sa vie et vivre plus sainement dans le monde actuel[1].

En fin d'ouvrage, j'ouvre des pistes pour permettre à chacun de rendre concrètes les prises de consciences et les décisions individuelles réveillées ou occasionnées lors de cette lecture, et pour trouver les sorties de secours vers lesquelles se diriger quand l'air

---

1. Au-delà de mes formations universitaires en mathématiques, biologie, psychologie et psychosociologie, je me suis appuyée entre autres sur les travaux et les recherches de Paul MacLean, d'Henri Laborit, de Marc Jeannerod, d'Arthur Janov, de Stanislas Groff, de Daniel Goleman et de tous les travaux d'Antonio R. Damasio. J'ai alterné les apports théoriques et les analyses avec des témoignages et des exemples concrets de la vie quotidienne.

devient trop vicié. Notre santé globale est à honorer à chaque instant, elle est le vaisseau spatial de notre vie. Notre environnement le malmène dans des turbulences incessantes, et nous le croyons à tort indestructible. Munis des bons leviers, nous pouvons leur échapper ou agir sur elles pour notre plus grand bien à tous.

I SURVOL D'UN MONDE MALADE

Zoom sur les turbulences du monde extérieur

1

UN ENVIRONNEMENT ÉCONOMIQUE ET SOCIAL PATHOGÈNE

NOTRE ÉPOQUE AIME LE BRUIT ET L'AGITATION. Elle fuit l'assise silencieuse et le dialogue intérieur.

COURIR, TOUJOURS COURIR

Silence et consommation ne font pas bon ménage. Les fuites en avant dans la compétition, la compulsion de consommation ambiante, l'affolement comportemental pour être le meilleur, le plus beau, le plus riche, le premier, le plus intéressant, le plus désintéressé, enfin bref le « toujours plus » décliné à l'infini, tout cela n'incite guère à s'offrir des temps de face à face avec soi-même. Pour qui veut échapper au tourbillon social, à ses pressions et à l'aliénation inévitable qui s'en suit, et pour celui qui préfère vivre sa vie en être éveillé plutôt qu'en passant autiste, épuisé ou égaré, des temps d'arrêt et de questionnements sont indispensables. « C'est tellement important ce que nous venons de vivre, cette occasion enfin de s'arrêter et de prendre du recul… », me disent tant de médecins ou de managers, après s'être donné la permission institutionnelle, lors de séminaires ou de séances de coaching, de s'arrêter un moment, et de se poser des questions profondes ou légères jusqu'à ce que les bonnes arrivent, celles qui concernent chacun individuellement. Seulement voilà, faire du zapping de temps en temps ne suffit pas.

J'ai animé de nombreux séminaires de gestion du temps en entreprise, et depuis longtemps déjà je ne veux plus passer par ces approches uniquement formelles qui offrent des outils en lieu et place de démarches de fond. Si à la sortie, chacun a le sentiment d'avoir la bonne méthodologie pour mieux gérer son temps, c'est pour continuer de manière encore plus gravement efficace sa course en avant. Le temps récupéré n'est pas vraiment investi pour gagner en harmonie et en sérénité, ou pour réfléchir au sens de sa vie et adopter les meilleures stratégies à honorer. Il est employé à charger encore plus ce qui est « corvéable à merci », c'est-à-dire soi et ses collaborateurs, rendant ainsi, grâce à l'obsession d'efficacité, l'environnement professionnel et personnel encore plus lourd. Beaucoup d'entre nous aspirent à plus d'équilibre, et peu y arrivent. La culture ambiante est prégnante. Ne pas être « à la merci » du système, du regard de l'autre, de l'agitation, des nombreuses pressions extérieures et de ses propres compulsions de pouvoir et de possessions, requiert un engagement farouche renouvelé à chaque instant.

UN AIR VICIÉ

La sécurité matérielle, loin de nous alléger, nous englue. Il est banal de rappeler combien l'environnement professionnel de chacun se durcit. Course aux résultats, clients zappeurs, concurrence internationale, intrigues professionnelles, rachats intempestifs, crise planétaire mondiale entraînant tant de naufrages et de scandales financiers à répétition… le présent et les perspectives sont plutôt sombres.

L'espérance de vie grandissante de nos pays occidentaux n'est guère accompagnée d'allégresse et de sérénité. Jamais les grands laboratoires pharmaceutiques internationaux n'ont eu des marchés aussi porteurs. Avec une population vieillissante, une nourriture souvent malsaine orchestrée par nos lobbies industriels en lien avec la grande distribution, un environnement pollué chimiquement, des citoyens stressés, malmenés, inquiets… la consommation médicale est en pleine expansion. Prothèses et pilules chimiques sont nos compagnons de route d'Occidentaux nantis, nantis pour combien de temps encore ?

Par mon métier, je partage la vie professionnelle de beaucoup de gens différents. Pour une grande majorité, à des degrés variables certes, le bon stress cède la place au mauvais, au point de ne plus imaginer qu'il pourrait en être autrement. Je n'ai pas constaté que beaucoup y échappent, tant en milieu médical qu'en entreprise. Cet état de faits est d'autant plus triste que les femmes et les hommes de nos sociétés sont entraînés dans une course en avant où le sens et les valeurs sont trop souvent absents, ce qui ne permet pas de se rattraper à grand-chose. S'il existe des îlots professionnels de bien-être et de sens, de surcroîts financièrement efficaces pour exister sur le long terme, ces réussites sont généralement liées à la qualité humaine de ceux qui sont en place. Mais il suffit qu'un responsable stratégique et éclairé s'en aille, ou qu'un actionnaire éternue un peu fort, pour que trop souvent tout soit remis en cause.

UN APPÉTIT INSATIABLE

Au sein de cet univers contaminé par le « toujours plus », la majorité des acteurs, loin d'atténuer ce dysfonctionnement, l'aide au contraire à s'inscrire dans la durée en le servant fébrilement. Par principe les résultats de nos grands groupes industriels ne sont jamais suffisants, sauf lorsqu'il s'agit de communiquer dans les médias pour faire monter les actions en Bourse, ou lors de grand-messes internes quand l'objectif est de re-motiver artificiellement les « troupes » qui risquent de s'épuiser. On le serait à moins…

Pourquoi beaucoup de nos grandes entreprises se donnent tant de mal pour inviter royalement et régulièrement leurs cadres dirigeants dans des endroits dépaysants comme Ouarzazate ou l'île Maurice, dépensant alors des sommes d'argent plus que conséquentes, quand le reste du temps les budgets de fonctionnement sont regardés à la loupe… si ce n'est pour regonfler le moral de chacun et donner l'illusion par une aventure chaleureuse et collective de quelques jours qu'il fait toujours bon vivre là professionnellement ? En échange, pas question d'avoir au retour des états d'âme sur les nouveaux objectifs à atteindre, naturellement plus performants que les précédents en terme de chiffre d'affaires ou d'augmentation de parts de marché.

L'ère des dinosaures industriels a sonné. Ils envahissent la planète. Mais contrairement aux dinosaures qui ont disparu en laissant la place à d'autres espèces animales, ceux-ci risquent de tout anéantir et de ne rien laisser derrière eux. La mondialisation est redoutable en ce qu'elle multiplie quasi exponentiellement les conséquences néfastes de nos dysfonctionnements.

LES GRANDS PRÉDATEURS

Il n'est pas simple de sauter d'un train en marche, surtout lorsqu'il est le résultat d'une technologie de pointe qui permet d'aller où l'on veut, à toute vitesse, et que l'on se croit apparemment protégé malgré le bruit et les chaos. Beaucoup de nos grandes entreprises ressemblent à ces trains prodigieusement puissants et efficaces, qui roulent de plus en plus vite vers leurs destinations strictement financières.

> Prenons le cas assez caricatural du groupe Monsanto, et choisissons l'exemple de certaines de ses semences transgéniques, dont une des caractéristiques est de donner des récoltes rapides et particulièrement abondantes, mais dont l'autre est de ne pas pouvoir se reproduire, contrairement à ce qu'offre la nature.
>
> En arrivant dans un nouveau pays, la stratégie du groupe est d'offrir les graines, histoire de réussir à s'implanter facilement et rapidement dans un contexte local de grande pauvreté. La perspective d'une récolte décuplée par rapport aux autres est alléchante. Les locaux acceptent. Ceux qui sont en bas de l'échelle sociale n'ont pas le choix de refuser, car ils ont faim, et tout est bon à prendre. Et les autres cèdent devant les retombées d'argent facile. Mais l'année suivante, la majorité des petits paysans n'ont pas de quoi acheter les semences, leurs anciennes cultures ont disparu, et la famine à plus grande échelle refait son apparition auprès des plus démunis.
>
> Parmi tant d'autres, Monsanto est le symbole parfait de l'entreprise Gagnante, « Numéro Un Mondial » qui fait de cet objectif sa référence suprême. Hormis elle, point de salut.

Pour alimenter la croissance, tous les coups sont permis, comme si l'on était dans un jeu virtuel où ceux tombés sur les bas-côtés, les pauvres, les malades et les morts, pouvaient se relever pour la partie suivante.

Une majorité de nos groupes industriels, tous secteurs confondus, jouent ensemble au poker et, à tour de rôle, cèdent les cartes qui ne font pas partie des bonnes pioches, comme les secteurs d'activité dont régulièrement on se débarrasse. Le « capital humain » dans cette histoire ne fait pas partie des préoccupations, trop souvent il ne sert que de pion pour la partie suivante, si toutefois il y est convié.

Nos grands groupes industriels mènent le monde. Aucune nation, aucun peuple, aucune tribu ne peut prétendre aujourd'hui échapper à la présence inopinée ou aux influences du prédateur d'à côté ou d'en face. Le soi-disant progrès a ouvert les portes à tous les dangers. La grande différence avec ce qui a toujours été vient de la mondialisation. Aujourd'hui c'est la planète entière qui vibre au son du même diapason, celui de l'acharnement à posséder toujours et toujours plus, et à envahir sans cesse concrètement, virtuellement ou symboliquement le territoire des autres. Qui tuera l'autre ? Qui le mettra sous sa coupe ? Et qui n'en aura rien à faire ? Nous en sommes toujours là. L'inversion dramatique des résultats entre l'amélioration de la productivité et la lutte contre la grande pauvreté dans le monde est entre autre insupportable. En même temps que la FAO[1] prévoyait pour 2009 un record de production de céréales de 2 200 millions de tonnes, en hausse de 3,5 % par rapport à 2008, elle indiquait une augmentation de 100 millions d'êtres humains affamés.

UN COMPORTEMENT DE SAUVE-QUI-PEUT

Dans ce contexte, chacun mène sa barque à sa manière mais, pour ne citer que la France, si l'on regarde le nombre de petites pilules d'antidépresseurs demandées et prescrites, il semblerait que ce soit plutôt mal que bien.

Pour ne pas vivre en porte à faux au sein du monde de l'entreprise, pour ne citer que celui-là, la majorité des acteurs acceptent de n'être concernés que par des objectifs strictement économiques. Certains choisissent la soumission active. Obéir, se protéger personnellement, être politiquement correct et surtout ne pas faire de vagues. D'autres sont là sans être là, faisant acte de présence tout en ne s'impliquant surtout pas. Toutefois il leur est difficile d'échapper indéfiniment à l'environnement dans lequel ils sont immergés sans se faire rattraper. Et à certains moments, pour éviter les effets pervers et néfastes de règles du jeu par trop absurdes voir dévastatrices, la rébellion est envisagée comme une option

---

1. FAO, Food and Agriculture Organization des Nations Unies.

salvatrice. Mais la sanction ne se fait pas attendre car le manager en place, « au-dessus », inquiet et bousculé par une telle attitude, utilise son pouvoir pour faire avorter brutalement l'essai, quand il serait pourtant plus pertinent de chercher à comprendre l'origine d'un tel comportement en vue d'une remise en cause constructive.

Alors « à force »…l'énergie utilisée à courir comme un fou ou à tenter de calmer artificiellement le jeu n'est plus disponible pour jouir « normalement » et harmonieusement de la vie. En guise de réponse, c'est le corps qui s'exprime et se révolte, las d'avoir envoyé des signaux que son propriétaire, trop appliqué à obéir à son époque, n'aura pas entendus. Il somatisera plus ou moins gravement selon l'individu concerné.

L'OBSESSION DU MANQUE

Aux origines de sa vie, l'homme ne trouvait pas facilement sa nourriture, aussi une programmation interne basée sur la gestion du manque s'est progressivement mise en place. Toujours omniprésente, elle a sur nos comportements beaucoup d'influence, car nous n'avons rien encore dans notre patrimoine génétique pour nous aider à gérer l'abondance.

Si trop de nourriture se présente à nous, joliment présentée, avec un goût qui nous plaît, nous n'aurons aucune barrière naturelle pour ne pas la prendre.

Nous avons perdu notre instinct ou, plus exactement, celui qui nous protégeait dans un contexte de ressources rares n'a plus lieu d'être dans nos pays de nantis.

Saturés de nourritures et d'objets, nous nous enlisons dans « d'éternelles » compulsions de consommations.

Notre espèce n'a pas su évoluer au rythme des transformations qu'elle a induites sur son environnement, et ce qui nous sauvait jadis se retourne contre nous.

À cela se rajoute une dépendance perverse au sucre. Pour l'équilibre de notre métabolisme, les aliments sucrés sont indispensables.

Depuis l'origine des temps, le sucre à l'état brut existait peu dans la nature, et hommes et mammifères étaient ici en perpétuel manque. Aussi la sélection naturelle a fait son œuvre et nous a génétiquement programmés à le rechercher frénétiquement au point de tomber en addiction dès qu'il y en a dans l'environnement, histoire de faire des réserves. Alors, si l'on commence à donner des sucreries à un petit enfant, il en voudra de plus en plus, obéissant à un conditionnement animal au pouvoir prioritaire. Et dans nos sociétés industrielles, du sucre, il y en a partout, à commencer par le pain quotidien…

Cette absence interne individuelle de gestion de l'abondance arrange bien nos industriels et nos commerçants, car nos marchés sont basés sur la croissance et, tel un organisme vivant, nos sociétés occidentales ne sont pas capables de changer de programmation.

Pour ne surtout pas risquer de prendre conscience de l'obsolescence de cette façon de fonctionner, et ne pas entendre le langage de nos corps qui souffrent ou s'épaississent régulièrement, nous sommes sollicités à tout instant pour consommer.

De nouveaux produits inondent sans cesse le marché, tous plus sophistiqués les uns que les autres, afin que le consommateur n'ait pas le temps de se lasser, car l'abondance déclenche un comportement de zappeur et la courbe des ventes pourrait dangereusement s'en ressentir.

Il faut surtout continuer à solliciter ces schèmes de comportement, c'est tellement pratique pour atteindre les objectifs quantitatifs.

L'addiction à l'argent semble encore plus forte que celle au sucre. Peu y échappent, la contagion est universelle. Et les vieux schèmes comportementaux continuent de tourner sur eux-mêmes. Avec la complicité de leurs ouailles encore incapables de se « contenir », les États cherchent toujours à augmenter leur PNB, ne réussissant pas échapper à l'absurde fatalité des relances à la consommation. « Ce n'est pas en continuant à refaire plus de la même chose qu'ils réussiront à changer quoi que ce soit » nous disait Einstein. Comme il serait bon de s'en souvenir.

Et Sénèque nous prévenait. « Nul vent n'est favorable à celui qui ne sait où il va ».

Notre monde économique confond les moyens et les buts, ce qui lui permet de se tromper éternellement de direction. L'argent n'est qu'un moyen, et il est érigé en unique but.

L'OBÉSITÉ GALOPANTE

L'obésité présente depuis des années aux États-Unis tourne à l'épidémie mondiale dès qu'un pays commence à sortir de la grande pauvreté.[1]

Combien d'entre nous ne savent plus ce qu'est cette fameuse sensation de faim, repus par de trop fréquentes occasions de manger, et ayant perdu toute faculté instinctive de se restreindre. Et le quotidien n'arrange rien, avec les vies sédentaires, la station assise dans les bureaux, le temps passé devant les ordinateurs, les transports en commun et les déplacements en voiture, l'assise devant les téléviseurs… et le cercle dangereux se referme. L'immobilité n'a jamais aidé à éliminer les graisses qui s'accumulent ainsi paisiblement dans les tissus, les vaisseaux et les organes, et envahissent au passage symboliquement nos cerveaux. Quant au soi-disant progrès des pièces trop chauffées, il n'est progrès que sur un plan technique. La conséquence est d'empêcher le corps de brûler ses propres calories pour maintenir sa température, et il s'encrasse dangereusement car son système naturel de régulation calorique ne peut plus fonctionner.

Finalement, tout est en place pour que les sociétés d'abondance aident leurs concitoyens à voguer durablement vers l'obésité[2], et la campagne du Président des États-Unis Barak Obama contre l'obésité se heurte à bien des lobbies en place. Beaucoup d'entreprises sont impliquées dans ce désastre, nous avons déjà cité le secteur agroalimentaire et sa distribution. Quant aux laboratoires pharmaceutiques, ils ont de quoi s'occuper. Après les antidépresseurs, les coupe-faim, l'avenir est assuré. Il y a fort à pilules plutôt que de remettre en cause des habitudes malsaines. Alors, comme pour les antidépresseurs, sans démarche individuelle active, un nouvel asservissement sera au rendez-vous avec son cortège d'effets secondaires, et ce d'autant plus que les coupe-faim n'ont d'efficacité que le temps de leur présence. Prendre un médicament

---

1. L'OCDE parle d'épidémie. Ses statistiques de 2005 donnent aux Etats-Unis, 65,7% de gens en surpoids, et 30,6% d'obèses, en France 37,5% de gens en surpoids et 10,4% d'obèses avec une augmentation alarmante ces dernières années chez les enfants en bas âge.
2. L'obésité coûte 147 milliards d'euros par an aux États-Unis, plus que ne coûte le cancer (Antenne 2, Journal de 20 heures, le 11 août 2008).

à vie… le drame est que les effets secondaires d'un médicament ne se découvrent parfois qu'après 10 ou 15 ans d'utilisation. Certains coupe-faim ont provoqué des fibroses pulmonaires mortelles 10 ans après la première prise. Combien ont été touchés ? Et qui le sait ? Trop souvent, le silence pudique accompagne ce genre de conséquences.

LA TEMPÊTE

Nos économistes nous avaient prévenus il y a longtemps déjà. Les habitudes consommatrices démesurées associées aux désirs de possession multiples, et leurs corollaires inévitables sous forme de crédits de toute sorte, étaient et sont un véritable explosif. Des régulations multiples existent certes, associées de supervisions variant au cours des événements, mais la pluralité des facteurs en jeu et le nombre d'acteurs concernés de par le monde, au sein de cultures et de fonctionnements variés d'une banque à l'autre et d'un pays à l'autre, rendent assez peu probable l'éventualité d'une solution unique et globale. L'argent qui circule autour de la planète n'a qu'une existence virtuelle, et tout « notre système » peut s'écrouler en un instant. Bernard Madoff n'a été qu'un acteur parmi des centaines, longtemps l'un des plus doués dans le genre, quand tant d'autres faisaient et font encore la même chose à des degrés divers.

Les médias, et plus spécifiquement la presse économique, offraient régulièrement les réflexions de penseurs éclairés nous alertant des dangers suscités par la mondialisation des marchés financiers, sans régulation externe suffisante ni véritable autorégulation pour évoluer sainement. Mais ces mises en garde ici et là ne servaient à rien.

Alors ça y est c'est arrivé, comme une grande tempête qui a largement eu le temps de se préparer et de se nourrir de nos folies pour avoir plus de force. Gigantesque et mondiale, elle balaie beaucoup sur son passage, semblable à ces ouragans que la terre nous offre un peu plus souvent que normal grâce à notre brutalité à son égard.

L'étonnement général devant la crise actuelle montre encore une fois combien nous ne savons pas régulièrement nous arrêter dans nos courses effrénées, car les signes avant-coureurs étaient là.

C'est tellement tentant de choisir la stratégie de l'autruche et de se mettre la tête dans le sable... Pourtant chacun sait au fond de lui que les ressources ne sont pas infinies, que l'argent est immatériel et que tout repose sur un jeu de passe-passe extraordinairement dangereux. Mais les habitudes, les tentations et les comportements mimétiques agissent collectivement et entraînent notre monde dans un tourbillon généralisé et plus que coopté par tous les pays de la planète, y compris les pays émergents qui entrent dans la danse dès qu'ils le peuvent.

Notre monde de surconsommation, malade déjà nous le savions, est en passe de devenir un très grand malade, et contagieux de surcroît.

L'EFFET PAPILLON, TOUS CONCERNÉS

Cette crise démontre s'il le fallait encore, combien désormais nous sommes tous enchaînés les uns aux autres, à l'intérieur d'effets systémiques qui peuvent être soudains et terrifiants à l'échelle de la planète entière. Bien des économistes, des politiques et des journalistes cherchent toujours à la comparer à celle des années trente, alors que rien n'est plus comparable vu les avancées technologiques, la mondialisation et l'état de la planète. Ah ce cerveau... si souvent il tourne en boucle sur lui-même, et propose des réponses validées en d'autres circonstances qui n'ont plus rien à voir avec le moment présent. Aujourd'hui le danger est l'emballement généralisé au niveau planétaire. Il n'y a qu'à voir, au sujet du virus H1N1, cette psychose de tant d'États, et surtout de la France, liée au souvenir de la grippe espagnole.

L'effet Papillon n'épargne personne. Il suffit en effet qu'une aile de papillon vibre en Amazonie pour qu'une tempête naisse en Russie, nos scientifiques l'ont amplement démontré. Les folies collectives peuvent ainsi émerger à partir de quasiment rien. Et grâce aux technologies de l'information et à cette gigantesque toile humaine connectée en temps réel sur le Net, l'effet Papillon de la rumeur et des comportements risque de se déclencher à chaque instant, et de se transformer en un temps record en une arme de puissance atomique. Pour la première fois, les êtres de la planète sont tous vulnérables ensemble.

Et nos politiciens et « grands » patrons sont un peu démunis, car il faut penser global et local en même temps, et plus que jamais être en mesure de détecter les signaux faibles avant coureurs d'éventuels effets dévastateurs. Ces signes sont là comme des alliers et des guides, mais nul ne s'arrête suffisamment pour les considérer. Nous sommes à une époque de zapping et de course permanente. Ce virus H1N1 en s'exprimant un jour au Mexique a déclenché un effet Papillon dont il est important, pour chacun, d'en lire la teneur et la pertinence. Il est très symbolique des effets d'emballement planétaire, mais aussi des manipulations massives et du refus de parler vrai de tant d'acteurs au pouvoir. Nous devons donc sans cesse repenser individuellement notre présent pour choisir les portes à ouvrir et celles à fermer impérativement.

L'OCCASION DE PRENDRE CONSCIENCE

Que d'interlocuteurs symboliquement ou physiquement fatigués, ont partagé avec moi leurs doutes et leur mal-être, cherchant désespérément du sens là où il n'y en a plus. Il s'en dit des choses dans l'alcôve du consultant en qui l'on a confiance… La joie d'être s'amenuise, et laisse place à des compensations démonstratives et bruyantes comme pour s'auto-persuader que tout va encore bien. Beaucoup prennent des antidépresseurs pour tenir le coup, et se disent malmenés par leur environnement professionnel. Mais pourquoi en arriver là et accepter de payer un tel prix ? Et pourquoi attendre le risque de somatiser pour s'engager sur le chemin de la lucidité ?

Plus nous serons conscients de la toxicité du monde dans lequel nous évoluons, plus nous aurons de chance de trouver, sinon la réponse, du moins des parades efficaces pour nous protéger comme pour le protéger. Propriétaires de nous-mêmes, en toutes circonstances nous devons refuser d'être à la merci de décisions extérieures dont les conséquences globales et individuelles sont, sinon meurtrières, du moins malsaines. Mais pour cela le courage de regarder la réalité en face fait partie du chemin, car nous avons aussi, chacun d'entre nous, une responsabilité dans ces désastres ambiants, ne serait-ce que celle de les coopter.

Finalement, l'état grave dans lequel se trouve notre planète est paradoxalement une bonne nouvelle, car il nous oblige désormais à investir notre puissance personnelle pour nous tirer d'affaire. Nous sommes face à une formidable opportunité d'évolution.

2

UN UNIVERS MÉDICAL CONTAMINÉ

Claude Bernard caractérisait la maladie par « l'exagération, la disproportion et la dysharmonie des phénomènes normaux ». Cette définition s'applique tout à fait à notre monde actuel. Comme il serait bon alors de pouvoir régulièrement se réfugier dans le giron de notre médecine classique dès que nous perdons l'équilibre. Seulement voilà, elle aussi est mal en point, car elle ne réussit pas toujours à s'extraire de la pathologie de son environnement. Nous allons donc ici nous rendre à son chevet pour faire un diagnostic précis de ses ressources et de ses forces, et des symptômes dont elle souffre. En prenant connaissance de ses atouts, de ses enfermements et de ses limites, nous nous donnerons un maximum de chance de jouir de ses avancées scientifiques et technologiques, et d'échapper à ses dysfonctionnements.

MA RENCONTRE AVEC LA MÉDECINE

Mes étonnements d'enfant

Mes premières émotions face à la médecine remontent à mon enfance, et je choisis de partager celles qui ont profondément marqué ma vie dans la mesure où elles ont réveillé très tôt mes interrogations face au savoir médical et à ses habitudes culturelles.

Mon père était un des premiers opérés de France à avoir vécu l'ablation d'un rein. L'éminent professeur Leriche avait été l'homme de l'art. Inventer un tel acte, précis, rigoureux, scientifique, maîtriser la technique et le geste aussi magistralement nous avait tous dans la famille impressionnés, et une certaine fierté teintée de gratitude nous habitait. Être parmi les premiers à être sélectionnés pour cette quasi grande première, ce n'était pas rien.

J'avais 10 ans, l'âge où les expériences se transforment déjà en début d'opinions, lorsque je surpris une scène étonnante. Mon père était fatigué et fit venir un docteur. Ce n'était pas le médecin de famille habituel. L'homme tenait une baguette bizarre qu'il passait et repassait sans cesse devant le corps de mon père, qu'il auscultait tout habillé dans son bureau. La scène n'en finissait pas, et cet être curieux finit par dire : « il y a quelque chose que je ne comprends pas, excusez-moi. Mais je n'arrive pas à localiser votre rein gauche ». Il ne le trouvait pas et pour cause… Ce fut le deuxième événement marquant. Comment, dans ce monde médical si sérieux, pouvait-il exister des phénomènes aussi étonnants que celui auquel je venais d'assister ? Y avait-il d'autres accès à la santé que celui de la médecine strictement conventionnelle ?

Un troisième étonnement vint à la suite d'une série d'otites qui n'arrêtaient pas d'avoir une prédilection pour l'enfant que j'étais. La pénicilline prescrite en doses de plus en plus fortes ne venait pas à bout de ces otites à répétition. J'avais mal, on finissait par choisir les modes opératoires en guise de solution. Les végétations d'abord, puis l'ablation des amygdales, et de nombreuses paracentèses. En même temps il m'était prédit, de mastoïdites en mastoïdites, l'éventualité de devenir sourde petit à petit. Inquiets et désorientés, mes parents firent revenir ce curieux docteur aux baguettes magiques. Je me souviens avoir été choquée lorsque, critiquant notre bon médecin de famille, il interdit formellement une nouvelle prise de pénicilline, précisant combien cette pratique était erronée et toxique pour moi. Mais alors que faire, et puis surtout qui croire ? Il me donna des petites pilules blanches, je ne savais pas encore ce qu'était la médecine homéopathique, mais le résultat fut spectaculaire. Je n'eus plus d'otites.

Etait-il possible que notre médecin de famille ait pu se tromper ? N'avait-il pas un pouvoir absolu ? Je ne comprenais plus rien. D'ailleurs, cet autre homme aux baguettes en fanions de baleine ne nous sécurisait pas vraiment avec ses pratiques de radiesthésiste sulfureux et malgré son efficacité certaine, il disparut du tableau familial.

Je vécus un quatrième étonnement lorsque ma mère dut partir 10 jours à la montagne assez brusquement. S'étant arrêtée de travailler pour s'occuper de ses trois enfants, elle se « dévouait » en étant au service de chacun. Ainsi le vivait-elle. Artiste, elle avait laissé les pinceaux de côté pour être encore plus présente. Elle s'oubliait au passage et son corps lui faisait signe. Il lui avait été trouvé une « angine de poitrine » terme proposé à l'époque pour nommer des oppressions dans la région du cœur qui, accompagnées d'une forte tension artérielle laissaient craindre un risque d'infarctus.

C'était la première fois qu'elle n'était pas là, elle me manquait et j'avais hâte de la voir revenir. Aussi étais-je très réceptive lorsqu'elle revint, belle, détendue, heureuse et en pleine forme. Elle semblait ne plus être tout à fait la même. Comment avait-elle pu se guérir si vite ? Quelques jours après, elle invita à la maison « une bande » d'amies qu'elle avait connues là-bas. Elle était radieuse. Il n'y avait jamais eu de « bandes d'amies » à la maison, et d'ailleurs ce fut l'unique fois. Ils lui offrirent une assiette murale que j'ai gardée comme symbole de gaieté et de liberté, car c'est bien cela qui était en jeu. Je ne comprenais pas bien sûr de quoi il s'agissait. Je sentais néanmoins qu'il y avait un lien entre sa santé retrouvée et cette gaieté accompagnée d'une certaine liberté d'être qu'elle semblait avoir acquise là-bas et qui la rendaient plus belle encore. Je savais qu'il venait de se passer quelque chose d'important.

La petite fille que j'étais avait l'intuition que cette médecine-là, même si je ne la comprenais pas, faisait sûrement partie des meilleurs.

Il y avait donc des façons variées de se guérir ? Quelle étrangeté. Mon inconscient avait compris ce que je ne découvris que plus tard.

Par un principe de vie et donc de survie basique, notre corps refuse de s'adapter à ce qui ne lui convient pas. Il prend souvent le pouvoir de dire non, et déclenche alors en guise de signal des somatisations multiples, salutaires si on les comprend à temps.

L'accident

Mais c'est plus tard, alors que j'étais jeune maman, que je vécus l'événement le plus essentiel de ma vie dans ses incidences sur mes relations avec le corps médical. Je le partage dès le début de ce livre pour déjà mettre l'emphase sur la nécessité, face à notre médecine, de rester sans cesse aux commandes, et tout en lui faisant appel de ne « jamais » lui obéir inconditionnellement.

J'étais une jeune femme de 24 ans, ma fille avait 15 jours et notre petit garçon de 2 ans et demi, Philippe, toussait beaucoup depuis un mois. Le médecin, un praticien traditionnel, après avoir prescrit des antibiotiques qui s'avéraient inefficaces, m'avait envoyé voir un spécialiste ORL. Celui-ci avait prescrit une opération des végétations, mais comme la toux continuait malgré une nouvelle prescription d'antibiotiques, nous avions fait faire sur sa recommandation une radio des poumons qui s'était avérée normale. Rassuré par ces examens, le spécialiste avait rassuré les parents. Et deux jours après tout se précipitait. Alertés par une nouvelle quinte de toux, nous trouvions notre enfant endormi avec du sang plein son lit.

Médecin appelé d'urgence, ambulance, hôpital, tamponnement nasal pour arrêter l'hémorragie, retour à la maison. Et 12 heures plus tard, une nouvelle quinte de toux laissait place à une nouvelle hémorragie. Ambulance, service des urgences, hospitalisation, trachéotomie pour permettre de respirer… mais les hémorragies continuaient, s'interrompaient puis reprenaient à un rythme de plus en plus rapide. Le sang giclait par la trachéotomie, et il fallait par aspiration empêcher cette dernière de s'obstruer. Et plusieurs jours passèrent ainsi à l'hôpital à essayer de déboucher ce qui se bouchait sans cesse.

Je veillais la journée pour appeler d'urgence les infirmières à chaque reprise d'hémorragie. Mais la nuit posait problème. Il n'y a pas grand monde la nuit à l'hôpital, et déjà à cette époque les infirmières étaient en nombre insuffisant. Mon mari me rejoignait à l'hôpital après son travail, mais il nous avait été interdit formellement de rester tous les deux la nuit dans la chambre. Et c'est là que je découvris les limites de la volonté lorsque les fonctions basiques de survie de l'individu sont en jeu, car alors que nous voulions rester éveillés « non stop », le sommeil finissait toujours par nous surprendre et notre enfant risquait de mourir à chaque hémorragie.

Que faire ? Il fallait trouver une solution. On n'a pas le droit de prendre des quarts à l'hôpital comme on le fait sur un bateau. Je commis alors ma première transgression contre l'ordre établi de l'hôpital et de l'autorité médicale. Nous avions remarqué que les chariots servant à transporter les malades étaient enfermés à 18 heures dans une salle très proche. Je me procurais donc un double de la clé, et nous allions y dormir à tour de rôle. Une infirmière fut étonnée une nuit de voir l'un, puis l'autre, et lorsqu'elle me partagea son étonnement, je posai mon doigt sur mes lèvres sans répondre, et elle eut la délicatesse et l'intelligence de ne pas chercher à comprendre. Notre initiative était efficace et la soulageait d'un travail trop lourd et trop intense.

Le jour, les médecins se faisaient de plus en plus rares, la nuit n'en parlons pas. Subitement, je réalisais que l'absence croissante de médecins devenait synonyme de cause perdue. Ils avaient déjà pressenti la fin et fuyaient ardemment, allant, ce qui était plus confortable, là où d'autres urgences les appelaient.

Et pourtant ! C'est en ayant le courage de regarder ce qui dérange que l'on peut mieux gérer ce qui arrive, car alors l'énergie n'est plus utilisée à masquer la peur, au contraire, elle est à disposition pour affronter la situation perturbatrice. Le problème, c'est que les médecins n'ont pas du tout été formés ni accompagnés à regarder la mort en face, et ici, c'était entre autres facteurs le cas.

Et un sursaut me prit, fait d'angoisse, de rage et de désespoir. Je décidai d'agir autrement, de forcer le silence, et fit irruption dans le bureau du médecin chef sans lui laisser la moindre possibilité de s'échapper. Notre fils était faible et perdait trop de sang, et je vérifiai que mon interlocuteur avait démissionné. « Alors il va mourir » lui demandai-je ? « Oui sans doute » me répondit-il en essayant de maîtriser ses émotions. Je lui demandai alors de faire faire une intervention chirurgicale pour voir ce qui se passait dans le corps de notre petit bonhomme, car puisque le diagnostic était tel, pourquoi ne pas prendre le risque de tenter une dernière chance ? Je lui affirmai qu'avec mon mari nous en assumions toutes les conséquences. Et il accepta. L'intervention chirurgicale fut programmée immédiatement.

Curieusement il parut soulagé, et cette prise de décision forcée d'une certaine façon l'allégeait. Et « il » (qui ? d'ailleurs, car dans ces cas là les responsabilités diluées de l'hôpital n'arrangent rien), « il » n'avait pas eu l'énergie de se bousculer afin d'aller revoir les parents pour parler vrai et susciter une réflexion vitale ultime. Fuir permet en grande majorité de se protéger et de tenir sur la durée. C'est bien là un des drames de nos hôpitaux.

Un merveilleux partenariat

Le chirurgien qui opéra fut remarquable de compréhension, d'humanité et d'intelligence. Il nous dit clairement que le choc opératoire, sur un organisme aussi épuisé, risquait d'être fatal. Il nous parlait d'autant plus vrai qu'il nous savait à l'initiative de cette décision, et n'avait plus à se protéger par avance. Il redoutait l'anesthésie, et nous en avons longuement parlé. Craignant ne plus voir mon fils vivant à la sortie de la salle d'opération, je lui demandais si nous pouvions l'accompagner au bloc opératoire et rester auprès de lui le temps que l'anesthésie fasse son œuvre. Avant qu'il ne s'endorme, je ne voulais surtout pas qu'il soit affolé par notre absence, et puis, je voulais le voir encore une fois... Non seulement il accepta, ce qui ne s'était jamais vu auparavant, mais il nous informa qu'il utiliserait notre présence au bloc pour faire choisir une anesthésie par masque et non par intraveineuse, ce qui serait moins dangereux que les protocoles habituellement utilisés. Mais pour cela, notre petit garçon devait rester calme et serein sinon cela ne marcherait pas. Notre rôle était donc de le sécuriser un maximum. Le chirurgien nous fit confiance.

L'opération dura trois heures, trois heures interminables... et notre fils sortit vivant du bloc opératoire.

J'eus le sentiment de lui avoir donné le jour une seconde fois, car si je n'étais pas intervenue... Mais si aussi ce chirurgien n'avait pas transgressé la norme habituelle, s'il n'avait pas su écouter la situation avec un grand E à Ecoute, s'il n'avait pas mis son Cœur aux commandes, s'il avait été frileux devant les conséquences de la présence de parents dans un bloc opératoire, s'il n'avait pas osé écouter puis obéir à son intuition, sans doute notre petit garçon n'aurait pas survécu.

Je lui voue une Reconnaissance éternelle, et sûrement mon engagement à faire entre autres de si nombreux séminaires de formation auprès de médecins est né à ce moment précis, sans que je le sache à cet instant-là bien sûr. En cas d'urgence, les progrès technologiques de notre médecine traditionnelle sont remarquables, et ils l'ont été. Mais sans mon interventionnisme auprès des médecins de l'hôpital, cette technologie n'aurait servi à rien.

À la fois j'ai fait confiance, à la fois j'ai remis le système en cause.

Prendre ses responsabilités

Je n'ai pas laissé mes interlocuteurs prendre seuls les décisions car médecins et institutions ont trop souvent tendance à confondre soins et prise de pouvoir absolue. Je pense qu'une attitude fondamentale à avoir lorsque l'on sollicite la médecine est de croire en elle puisque l'on choisit de lui faire appel, mais qu'en même temps il ne faut pas hésiter à remettre en cause des façons de faire qui ne paraissent pas justes. La confiance aveugle est infantile, car erreurs matérielles, raisonnements erronés et défaillances humaines font partie de la vie.

J'ai contourné à l'hôpital, avec ou sans l'adhésion des acteurs en place, des règlements dangereux pour la vie de mon enfant, et je me suis rebellée lorsque le chemin risquait de se refermer à jamais.

Aurais-je eu spontanément ce comportement responsable si, enfant, je n'avais rencontré à la fois la force de la médecine chirurgicale à propos de mon père, et les erreurs de prescriptions du médecin de famille ? J'avais eu la chance de vivre personnellement son dysfonctionnement dans mon enfance avec ces prescriptions récurrentes de pénicilline, et confusément je m'en souvenais. La médecine traditionnelle a ceci de gênant que forte de sa rigueur scientifique, le médecin a tendance à s'enfermer dans ses pratiques. Et lorsque les effets d'un médicament ou d'une intervention ne sont pas ceux qu'il attend, il a trop souvent le réflexe de persister dans ses actions ou dans ses prescriptions plutôt que de se poser la question de ses choix.

Jamais nous ne devons perdre les rênes du tableau de bord de nos vies. L'esprit critique, lorsque l'intention est positive, est alors constructif et devient un allié de premier ordre.

Vigilance obligée

Après son opération Philippe fut mis en salle de réanimation. On ne me permit pas d'être présente auprès de lui mais j'acceptai, car il n'était pas seul dans la salle et le personnel était présent en permanence. Et puis j'avais envie de revoir ma petite fille que je n'avais pas vue pendant ce temps-là.

À l'hôpital « on » m'avait promis de me téléphoner à tout instant si un quelconque changement se produisait, et il était entendu qu'avant sa sortie de la salle de réanimation, « on » m'avertirait pour que je soies présente lors du transfert de lieu.

Le troisième jour lorsque je vins, il avait été transporté dans une chambre en notre absence. Quand j'ai ouvert la porte, il était sous effet de choc, la terreur dans ses yeux, recroquevillé sur lui-même comme un petit oiseau tombé du nid. Il ne pouvait ni pleurer ni crier avec sa trachéotomie, pas moyen d'extérioriser normalement son affolement. C'était encore pire. Et ce silence avait permis à un personnel hospitalier saturé, de ne pas se poser les bonnes questions et de vaquer à d'autres tâches.

Je n'arrivais pas à calmer cette peur dans ses yeux, son angoisse était trop profonde. Après tout ce qu'il avait traversé sans que jamais cet effroi ne l'envahisse ! Une colère sourde monte toujours en moi quand je repense à cette scène. Des êtres, sûrement sensibles au départ, finissent par avoir des comportements brutaux, et malheureusement l'hôpital, par souci de rentabilité avec un personnel réduit, génère trop souvent ce genre d'attitudes. Nul n'est vraiment responsable, « c'est la faute au système ».

J'avais manqué de vigilance et la sanction ne s'était pas fait attendre. J'avais cru ce qui m'avait été dit. Il n'était pas difficile de ressentir qu'une salle de réanimation n'est pas extensible et que l'occupation des lits dépend beaucoup des urgences et donc de l'aléatoire. En plus je n'avais pas pensé à l'organisation de travail. La personne qui s'était engagée à me prévenir n'était évidemment pas là 24 heures sur 24. Avait-elle pu réellement s'engager d'ailleurs ? Il y a tant d'informations à écrire sur le cahier de transmission, aurait-elle le temps d'écrire cette information particulière ou même y penserait-elle encore ?

Je n'avais pas balisé le terrain, et la seule vraiment motivée par ma présence lors du transfert, c'était moi. J'avais délégué trop vite ce qui était un besoin non partagé, et je m'étais contentée d'une parole trop rapide voire superficielle. Mais là, trop tard, j'étais devant le fait accompli. Je ne savais pas quoi faire, mon agitation, la rage que je ne réussissais pas à calmer faisait tout sauf apaiser mon fils.

C'est alors que j'ai fait diversion en agissant comme si… comme si tout redevenait normal. J'ai pris un livre d'image que Philippe adorait, et petit à petit le soleil est réapparu dans la pièce.

L'appel au bon sens

Lors de l'opération chirurgicale, deux tiers du poumon droit de Philippe avaient été enlevés. Une veine avait un trou par lequel le sang jaillissait régulièrement. Après analyses, l'hypothèse d'un cancer disparut mais la cause du trou dans la veine fut ignorée. Très vite notre petit bonhomme fit bronchites sur bronchites, le cirque infernal des antibiotiques et de la cortisone fit son apparition.

Trois ans passèrent ainsi.

Nous étions préoccupés, je voulais comprendre ce qui se passait et allais à l'hôpital Necker des enfants malades à Paris. Je craignais un trou dans une autre veine ou que sais-je ? Le pédiatre me rendit, par sa fermeté et la clarté de ses propos, un immense service. Il n'allait pas me dit-il déclencher des examens qu'il pensait dangereux « uniquement pour calmer les angoisses de la mère ». Il paraissait presque en colère. Il suggéra, pour sortir de ce cercle vicieux, d'envoyer mon fils vivre plusieurs années à la montagne, sept exactement précisa-t-il pour un renouvellement cellulaire complet et suffisant, affirmant que les médicaments ne le guériraient pas plus à l'avenir qu'aujourd'hui tant qu'il vivrait dans un environnement pollué. Quant à l'hypothèse d'un autre trou possible dans une veine, il la trouvait peu probable, et en me parlant clairement de mon angoisse de mère, il me permettait de la remettre à une plus juste place.

Nous partîmes vivre à la montagne et la décision fut bonne. Les bronchites associées de difficultés respiratoires devinrent tout doucement plus espacées pour finalement disparaître. Nous avons respecté les 7 ans conseillés, et le retour à Paris s'avéra ne plus poser de problèmes. La force de vie liée à un environnement porteur avait ainsi pu faire son œuvre.

J'ai appris depuis que les antibiotiques donnés aux enfants en trop grandes quantités affolent le système immunitaire qui, tournant sur lui-même, déclenche des allergies de toutes sortes.

Une remarque de Philippe à l'époque m'émerveille encore chaque fois que j'y pense. Nous partions en vacances en été dans une superbe petite île sans voiture pour échapper à la pollution. Mais notre petit bonhomme n'avait jamais de problèmes de santé dans « notre » île. Alors que je m'en étonnais, il me répondit, « c'est normal, j'aime trop les vacances. J'ai décidé que je n'y serais jamais malade ! ». Il n'avait pas 10 ans… Il me rappelait combien le plaisir et la volonté pouvaient avoir d'impact sur notre santé !

L'évolution personnelle

La vie humaine, que j'avais jusqu'à présent considérée comme un fait acquis, prit de ce jour là plus de valeur à mes yeux. Donner du sens et du plaisir aux heures qui s'écoulent, servir la vie en étant à l'écoute de ses impératifs, entendre ce que nos corps expriment, comprendre et accepter les grandes lois du vivant… la voie me paraissait évidente.

Je fus à la montagne professeur de physique chimie et de mathématiques. Les sciences « dures » faisaient partie de mon univers. Je commençais cependant à m'y trouver comme dans un costume trop étroit. Je fis alors des études de psychologie. Ce fut d'abord difficile de passer du monde rationnel, sécurisant et bien délimité des mathématiques, à celui parfois irrationnel et imprévu du fonctionnement humain. À la faculté de Grenoble, nous avions des certificats en commun avec les étudiants en médecine, et la science pure et dure reprenait ses droits. Le cerveau, le système nerveux central et son cortège de pathologies n'eurent plus de secret pour nous, et la psychobiologie de l'être humain fut au cœur de l'enseignement.

Les êtres humains dans leur essence et leur fonctionnement m'intéressaient de plus en plus. De retour à Paris, je terminai la maîtrise à la Sorbonne et démarrai mon métier de formatrice puis de consultante en entreprise, tout en faisant en même temps une petite incursion à la Sofres Communication histoire de pratiquer l'écoute active en vue de faire plus tard des audits en entreprise. Mais je gardais toujours en tête « l'aventure » de mon enfant, et voulait aussi me rapprocher du milieu médical. J'avais une dette à son égard, notre fils avait été sauvé par son intermédiaire. Aussi lorsqu'un médecin, responsable marketing d'un de nos grands laboratoires pharmaceutiques fit appel au réseau de consultants que nous avions entre-temps créé avec quelques amis, en nous demandant de réfléchir à des enseignements pratiques à offrir à une cible de médecins généralistes et spécialistes de leurs réseaux, je sautai sur l'occasion.

L'engagement professionnel

Il en avait assez d'« acheter » les médecins purement et simplement en leur proposant de venir tous frais payés avec leurs conjoints dans des hôtels de luxe ou des croisières de rêve, avec comme unique objectif de les fidéliser dans leurs prescriptions. Il nous demandait de trouver sur quoi et comment, dans ces mêmes lieux, les motiver à faire quelque chose qui ne soit pas que du farniente ou du tourisme. La raison de la demande était un peu idéologique… en même temps, logique marketing oblige, il fallait se démarquer des autres laboratoires qui faisaient tous le même genre d'offres. La loi « anti-cadeau » de 1993 n'était pas encore sortie pour tenter d'interdire ce genre de pratique.

Après une étude poussée sur la vie quotidienne des médecins, qu'ils soient généralistes ou spécialistes, médecins de villes ou de campagnes, hospitaliers ou en cabinets, nous en vînmes à la constatation qu'ils avaient une très grande carence en techniques d'écoute et qu'ils n'en avaient pas réellement conscience. Nous avons donc bâti et proposé des journées de formation en communication.

Les délégués médicaux n'étaient pas chauds car ils craignaient de ne pas réussir à « attirer » les médecins pour travailler en week-end même gratuitement, et que faire des conjoints sur place durant ce temps-là ? Mais la direction, séduite, voulut en faire un projet national et des tests furent faits dans différentes régions. Personne à l'époque ne proposait cela, l'aventure était nouvelle. Nous étions animés par la volonté d'améliorer en profondeur les relations « médecins/patients » trop souvent inexistantes voire défectueuses.

Nous découvrîmes rapidement qu'ici plus que jamais l'enjeu ne pouvait pas se réduire à une simple découverte de théories et d'outils. Si en entreprise, les managers reconnaissent facilement leur carence en matière de communication, les médecins eux affichent plus souvent un scepticisme protecteur pour ne pas se remettre en cause. L'acceptation d'un minimum de défaillances personnelles pour ouvrir la porte à un questionnement sur leurs pratiques ne leur est pas habituel, et les met en danger. Mais celles-ci une fois acceptées, il est alors extraordinaire de voir combien celui qui parle en premier libère la parole du groupe. Le médecin peut enfin se détendre, s'ouvrir et « parler vrai », et aborder sa vie professionnelle dans ce qu'elle a de superbe et difficile. Ce qui était formation se transforma rapidement en journées de réflexions et de partages, dans l'esprit des groupes Balint[1] avec l'option psychanalytique en moins.

Les outils arrivaient en fin de rencontres, je parle de rencontres car à la grande surprise et au grand contentement du laboratoire, les médecins en redemandaient. Nous avons fait avec ce laboratoire pendant plus de quinze ans un magnifique travail.

Ce que j'exprime dans ce livre ne vient pas d'opinions venues un jour par hasard, mais de réflexions qui se sont nourries de plus de quinze ans de partages et d'échanges avec des médecins et spécialistes de tout horizon, qui lors de mes séminaires ont parlé, échangé, analysé leur vie professionnelle avec beaucoup de bonne foi et d'authenticité. Ils m'ont fait découvrir de l'intérieur les réalités de leur métier, m'ont parlé de leurs études le plus souvent avec amertume, ont partagé leurs difficultés, leurs joies et leurs angoisses professionnelles avec une confiance qui, si elle ne m'étonne plus, m'émerveille encore chaque fois.

Mes propos sur le monde médical, ses partis pris, ses habitudes, sa posture, seront ici souvent durs, mais la critique ne sera sûrement pas sur les êtres qui en ont fait profession. C'est leurs formations et ses limites, ainsi que l'environnement financier et ses conséquences que je dénonce, pas eux. J'apprécie la majorité de mes interlocuteurs dans ce milieu, et certains sont devenus des amis.

LE MÉDECIN EST UN HOMME TRAHI

Qu'ils soient généralistes ou spécialistes, en cabinet ou en milieu hospitalier, le fossé est immense entre ce qu'ils imaginaient quand ils ont choisi de s'inscrire à la faculté de médecine, les projections qu'ils pouvaient faire sur leur futur métier et la réalité vécue ensuite au quotidien. Je ne fais pas allusion ici aux chirurgiens, car n'ayant jamais travaillé avec eux, je ne les connais pas professionnellement.

---

1. Dans ces groupes, le principe est de faire nommer par un médecin une difficulté professionnelle qu'il a rencontrée, et chaque médecin du groupe partage son expérience à ce sujet ou s'il ne l'a pas encore vécue précise ce qu'il ferait dans une même situation.

Un nombre grandissant de médecins français prend conscience d'études bancales, décalées par rapport aux besoins de leur pratique quotidienne, et certains s'ils avaient su… mais il n'est pas simple de changer de métier après un investissement de huit à dix ans de formation aussi spécifique.

Lors de leur cursus universitaire, ce sont leurs propres pairs qui leur ont « vendu » un autre métier que le leur.

C'est ainsi qu'au jeune étudiant on ne parlera pas d'argent ; ce serait trop trivial, il découvrira bien assez tôt le nombre de consultations à faire par jour s'il veut gagner sa vie comme il l'avait pensé. Il ignore qu'il n'aura pas le temps de parler à ses « patients » en secteur 1. Pourtant il aurait pu s'en douter, car rarement aura été abordée la dimension psychologique inhérente à la nature humaine, et la nécessaire prise en compte dans tout échange verbal de la subjectivité de l'autre. Si on lui dit que les émotions existent, ce sera surtout avec le conseil et l'ordre sous-jacent — on n'a pas un conseil de l'ordre pour rien — de ne pas les considérer ni chez lui ni chez la personne malade. Et si elles persistent de les évacuer au plus vite, elles parasiteraient une bonne pratique.

On lui entretiendra l'illusion que voir et savoir vont de pair. Pourtant, avoir des renseignements de laboratoires sophistiqués ou voir grâce à une technologie de plus en plus performante que quelqu'un a des métastases, n'est pas pour autant savoir le guérir.

Et puis surtout, on ne le préviendra pas du poids qui lui tombera sur les épaules face aux problèmes montants de notre société, qui tels une grande vague de fond, n'en finissent pas d'envahir son quotidien, dans sa pratique personnelle comme à travers les soucis de ses « patients ».

Il ne saura pas explicitement pourquoi la notion de patient est apparue, mais déjà on lui aura enseigné que lui sait et l'autre non, et qu'il ne faut surtout pas demander à ses interlocuteurs leur avis.

L'arrogance livresque et la solitude qui s'ensuit devant les problèmes non résolus est déjà programmée.

Une sélection décalée

Notre médecin a été sélectionné sur ses capacités logiques, son aptitude aux mathématiques, il ne doit rien ignorer des formules chimiques les plus complexes, sa mémoire est agile et très sollicitée car il doit connaître beaucoup de symptômes par cœur sur lesquels « plaquer » la « bonne » réponse médicale. Il connaîtra les organes, les mécanismes chimiques en jeu et certaines de leurs régulations. Le corps, il connaît donc, ou du moins le croira-t-il.

Ce qu'il doit connaître est ce qui est identifiable sous le scalpel, quantifiable, observable et « duplicable ». On oubliera de mentionner que ce qui est « duplicable » ne l'est que dans des conditions expérimentales identiques et que la pratique ne saurait s'enfermer dans cet idéal de clones humains universels au contexte unique et figé. Encore une fois la psychologie de l'être humain, ses réactions subjectives, la présence d'un inconscient, rien de tout cela ne sera abordé, seule la spécialité en psychiatrie en entendra parler, et de façon très dichotomique. Il a été conditionné pour rencontrer des machines, et ses connaissances techniques en fin d'études sont parfaites. Il deviendra machine lui-même, un rouage dans le système déroulant des prescriptions de tout ordre. Il sera reconnu compétent à l'intérieur d'un canevas déjà réfléchi par ses maîtres et non pas pour son aptitude à penser par lui-même.

Quant à sa créativité et à son intuition, il n'aura pas l'occasion de les libérer, car à la faculté on ne les sollicitera pas, voire même il lui sera tacitement conseillé de ne pas les utiliser, pas question de se promener dans des chemins de traverse[1]. Le savoir est encadré, normé et amputé par peur de déviances réelles ou imaginaires.

Après de telles injonctions, seul un esprit rebelle aura envie d'injecter dans sa pratique une réflexion innovante.

L'enfermement des dogmes médicaux

Depuis toujours les dogmes médicaux se suivent et ne se rencontrent pas. Ils sont un symptôme symbolique de la difficulté d'ouvrir sa vision du monde à celle de l'autre. Les Égyptiens considéraient que sans alliance avec les dieux, l'acte médical ne pouvait avoir lieu.

---

1. Cette absence de stimulation de la créativité n'est pas propre aux seules études de médecine même si, ici, nous sommes dans le summum de l'interdit ! À part l'école maternelle reconnue en France comme particulièrement créative, nos systèmes scolaires primaires et secondaires n'ont de cesse de casser petit à petit l'imagination, l'intuition et la créativité de chacun d'entre nous. Et bien des études supérieures sont dans ce même schéma.

Socrate abordait la maladie par l'esprit et les émotions, mais précisait aussi qu'ignorer le lien avec le sacré était faillir à sa vocation de médecin. Hippocrate en revanche, « le médecin des médecins » comme le nomme notre corps médical, niait en bloc l'influence du sacré en médecine, et fit ranger l'irrationnel au vestiaire. Il faisait de l'observation clinique froide et méthodique une pratique essentielle et obligatoire. Les émotions étaient ignorées voire interdites. Bien avant Descartes la logique devenait reine.

Dans sa longue lutte à vouloir justifier les bases scientifiques de sa pratique, « notre » médecine a dû évacuer tout ce qui n'était pas visible sous le scalpel, et s'est ainsi retrouvée à ignorer les rôles du mental, du spirituel et de l'émotionnel dans la santé d'un individu. La matière a été idéalisée au point de ne connaître qu'elle. On fait du séquentiel. L'approche est analytique et parcellaire, l'individu est un ensemble d'organes, de tuyaux et de fluides que l'on analyse et que l'on soigne l'un après l'autre. Qui n'a pas entendu le fameux « je ne peux pas soigner tout en même temps, je m'occuperai de cela plus tard », et le malade de repartir avec les symptômes qui lui empoisonnent la vie, le temps qu'on lui soigne un morceau particulier, ou que l'on s'y attaque.

Les médecines chinoises, tibétaines, indiennes, africaines et autres considèrent l'individu comme un tout, et ne peuvent envisager de traiter un symptôme corporel sans aborder l'ensemble. Leur approche est globale, c'est par l'intermédiaire du tout qu'elles traitent la partie et non l'inverse. Elles se centrent sur les interactions de l'homme avec son environnement, la nature, ses semblables, et sur ses relations intérieures propres. La médecine chinoise traditionnelle envisage dans ses pratiques l'homme comme une émanation directe de la nature. Elle s'occupe d'énergie vitale, et soigne entre autres l'être humain à partir du rééquilibrage de son « Qi », cette énergie universelle dont l'homme est une expression parmi d'autres. Elle parlera de tempéraments et de polarités énergétiques particulières. Hippocrate avait bien envisagé le lien entre l'homme et la nature, mais il avait cherché à instrumentaliser la vie. Des peuples en voie de disparition font appel à des ressources internes dont nous avons perdu l'adresse. La recherche des déséquilibres intérieurs et extérieurs, énergétiques, sociaux et spirituels est au cœur de leurs processus de guérison.

Et notre médecine reste toujours cramponnée sur ses spéculations intellectuelles et ses certitudes cartésiennes, et continue de considérer l'être humain comme un objet, isolé, coupé du monde et dénué de toute parcelle d'intériorité.

Si d'autres proposent des théories et des approches qui pourraient être efficaces mais dont elle ignore le plus souvent non seulement les fondements mais aussi l'existence, alors notre médecine officielle crie au scandale et à la secte, elle qui ne jure que par la sienne et fait prêter serment pour y entrer.

Dans toute pathologie, il y a évidemment des sources ou des résonances psychologiques, sociales, environnementales et spirituelles en jeu. Avec notre complicité, notre médecine occidentale ne nous incite ni à agrandir nos champs d'investigation, ni à ouvrir notre conscience. Elle tient trop à son pouvoir pour risquer de nous voir ainsi nous éloigner de son giron.

La grande illusion

Tant d'années d'études l'ont persuadé que la santé est un domaine bien trop important pour la regarder autrement que par l'unique microscope de la pensée cartésienne. Ainsi lui a-t-il été donné de faux espoirs, il a cru que l'essor de la Science et des Techniques allait quasiment tout résoudre. Pasteur et ses nombreuses découvertes n'avaient-ils pas ouvert la porte à l'ère des vaccins et à la possibilité d'une prévention collective garantie sans défaut, hormis quelques accidents de parcours certes mais si peu… ? La France est le pays le plus accroché à ses vaccins, idéologie, manne financière ou lobby pharmaceutique, allez savoir[1].

Avec la découverte des antibiotiques, même les plus pessimistes se mirent à rêver que les grandes épidémies et une majorité des problèmes de santé allaient enfin pouvoir être éradiqués de la planète. Leur consommation pour tout et n'importe quoi devint le réflexe conditionné du médecin et de ses fidèles. Nos médecins ouvraient le parapluie et se mettaient à prescrire des antibiotiques à spectres larges, inutilement et désespérément larges vu les conséquences, car pendant ce temps là, nos microbes mutaient à tour de bras dans l'ignorance générale, rendant soudainement inopérant des médicaments efficaces peu de temps auparavant. Oubliées les bases

---

1. Elle fut l'un des derniers pays européen à imposer le BCG sous peine de ne pouvoir mettre un enfant dans une crèche ou de ne pouvoir le scolariser par la suite.

élémentaires de la biologie et la règle du jeu des gènes dominants et récessifs devant un tel confort de prescription, et d'aussi beaux résultats individuels et collectifs à court terme. Et cela continue !

Le serment d'Hippocrate, impossible à tenir

À la sortie de ses études, pour avoir son diplôme notre médecin doit jurer qu'il honorera toute sa vie professionnelle le serment d'Hippocrate. Un mariage entre pairs en somme.

« *Si je remplis ce serment sans l'enfreindre, qu'il me soit donné de jouir heureusement de la vie et de ma profession, honoré à jamais parmi les hommes ; si je viole et que je parjure, puissé-je avoir un sort contraire !* »

On ne devient pas médecin en France sans passer par le rituel de l'engagement dans la grande secte médicale. Pas question d'en sortir, mais quel honneur et quelle responsabilité aussi…

« *… Je mettrai mon maître de médecine au même rang que les auteurs de mes jours, je partagerai avec lui mon avoir, et le cas échéant je pourvoirai à ses besoins. Je tiendrai ses enfants comme des frères, et s'ils désirent apprendre la médecine, je la leur enseignerai sans salaire ni engagement…* »

La filiation est obligatoire et sans équivoque. Le châtiment est annoncé si le médecin s'éloigne de la pensée de ses maîtres assimilés aux auteurs de ses jours ! Ainsi enchaînés par leur serment, quand les difficultés de leurs pratiques les assaillent et que les doutes se profilent à l'horizon, pas question de s'y arrêter trop longtemps sans risquer de devenir un traître. Le moindre doute devient transgression, et risque de programmer la dissidence.

La fratrie supporte difficilement les remises en question. Pour éviter des porte-à-faux pénibles qui risqueraient de s'amplifier au fil du temps, il ne reste plus que la solution de se retrancher derrière la pensée dominante politiquement correcte.

Mais soumission et déresponsabilisation flirtent ensemble. Il ne faudrait pas qu'ayant fait ce serment une fois dans sa vie, le médecin se sente pour autant libéré du poids de ses responsabilités, ou que pour échapper à une programmation trop lourde, il choisisse comme solution le retranchement derrière ses certitudes pour ne pas en entrevoir les limites.

« *… Je passerai ma vie et j'exercerai mon art dans l'innocence et la pureté…* »

Jurer officiellement de passer sa vie dans l'innocence et la pureté revient à rêver un monde imaginaire. L'immaturité devient un ingrédient indispensable. Et dans un métier incarné dans la vie à ce point, vu la complexité du vivant, comment rester innocent et échapper aux erreurs de parcours inévitables?

Difficile d'être au courant « de tout » quand le temps consacré à la formation est presque inexistant une fois les études terminées, et lorsque les laboratoires pharmaceutiques ont plus qu'une profonde pudeur à nommer les effets secondaires de leurs molécules et médicaments, et de leurs interactions avec d'autres. Il faut des valeurs bien accrochées pour prendre le risque de tuer la poule aux œufs d'or…

Mais comment dans de telles conditions pouvoir honorer en continu le serment d'Hippocrate et tenir la promesse de ne jamais nuire à un « patient », quand, au milieu certes de très beaux résultats, la médecine rencontre aussi régulièrement ses limites!

Je plains nos médecins de devoir se parjurer avant même de commencer à exercer.

« … je dirigerai le régime des malades à leur avantage, suivant mes forces et mon jugement, et je m'abstiendrai de tout mal et de toute injustice. Je ne remettrai à personne du poison si on m'en demande, ni ne prendrai l'initiative d'une pareille suggestion… »

Nous voilà bien, ce serment tourne à l'imposture…

Si l'on se penche sur le Vidal, il est clair que des prescriptions peuvent parfois entamer le capital vie, toute prise de médicament chimique déclenchant des conséquences secondaires plus ou moins nocives et prévisibles selon la personne qui le prend.

Qui est à l'abri d'un diagnostic erroné? Sans diagnostic pas de prescription, il faut donc en faire un! Beaucoup de médecins sont conscients que celui-ci les enferme dans un protocole de réponses toutes faites, et tue la créativité et la prise d'initiatives souvent nécessaires à leur pratique. Mais difficile de faire autrement.

Et qui peut jurer ne jamais risquer d'opérer inutilement voire dangereusement? Dans le grand nombre d'actes chirurgicaux effectués dans une vie de chirurgien, quel est celui n'a pas fait d'ablations inutiles, sans parler de gestes malencontreux?

Est-il nécessaire aussi de rappeler le taux de mortalité en structure hospitalière?

La peur montante des procès à l'américaine, en dehors du fait qu'ils correspondent à une évolution de société, montre bien l'étendue des dégâts.

Et en parlant d'injustice, où en est donc notre médecine à deux vitesses ? C'est évidemment en secteur 2 ou carrément hors système de sécurité sociale que le médecin peut prendre le temps de vraiment communiquer avec la personne d'en face. Le serment d'Hippocrate installe le médecin dans un univers parasité dès le départ.

On lui a fait jurer quelque chose d'impossible à tenir. Il sait qu'il transgressera et trahira sous peu. Ce serment fait de lui un délinquant potentiel. Mais ils se soutiendront entre eux, car le code de déontologie interdit à tout médecin d'émettre une critique négative à l'égard d'un confrère.

Serment d'Hippocrate ou serment d'Hypocrite...

Médecins, visiteurs médicaux, laboratoires pharmaceutiques, directeurs d'établissements hospitaliers publics ou privés, instances politiques... tous sont pris en flagrant délit de mensonge ou de complicité mensongère.

« Quoi que je voie ou entende dans la société pendant l'exercice ou même en dehors de l'exercice de ma profession, je tairai ce qui n'a jamais besoin d'être divulgué, regardant la discrétion comme un devoir en pareil cas. »

L'affirmation est suffisamment ambiguë pour cautionner bien des secrets gardés, ce fameux secret médical qui peut parfois être positif quoique... car en même temps il est générateur de cette fameuse toute puissance néfaste éloignant fréquemment le patient de lui-même.

Au final, médecins et citoyens sont pris en otage par ce serment, car le « patient », se retrouve déresponsabilisé d'office par cette fausse garantie qu'on ne lui nuira pas, le mettant ainsi dans une position d'infantilisation où toute question de sa part finit par être vécue par le corps médical et ses instances comme une inquisition. Ce qu'il peut savoir et qui le concerne fondamentalement ne doit pas dépendre de lui.

L'autre rive

La mort est un sujet tabou dans la majorité de nos sociétés occidentales. Il est tacitement inconvenant voire interdit d'en parler. Lorsque la situation est grave, elle est là comme un fil invisible qui souvent brouille les cartes car tout à la fois elle est lien et séparation. Elle rassemble, nous sommes tous concernés par elle, mais la peur fréquente de l'évoquer freine les relations réelles avec l'autre. L'angoisse existentielle n'épargne personne, et la fuite à l'évocation de la mort est culturellement de mise. Médecins et chirurgiens ont souvent besoin de distance lorsqu'elle rode autour de leurs patients. Et le fossé structurel et conjoncturel de la situation médecin/patient est bien pratique. Tandis que l'un est en situation professionnelle, l'autre est centré sur lui, obsédé par sa propre vie. Le médecin se dépêchera d'oublier son client du moment pour se protéger et pouvoir passer au patient suivant, et ce plusieurs fois par jour et plusieurs jours par semaine, mais son vis-à-vis, lui, ne pourra pas tourner la page aussi vite car il aura été dans ce duo le seul à être totalement concerné.

Le médecin est dans le ponctuel, le « patient » est dans la permanence et pourtant le pouvoir lui échappe s'il manque de vigilance. L'information, il ne l'a pas, ou elle lui est donnée au compte-gouttes, partielle et peu compréhensible, et s'il pose des questions il sent bien qu'il dérange. Lui qui vit et s'identifie à ses maladies, qui dira « mon » cancer, « mon » infarctus, « mon » allergie, il faut qu'une loi soit votée pour qu'il ait le droit de revendiquer un peu de sa propre histoire en ayant enfin accès à son dossier médical. Cette loi Kouchner met toujours certains médecins en danger. Le dossier risque de susciter des questions embarrassantes. L'homme de l'art peut alors se retrouver acculé, ou tout du moins insécurisé, et s'il y a une chose qu'il n'aime pas c'est bien celle là. Il m'a été raconté par le patron cardiologue d'une association de médecins que certains praticiens hospitaliers faisaient deux dossiers différents, un pour le patient, et l'autre pour l'hôpital, afin de prévenir les collègues de problèmes délicats sans affoler la famille. Parfois les difficultés sont d'ordre strictement technique, parfois elles sont plus subjectives, comme « malade anxieux, personnalité fragile, tendances suicidaires, hystérie… ». Souvent les détracteurs de cette loi se cachent derrière ces arguments pour refuser une perte de pouvoir à laquelle ils tiennent tant, sans en être forcément conscients. Au médecin d'être assez lucide avec lui-même pour savoir, quand il n'a pas envie de donner le dossier complet, s'il est en train de se protéger ou s'il est réellement centré sur le besoin de la personne malade.

Plus qu'un autre, le médecin n'aimera pas l'idée de pouvoir être lui-même un jour malade. J'ai souvent rencontré cette attitude lors de mes séminaires en milieu médical. Cette idée de proximité avec le patient réveille chez la plupart d'entre eux une insécurité qu'ils mettent à distance en étant à l'écoute ni d'eux-mêmes, ni de la réalité réelle ou subjective de leurs interlocuteurs. La tendance à établir des territoires bien séparés entre le monde agissant des médecins et le monde des malades en est encore renforcée.

Le médecin se vit sur l'autre rive, il rêve symboliquement et tacitement d'avoir le privilège de la santé et du savoir. Il s'auto-persuade que son efficacité nécessite une séparation des genres et fait du malade Un Autre. Certains « patients » partagent cette façon de voir et sont venus pour cela. Ils ont envie d'être pris en main et de recevoir des ordres leur permettant de ne pas investir leur propre responsabilité. Ils viennent chercher une expertise scientifique absolue qui selon eux ne pourrait pas venir de quelqu'un ayant un handicap physique même temporaire.

Toutefois ce n'est pas soigner quelqu'un efficacement que de se priver, avec ou sans son accord, des informations qu'il possède, et de sa capacité à se prendre en main personnellement. Nous ne le répéterons jamais assez.

Il est un petit moment de grâce où les rives se rapprochent, celui de la rédaction de « l'ordonnance ». Encore un mot qui nous rappelle, si nous l'avions oublié, que le médecin ordonne. Enfermés dans la même illusion, celle de la consommation, où un symptôme doit immédiatement être associé à une petite pilule ou à un acte médical particulier, chacun immergé dans sa culture a le sentiment d'un devoir accompli quand la feuille se noircit. Le médecin aura produit et fait sa tâche, et le patient ne sera pas venu pour rien. Un vrai contact alors pourrait-il enfin avoir lieu en ce moment de « délivrance » ? Difficile, car pour bien gagner sa vie il faut beaucoup de patients et enchaîner beaucoup d'actes médicaux chaque mois. Quand de surcroît le médecin est en secteur 1, avec 12 minutes en moyenne de consultation par personne et 25 à 40 patients par jour, comment ne pas être dans le partiel, la surface et l'éphémère, ou ne pas enfermer le patient suivi depuis des années dans de vieux schémas récurrents. Pas simple ce duo médecin/patient. Temps de face à face trop courts, mauvaises communications déclenchées par un des partis ou les deux, situations régulières d'angoisse, inconscients chargés, enjeux différents, chaises musicales de déresponsabilisations alternées… Chacun croit ou fait semblant d'être en harmonie avec l'autre, mais la musique choisie les fait se retrouver seuls à tour de rôle sur la piste de danse.

Et pourtant, comment se passer les uns des autres ?

Alors finalement, faut-il avoir connu la maladie et ce qu'elle fait vivre pour être ou devenir un « bon » médecin conscient de l'autre, capable de l'écouter et d'entrer un minimum en empathie avec lui ? Bien des témoignages de médecins touchés pas la maladie vont dans ce sens, et je me contenterai de citer le professeur Pascal Hammel[1] : « C'est le jour où je dois me soumettre au Petscan. Encore une découverte du système médical vécu de l'intérieur. C'est hallucinant à quel point un médecin peut ignorer ce qu'endurent ses patients ! J'ai lu que, dans une université nord- américaine, un stage de découverte était imposé aux étudiants en médecine, afin qu'ils s'imprègnent du parcours d'un malade à l'hôpital… histoire de diminuer l'arrogance du bien portant vis-à-vis de son prochain. »

UNE PROFESSION DIFFICILE ET INCONFORTABLE

Le taux de mortalité dû aux erreurs médicales, aux effets secondaires des prescriptions et des interactions chimiques, et aux problèmes nosocomiaux en structures médicales est impressionnant[2]. La toute puissance médicale telle qu'elle fut rêvée au siècle dernier n'offre pas les résultats escomptés, même s'il est des domaines où la médecine et sa chirurgie ont fait des progrès spectaculaires. Elle est cependant toujours aux commandes, aussi bien dans l'attente démesurée du patient qui se transforme en petit enfant quémandeur irrespon-

---

1. *Guérir et mieux soigner, un médecin à l'école de sa maladie, chronique d'un cancer*, Fayard.
2. Il arrive aujourd'hui au troisième rang des causes prématurées de décès.

sable, que dans la tête du médecin qui trop souvent se sent investi d'un pouvoir infaillible d'expert, ou se croit obligé de l'être.

La toute-puissance

Formés puis payés pour savoir en toutes circonstances, projetés dans un monde d'omnipotence et de puissance imposée, ils ne partageront pas facilement leurs doutes avec leur patient, au nom du sacro-saint principe d'autorité. Il leur est difficile voire interdit de dire « je ne sais pas », aussi la tentation est grande de se cantonner à des champs de connaissance bien délimités pour surtout ne pas être pris en flagrant délit d'incompétence.

> Francis un manager brillant, se sentait de plus en plus las sans comprendre ce qui lui arrivait. Il consulta plusieurs fois son médecin traitant qui, ne trouvant rien lui donna d'abord un remontant, puis un antidépresseur en lui soufflant qu'il traversait sûrement une période difficile en ce moment. Francis avait toujours été quelqu'un d'actif et bien dans sa peau. Il ne comprenait pas ce qui lui arrivait. Il commença petit à petit à douter de lui et à se dévaloriser. De plus en plus fatigué, il finit par s'absenter périodiquement de son travail. Il n'osait pas trop parler à ses collègues. Avouer une déprime ne correspondait pas à son tempérament, et la discrimination risquait de pointer son nez. Il avait dû cependant expliquer ce qu'il en était à sa hiérarchie. La peur maintenant faisait partie du parcours. Il se sentait de plus en plus mal dans sa peau avec cette fatigue qui ne le lâchait pas, et cette fois-ci, il commença à déprimer pour de bon, jusqu'à ce qu'enfin il aille consulter un autre médecin, sur les conseils de sa femme.
>
> Francis avait en fait contracté une mononucléose infectieuse que le généraliste précédent n'avait pas su diagnostiquer. Il avait mis la vision de son médecin traitant au-dessus de ses propres ressentis, et avait fini par s'identifier aux croyances erronées de son interlocuteur vécu comme l'homme de l'art. Le principe d'autorité avait fonctionné et avait pris le dessus sur la réalité.

Plus il se sentira en danger, plus le médecin aura la tentation puis l'habitude de refuser le dialogue et la remise en cause. Il écourtera le temps déjà insuffisant de face à face avec le « malade », ou utilisera la méthode de « l'arnacologie » qui consiste à employer des mots abscons ou apparemment savants que son interlocuteur ne pourra pas comprendre, pour dans les cas extrêmes l'impressionner et rétablir le pouvoir qu'il craint de perdre. Son autorité ne doit pas être discutée et, comme un enfant qui lorsqu'il n'en peut plus va se réfugier auprès de ses parents, il ira se réconforter auprès de ses confrères, en faisant le plus souvent la fête.

S'il est rassurant de partager un champ de référence commun dans la vision de son métier de praticien, le risque est de passer à côté de pistes de guérison disponibles venant de paradigmes différents. Beaucoup d'approches médicales véhiculées dans d'autres cultures comme les cultures indienne, chinoise, tibétaine, amérindienne pour n'en citer que quelques-unes, leur ont été interdites et le sont encore soit clairement, soit par le déni. De ce fait leur savoir est en partie obsolète avant même de commencer à exercer. Et ils revisitent peu leurs pratiques. Il faut de l'espace et du temps pour s'enrichir d'approches nouvelles, et puis en sentir le besoin et en avoir envie. La conséquence malheureusement est que la majorité des médecins en exercice au sein de la médecine classique agissent par réflexe automatique.

On parle de médecine dure par opposition à une médecine dite douce ou complémentaire, médecines molles avait dit un jour d'un air méprisant un mandarin reconnu par ses pairs. Médecines dures, l'appellation n'est pas un hasard. Métier « si dur » qu'après des journées trop longues, trop denses, trop éprouvantes, la plupart des médecins tiennent expressément à changer de centres d'intérêts en sortant de l'hôpital, de la clinique ou de leur cabinet.

Mais ce n'est pas un hasard si les livres du docteur David Servan-Schreiber[1], qui propose au sein de la médecine officielle des approches complémentaires, ont un tel succès auprès du public. En dehors d'une ouverture d'esprit évidente aidée par ses 20 ans de pratique à l'étranger, il eut l'opportunité de se remettre en cause lorsqu'il rencontra dans la médecine traditionnelle bouddhiste une approche radicalement différente de celle qu'on lui avait enseignée, et qui dans certains cas venait compléter efficacement les pratiques de notre médecine classique. Parce qu'il a élargi ses références, parce qu'il a eu le courage d'arrêter le confort apparent des certitudes acquises, il a gagné en compétence. Et sa rencontre intime avec son cancer du cerveau, la façon dont il a su se faire accompagner, et sa

---

1. *Guérir le stress, l'anxiété et la dépression sans médicaments ni psychanalyse*, et *Anti-cancer*, Ed. Robert Laffont.

capacité à regarder en face sa récidive et à répondre présent à ce qui est, ont fait le reste.

Solitude médicale et individualisme dangereux

Dans un métier où l'on est en permanence seul en face à face avec son « patient », pour éclairer sa façon de faire et corriger d'éventuelles erreurs ou compenser des ignorances, comment se passer du regard des autres ? Et pourtant c'est ce qui se passe majoritairement. Nos médecins échangent rarement sur leurs pratiques. Rappelons qu'en se recevant entre eux, ils échangent très peu sur leur quotidien professionnel, contrairement à d'autres professions.

Émotions ignorées, partages d'informations rares sur leurs pratiques, gestion du temps délicate, est-ce possible d'assurer son métier correctement dans ces conditions ?

Le psychanalyste anglais Mikaël Balint dans les années 1950 avait créé un protocole de réunions entre médecins, en vue de leur offrir un espace régulier d'échanges et de réflexions autour de cas concrets qu'ils rencontraient dans leur exercice quotidien. Aujourd'hui le nombre de « groupes Balint »[1] diminue en France alors qu'il est en forte augmentation dans d'autres pays comme les États-Unis. Pourtant, avoir un espace de protection et de réflexion où déposer à son tour ses bagages émotionnels, ceux laissés en pagaille dans les salles d'attentes par les « patients », et les siens, serait d'un grand secours pour nos médecins. Les groupes Balint sont à référence psychanalytique et cette option peut ne pas correspondre à tout le monde, mais il suffirait de changer les outils d'analyse et de garder la formule.

Outre qu'ils ne se font pas superviser, nos médecins ne croisent pas facilement leurs disciplines. Le fonctionnement en réseau interdisciplinaire a beaucoup de mal à voir le jour, même si de belles initiatives locales fleurissent çà et là. Je participe professionnellement à la vie de quelques-uns de ces réseaux, le but de ma présence étant de proposer des outils concrets de communication et d'aider à optimiser les réunions. J'assiste à leurs échanges, et là aussi je rencontre encore souvent le cloisonnement de leurs savoirs.

---

1. Groupes de médecins, créés en 1966, se réunissant régulièrement pour examiner les relations médecins/patients à travers l'exposé d'un cas individuel.

Les carences d'informations d'une discipline à l'autre jaillissent en pleine lumière. Toutefois le résultat de leurs rencontres est souvent remarquable. Elles répondent à un réel besoin, investi par des médecins engagés qui, alors qu'ils ont autant de travail que d'autres confrères, ont compris la nécessité d'investir du temps de partage et de réflexion entre professionnels de spécialités variées. Ceux-là acceptent de ne pas tout savoir. Ils n'hésitent pas à se téléphoner en cas de doutes ou de difficultés.

La création de ces réseaux fut préconisé par le rapport Guillou en 1998, mais comme beaucoup d'autres ce dernier est resté dans les tiroirs. La majorité des réseaux de ma connaissance et ceux auxquels je participe naissent d'initiatives personnelles. En dehors des médecins impliqués dans des groupes actifs de ce genre, encore trop rares, que vivent et font vivre à leurs « patients » les autres praticiens ?

Nos entreprises sont obligées d'offrir à leurs salariés des journées de formation continue. Ce n'est pas le cas dans le domaine médical, à croire qu'au niveau de la conscience politique l'efficacité des salariés d'entreprises est plus importante que celle de nos médecins. D'ailleurs les associations de formation de médecins « se démènent » chaque année pour tenter de recevoir des crédits supplémentaires de l'État afin d'offrir à leurs médecins les formations dont ils ont besoin.

La non-reconnaissance sociale

Le médecin n'est plus l'enfant chéri du pouvoir, il a perdu sa notoriété d'antan. Aujourd'hui c'est le monde économique, ses règles du jeu et ses entrepreneurs qui trustent la reconnaissance publique. La profession médicale, honorée et admirée dans le passé, devient une source d'ennuis pour tous les gouvernements qui les uns après les autres se heurtent à leurs problèmes sans réussir à les résoudre. Les numerus clausus ridiculement bas imposés depuis plus de dix ans ont programmé une pénurie montante de praticiens, alors même que la population française est vieillissante et nécessite plus de soins. Salles d'attente pleines, hôpitaux engorgés, personnel surmené, listes d'attentes de plus en longues, généralistes, spécialistes, urgentistes, infirmières et chirurgiens en colère, voilà le paysage actuel depuis bientôt quinze ans et cela risque de ne pas s'arranger de si tôt même avec la meilleure volonté du monde. On ne peut appliquer au domaine de la santé publique les règles uniques de l'économie de marché, et c'est pourtant à partir de là que sont pensées les décisions politiques.

DES ÉTATS DE FAIT AUX INCIDENCES PERVERSES

Une information biaisée

Pour une grande majorité de médecins n'ayant pas le temps de se tenir au courant des différentes avancées médicales, les relations de proximité avec les laboratoires pharmaceutiques sont pratiques car c'est par eux qu'ils ont les informations. Mais il arrive que la mission de santé de certaines de ces sociétés pharmaceutiques passe au deuxième plan devant la nécessité de faire du résultat, et la pression de certains actionnaires. Alors l'exhaustivité des informations véhiculées n'est pas toujours garantie, voir dans les cas extrêmes leur fiabilité. Le principe même de fidélisation du corps médical par les laboratoires est délicat voire dangereux. S'il est un domaine où l'objectivité est essentielle, c'est bien en matière de choix de médicaments et de protocoles d'applications. En tant que prescripteur, le médecin est un allier indispensable, et en même temps il est une proie sans cesse courtisée. La majorité des congrès médicaux sont sponsorisés ou totalement pris en charge par les laboratoires pharmaceutiques qui se font une guerre acharnée pour attirer les divas. Ces manifestations locales et internationales sont indispensables pour l'avancée des connaissances, mais la composante commerciale brouille aussi les pistes. Il faut séduire ses interlocuteurs, et l'emporter sur le concurrent qui a développé le même axe de recherche et sort un produit similaire. De ce fait l'industrie pharmaceutique est souvent en conflits d'objectifs, et la transparence fait parfois défaut. Il ne faut pas oublier qu'un laboratoire pharmaceutique ne fait pas que de la recherche, il est aussi producteur et distributeur. Alors les biais d'informations sont quasi inévitables.

Une clientèle captive

Il n'y a pas que les rendez-vous avec nous-mêmes que nous ne réussissons pas toujours à investir correctement. Il y a aussi ceux avec notre système de santé et ses représentants, particulièrement en structure hospitalière. L'insatisfaction de quelqu'un n'aura pas de réelle importance car vu les listes d'attentes, des « patients », il y en aura toujours, et d'ailleurs il y en a de trop. Quelle entreprise ne rêverait pas de garder tous ses clients indépendamment de la qualité de ses services ou de ses produits ? Et c'est ce qui se passe dans notre univers médical, mis à part quelques cliniques privées. Les procès sont encore très rares chez nous, le lobby médical est extrêmement puissant, et les notations données régulièrement à nos structures médicales ont une incidence toute relative vu les dysfonctionnements structurels ambiants.

Dans ces conditions, la personne malade, captive par définition, n'a pas le statut de client mais celui de « patient ». Seul le client peut revendiquer, le patient lui a l'injonction de se soumettre. Pratique… Cette notion de « Patient » est au cœur de notre pratique médicale. Quel mot troublant ce mot « Patient ». Si l'on se fie aux définitions du dictionnaire Flammarion, définitions qui par principe offrent la lecture des acceptations culturelles d'un pays, le patient doit être passif et obéissant : « patient : adj. Qui *supporte* avec calme la douleur, les injures, N. Personne *condamnée* à subir un supplice. Personne qui *subit* un traitement médical, ou qui *subit* une intervention chirurgicale ». Les termes choisis sont sans équivoque. Celui qui contracte une maladie ou craint d'en avoir une devient « un être condamné à subir », une « chose » acceptante. Tout est mis en œuvre pour lui retirer le contrôle de lui-même. Et il doit se taire devant « l'injure ou le supplice », définition oblige. Le plus grave est que le rôle va être rapidement investi, et la personne concernée va souvent obtempérer par accord tacite et soumission sociale et culturelle. Si elle se permettait des velléités de révolte, elle risquerait de programmer le pire.

Ce principe de soumission en matière de santé est une véritable institution. L'attente sans dire un mot fait fondamentalement partie de la règle du jeu. Le système est incontournable. Partout, chez le médecin comme à l'hôpital, il faudra mettre un sas entre sa vie « courante » et le rendez-vous médical. Il faudra transiter dans une « salle d'Attente ». Transformé en otage, chacun devra prendre son « mal en patience » dans un temps indéterminé que seul l'autre régule, l'autre, cet interlocuteur médical qui s'arroge le droit de faire ce qu'il veut, ou qui dans le dysfonctionnement médical ambiant est lui-même incapable de faire autrement. Pas question au bout d'une heure d'exprimer sa colère ou de faire remarquer que l'heure du rendez-vous est largement dépassée. Pourtant, en sens inverse, le retard du patient sera pointé du doigt voire son rendez-vous annulé brutalement. « Circulez, il n'y a rien à voir » nous dit l'agent de la circulation. Parce qu'elle ne peut pas de la même façon se débarrasser des gens qui encombrent les salles d'attentes, le mode de circulation choisi par l'assistante médicale ou la secrétaire sera de nier l'évidence. « Ne vous inquiétez pas » dira-elle après une heure d'attente dans le silence le plus complet, « Y'a pas de soucis le docteur va vous prendre » dira une autre quand justement l'on s'inquiète et se soucie des enfants seuls trop longtemps, du rendez-vous amoureux raté ou encore de l'arrivée tardive au bureau. « Vous avez de la chance » dira une troisième en vous donnant pour dans deux mois un rendez-vous pourtant urgent avec un spécialiste, « une place vient de se libérer »… car d'attente en attente, les embouteillages sont inévitables.

Le patient est bien trop dépendant et infantilisé pour oser réagir au milieu d'un tel rite social. Alors les garde-fous sautent allégrement, il n'y a plus vraiment de limites. Avez-vous vu fréquemment un médecin s'excuser d'un retard alors que, hors contexte professionnel, il ou elle sera quelqu'un de charmant, prêt à s'excuser pour bien moins que cela. Qui a autant attendu que dans la salle d'attente d'un médecin, d'un centre de soins ou à l'hôpital. Est-ce que l'on attend ainsi chez son banquier, non bien sûr car il ne prendra pas le risque de voir son client partir.

Ah, le problème de la clientèle captive quand le sens de la mission est absent, que celui qui a le pouvoir outrepasse ses droits ou tout simplement n'arrive pas lui-même à se sortir de l'emprisonnement d'un système malade. Les psychanalystes ne s'y sont pas trompés, eux qui ont fait du retard un acte manqué par excellence. À quoi joue donc ici le corps médical social à propos de nos vies ? Des salles d'attente, il en existe dans les gares ou les aéroports. On en profite pour poser ses bagages. Celles du monde médical ne devraient-elles pas avoir une fonction similaire ? Sauf qu'ici il s'agit de valises psychologiques remplies d'émotions perturbatrices, et la règle du jeu est de surtout ne pas les déposer, mais de les refouler. Avez-vous remarqué combien la majorité de ces salles d'attentes sont tristes et sinistres ? On n'y rit pas souvent, on n'y parle guère non plus, l'objectif est atteint. L'énergie ambiante y est catastrophique. On ne bouge pas, on ose à peine respirer, on attend… avant d'espérer pouvoir parler de ce qui est si important pour soi, sa santé et sa vie, riche de ses cohortes de peurs et de désirs. Cette attente silencieuse au milieu du consensus général demande une dose de soumission qui offrira ensuite au médecin plus de latitude pour mettre à distance son patient, et exercer en paix ce qu'on lui a enseigné être son métier. « Et si je redoute quelque chose de grave, docteur, est-ce que… et si… je… il… elle… pour combien de temps encore, Docteur ? ». Cela vaut le temps d'attendre bien sûr, sauf que… le docteur n'aura pas le temps de répondre, et souvent pour ne pas dire surtout, pas la force ni parfois le savoir suffisant. Alors il se met à penser très fort… « Mais votre vie, comment voulez vous que je sache moi… et des comme vous j'en reçois plein chaque jour, alors soyez discrets, n'insistez pas, je n'ai pas que vous à voir… vous avez vu ma salle d'attente ? ».

Et puis il ne faut pas se tromper de genre quand même. Le médecin occidental a été formé à soigner des organes et pas des êtres entiers, il ne faut pas tout mélanger !

Passivité, refoulement, temps restreint de consultation après une attente frustrante interminable, ce qui doit arriver arrive trop souvent. Le taux d'observance est très mauvais en France, plus de 60 % des médicaments prescrits en cabinets ou en consultations d'hôpital sont jetés rapidement ou même pas utilisés du tout. Tant pis pour la Sécurité sociale si un peu de son déficit augmente inutilement. Le « patient » est donc si peu sécurisé pour honorer aussi mal les prescriptions ? Il sent, et vit évidemment, que le généraliste n'a pas le temps, le spécialiste non plus, et encore une fois il n'a pas pu leur poser toutes les questions qui lui venaient à l'esprit sans les irriter. Ce n'est jamais le moment de les interrompre, alors comment faire sienne une ordonnance écrite sur le mode schizophrénique ! Pourtant au moment de l'ordonnance, il se passe quelque chose, le médecin s'investit dans son écriture, et le patient, encore dans la posture de soumission imposée, part même en remerciant, car il s'est enfin cru reconnu un instant. Mais avec le recul, il va revivre trop souvent que la prescription est tombée de façon systématique, comme s'il ne s'agissait pas vraiment de lui. Alors au nom de l'incommunication et des émotions refoulées en salle d'attente, il n'obéira pas toujours.

Dans son très beau livre[1] Ève Léothaud qui était atteinte d'un cancer raconte, alors qu'elle est conduite en ambulance pour passer une radio à l'annexe de l'hôpital Ambroise-Paré : « J'ai commis l'imprudence de ne pas emporter de livre : *jamais* à l'hôpital on ne doit omettre d'avoir de la lecture avec soi ; et voilà que j'attends au milieu du couloir, une demi-heure, trois quarts d'heure, une heure, toujours personne. Je m'informe, on me dit de patienter… » Qui n'a pas vécu cela, directement ou par personne interposée ?

Un besoin vital contrarié

« Le cerveau est fait pour agir » nous a dit si souvent le chirurgien neurologue Henri Laborit dans une formule qui lui était chère. L'action nous protège déjà par le simple fait d'exister. Génératrice d'énergie, elle est un régulateur de vie. L'expérience suivante laisse peu de place au doute.

> Des rats sont mis dans une cage, peu nombreux et en pleine santé. Ils ont bien mangé et n'ont pas faim. Ils vaquent paisiblement à leurs occupations. Les chercheurs introduisent alors de nouveaux rats dans la cage. Une bataille générale éclate immédiatement car l'espace devenu trop réduit déclenche leur agressivité. Mais à part quelques morsures, tous les rats continuent de bien se porter. Tension artérielle, sudation, brillance du poil, dilatation des pupilles… les critères physiologiques continuent à être bons. On accroît encore leur nombre, ils n'ont alors plus d'espace suffisant pour se battre et sont contraints de rester immobiles. Ils ne peuvent plus agir. Les indicateurs physiologiques deviennent mauvais. Certains, les plus fragiles, meurent alors « de mort naturelle ». On les enlève de la cage. Oh surprise, une régulation spontanée a opéré. Ceux qui restent ont de nouveau assez d'espace pour bouger et agir à leur convenance, mais pas assez cependant pour être paisibles. Alors ils recommencent à se battre pour les mêmes raisons que précédemment. Les indicateurs physiologiques redeviennent bons. Agir leur a permis d'aller bien, que ce soit par l'agressivité lorsque l'espace de vie est trop restreint, ou harmonieusement

---

1. *L'Im-patiente*, écrit avec le docteur chirurgien Philippe Chassaigne, Ed. Balland.

lorsqu'il correspond aux besoins systémiques de l'espèce. Quant à l'inhibition d'action, elle les a rendus malades et a déclenché la mort des plus fragiles.

Le professeur Henri Laborit a fait de longues recherches sur ce sujet. La passivité aux postes de commandes, souhaitée ou imposée, ne correspond pas aux principes de vie des espèces dont nous sommes issus. Notre organisme a besoin de bouger et notre cerveau est là au service de l'action. Et que cette dernière soit directement appropriée à la situation ou non, une de ses fonctions est aussi de mettre à distance la peur quand la passivité au contraire la laisse nous envahir dangereusement.

Alors, lorsque nous recevons l'ordre de ne pas bouger, d'obéir, de ne pas poser trop de questions et donc de ne pas agir « par pensée, par parole et par action », cette attitude médicale est dangereuse. Elle est antinomique de la vie, ouvre la porte à l'inquiétude et à l'angoisse du « patient », et ne peut que diminuer ses capacités d'adaptation. Nous parlons ici d'inhibition d'action et non du « lâcher prise actif », cette acceptation consciente que nous aborderons ultérieurement et qui est action par excellence.

Le silence pesant des salles d'attente prend maintenant toute sa dimension nocive. « Tais-toi ». « T'es toi ? ». Non justement, ici tu n'en as pas le droit.

L'HÔPITAL, UNE CARICATURE DE NOS SOCIÉTÉS ÉCONOMIQUES

Aux urgences, les « patients » attendent, et les médecins n'ont pas le temps de respirer. Même ici la rentabilité choisit de sévir. Un bon conseil, ne pas emporter un, mais deux livres si l'on y va, et être en bonne santé bien sûr, ce serait trop dangereux autrement. Les budgets alloués n'allant pas en s'améliorant, les médecins prisonniers eux-mêmes de ces aberrations politiques finissent aussi par y faire grève. Trop, c'est trop !

Lorsque mon emploi du temps me le permet, je refuse rarement un travail dans le milieu médical, car le lecteur l'a compris, ce qui concerne la santé et particulièrement la façon de l'honorer m'est cher. Et pourtant j'ai refusé il y a une dizaine d'années une intervention auprès d'un patron des urgences d'un CHU du nord de la

France, alors que mes disponibilités en temps me le permettaient, et que l'objectif « l'aider à avoir une équipe plus motivée et responsable » faisait partie de ces enjeux qui me sont chers et ont du sens.

Après plusieurs heures de travail préparatoire avec lui, et alors que le courant passait bien entre nous, ce qui m'est indispensable pour envisager de travailler avec quelqu'un, les informations qu'il me donnait sur les conditions de travail de son équipe et sur les blocages politiques au sein de son hôpital étaient telles, que je trouvais irresponsable de chercher à motiver son équipe dans un tel contexte. Les budgets alloués pour faire tourner son service étaient ridiculement bas, le personnel en nombre insuffisant était structurellement débordé, aucune entente ne se profilait avec les patrons des autres services de l'hôpital, pour en cas d'afflux pouvoir occuper des lits cependant régulièrement vides, et l'Assistance Publique ne faisait pas des urgences, pourtant débordées en permanence, une priorité.

Il est des situations « pourries » que l'on n'a pas le droit de cautionner par la mise en place d'un faire semblant, ici en l'occurrence faire un audit interne garanti de n'être suivi d'aucun effet, ou programmer plusieurs séminaires pour motiver une équipe sur de l'inacceptable. Ce fut en trente ans de carrière la seule fois où j'ai refusé, alors que j'en avais la disponibilité, de participer à une action que je considérais au départ « juste » et que j'aurais par ailleurs aimé pouvoir accomplir, tant mon impuissance et celle de mon interlocuteur étaient patentes.

Nous nous sommes quittés en très bons termes. Il m'avait dit être à bout et avoir envie de décrocher, et je me souviens, moi qui ne supporte pas le principe de grève à la française pour un oui ou pour un non, lui avoir demandé s'il serait réaliste de faire un simulacre de grève en faisant assurer toutes les urgences par des collègues motivés pour faire bouger les choses, mais non des médecins urgentistes, de façon à attirer l'attention des pouvoirs publics tout en continuant à honorer la mission. J'aurais alors été prête à l'aider.

Quant à Patrick Pelloux, médecin urgentiste très engagé, il a beau combattre activement sur ce terrain, dix ans après nous en sommes encore là. Bien sûr, comme toujours il existe quelques situations atypiques privilégiées, mais elles sont extrêmement rares.

Un manque de réunions pertinentes

Un médecin de l'un des trois grands centres de cancérologie de la région parisienne avec qui j'ai beaucoup travaillé, me disait récemment que plusieurs de ses confrères cancérologues étaient au bord du « burn out ». Quoi de plus étonnant? Qui peut travailler normalement dans des conditions où les contraintes de tout ordre viennent parasiter l'exercice quotidien de la profession, quand en plus la logique économique ne laisse aucun espoir d'améliorations? L'administratif prend de plus en plus de temps, les organisations internes ont du mal à suivre, les malades se pressent à la porte.

En dehors du simple fait – pas simple d'ailleurs – d'accumuler un maximum d'actes par jour, il n'y a pas les budgets nécessaires pour avoir un corps médical en adéquation avec le nombre de malades journalier si l'on veut vraiment prendre soin d'eux. Comment dans ces conditions honorer régulièrement les réunions programmées pour parler des « patients », réfléchir collectivement aux améliorations à porter aux pratiques quotidiennes, chercher l'avis d'autres confrères pour éclairer ses décisions, toutes choses que l'on fait par ailleurs plus facilement en entreprise quand il s'agit de vendre encore plus et mieux à ses clients. Et quand enfin des réunions sont tenues, elles sont trop souvent faites sans formations en amont, ce qui est navrant car cela permettrait de les rendre plus efficaces. L'hôpital offre déjà si peu de temps à chacun pour réussir à honorer tout ce qui devrait l'être, alors des réunions bien animées ne seraient pas du luxe.

À l'hôpital, pire que dans les entreprises, l'information circule peu, voire extrêmement mal. Mais ici il y a peu de rappel à l'ordre. Un client mécontent part chez le concurrent, un « patient » mécontent se tait et quitte rarement l'hôpital, le centre ou la clinique. Les infirmières sont les plus conscientes de la situation. Sur le terrain auprès des personnes hospitalisées, ce sont elles qui ont les données à faire remonter, cependant elles sont rarement conviées aux réunions lorsqu'il y en a. Le pouvoir des médecins serait en danger à trop les écouter et à leur donner la place qu'elles devraient avoir. Et leurs remontées d'informations seraient parfois trop déstabilisantes. Parfois, à certains endroits, il risquerait d'éclater au grand jour des pratiques peu efficaces ou tout simplement des difficultés que chacun connaît mais que personne n'a le courage ni le temps ni trop souvent la possibilité d'affronter. Le non dit protecteur serait interrompu, c'est déjà assez dur comme cela. Et puis, quelle chance…, il y a une raison bien factuelle à ne pas les convier aux réunions, elles ne sont pas assez nombreuses et ont déjà tellement à faire.

Les gestionnaires vous diront que la santé coûte trop cher pour consacrer trop de temps « non productif » en réunions ! Qui va les payer ces réunions ? Et pourtant des réunions pluridisciplinaires fréquentes concernant les personnes hospitalisées coûteraient moins cher à moyens termes à la Sécurité sociale, mais encore faudraitil faire des raisonnements systémiques pour accepter de dépenser aujourd'hui ce qui permettrait de faire des économies demain, et les budgets ne sont pas alloués aux mêmes endroits. L'argent de la Sécurité sociale n'est pas celui qui gère l'hôpital. Et ce n'est pas l'apanage de nos décideurs politiques de penser en termes de mission, au sens large, et de finalité. Alors que d'intelligence, de motivations et de pertinence perdues au nom des cloisonnements en place.

Essais cliniques : un dilemme parmi d'autres

Et le patient ? Comment s'occupe-t-on du malade du lit 327 ? Trop souvent dans nos hôpitaux, nous venons de l'aborder, les réunions interdisciplinaires indispensables autour des « dossiers » des « patients » n'existent pas, ou sont insuffisantes, ou ne tiennent pas sur la durée.

Aussi quand on fait partie du sérail, il est courant d'entendre dire qu'en cas de séjour prolongé à l'hôpital, il vaut mieux participer à des essais cliniques en tant que cobaye si l'on veut être assuré d'être correctement suivi. Autrement dit, en cas de refus personnel de participer à des essais, dans certaines situations, il n'y aura plus qu'à s'en prendre à soi si la structure ne peut pas assurer le minimum de confort et de professionnalisme que l'on aimerait rencontrer… Pourquoi pas, sauf que les effets curatifs et secondaires d'une nouvelle molécule sont encore moins connus que ceux de médicaments déjà mis sur le marché, et pour cause puisque c'est justement l'objet des essais, et le terrain est miné.

Avant l'autorisation de mise sur le marché d'un médicament, il existe un protocole de trois phases différentes d'essais cliniques ;

après autorisation, la quatrième phase de « pharmaco-vigilance » peut avoir lieu sur un grand nombre de « patients »[1]. Chaque phase présente des risques et des espoirs. Prenons la phase 3, très courante en milieu hospitalier. Par protocole et rigueur scientifique, nul ne sait, pas même le corps médical présent, si le candidat humain faisant parti de l'essai absorbera une pilule virtuelle avec « rien » dedans, pour voir le poids du simple effet placebo, cette croyance en chacun qui a le pouvoir de le guérir ou d'améliorer son état, ou s'il prendra réellement le traitement proposé et testé. C'est ce que l'on appelle une expérimentation randomisée en double aveugle. Il y a donc l'alternative soit d'être moins bien suivi en refusant d'être objet de recherche, soit d'être le sujet de toutes les attentions en risquant d'absorber du vent ou un traitement dangereux, mais l'inverse est aussi possible, il s'agira peut être de la pilule miracle ! L'option n'est pas simple.

En fait, joueur de casino malgré lui s'il a dit oui, le malade espérera bien tirer le gros lot en s'en remettant aux mains d'un hasard bienfaisant : nouveau traitement salvateur sans trop d'effets secondaires, et accompagnement régulier garanti.

Il fut un temps encore récent où ce genre d'expérimentation se faisait à l'insu du malade.

Le pouvoir médical et ses représentants, habitués à ne pas tout dire, dépassaient les frontières et cachaient la réalité. Devant le paradoxe de faire courir un danger à leurs interlocuteurs tout en œuvrant pour le bien commun, leur embarras peut être compréhensible. Qui ne rêve pas du médicament qui sauvera tout le monde. Mais encore aujourd'hui, trop souvent, le manque de communication véritable entre le « patient » et ses interlocuteurs met ce dernier en situation d'otage, car mal informé voire désinformé, il n'est pas en mesure de réellement peser le pour et le contre. Et même si la recherche doit bien passer par des expériences randomisées pour pouvoir mettre sur le marché des molécules et des médicaments nouveaux, la déontologie en prend trop souvent un coup. La pression des laboratoires pour tester au plus vite la nouvelle molécule ou la nouvelle composition chimique, avant que le concurrent ne le fasse à leur place, n'aide pas à faire les choses paisiblement. Le refus du

---

1. Les essais de phases 4 peuvent aller jusqu'à 30 000 patients.

« patient » peut se transformer en réelle difficulté. Aujourd'hui la pratique du mensonge ou du non dit est sanctionnée… à condition d'être découverte évidemment. Et les explications non complètes sont malheureusement encore fréquentes.

Vu le contexte, il est dangereux de rester un simple patient passif quand on « tombe » gravement malade. Je conseille vivement de transgresser cette inertie de comportement imposée en mettant tout son courage et son énergie aux commandes, la sienne ou celle d'êtres proches quand on n'est plus en mesure d'agir soi-même, afin d'aller chercher un maximum d'informations pour choisir ce qui paraît le plus compatible avec la situation présente et ses enjeux. Sauf dans des cas extrêmes, l'état de cobaye n'est pas forcément souhaitable, et en même temps il en a sauvé et en sauvera encore plus d'un. C'est la raison pour laquelle le « patient », ici plus que jamais, doit oublier fermement sa posture de patient, pour peser le pour et le contre et faire un choix personnel avec le maximum d'informations qu'il arrive à glaner.

3

L'HOMME MÉCANIQUE

LA SCIENCE ET LA MÉDECINE

Se pourrait-il que la science, en toute innocence et toute impunité, réussisse à elle toute seule à régner sur notre santé ? Qu'elle en ait la compétence et l'envergure ? Ce serait le rêve, une référence unique et absolue, une assurance- vie à portée de chacun. À la moindre alerte, elle serait là proposant ses services sûrs et éclairés, ouvrant ses ailes protectrices, tel un ange gardien.

Mais bien des composantes la concernant en indiquent l'impossibilité, et nous allons en énumérer quelques-unes.

— D'abord sa définition « Un fait est dit scientifique s'il se reproduit à l'identique dans les mêmes conditions d'expérimentations ». L'être humain ne reproduira rien, jamais, de manière identique, car il est à la fois unique et imprévisible.

— Puis, les conséquences des protocoles expérimentaux. Dans tout laboratoire de recherche, comprendre impose de séparer d'abord les facteurs les uns des autres pour les appréhender un par un avant de regarder leurs influences respectives. On commence donc par tuer les interactions de la vie pour l'analyser. C'est mal parti. Le vivant est subtil et ne se laisse pas disséquer ainsi, et il a toujours plus d'un tour dans son sac, ne serait-ce que des facteurs inconnus en connexion avec tous les autres pour perturber la connaissance.

— Ensuite, l'impact des observateurs. Depuis des décennies, les scientifiques ont noté le fait que tout observateur change les résultats de l'expérimentation en cours, autrement dit il interagit sur ce qui se passe alors qu'il aimerait tant pouvoir être neutre. L'objectivité scientifique, se transforme en mythe, difficile de lui rester fidèle. Le fait d'intervenir de l'extérieur comme le fait notre médecine ampute tout rêve d'objectivité.

— Enfin, la complexité du vivant. Au siècle dernier la mécanique quantique est venue nous injecter des probabilités et de l'incertitude[1]. Quelle révolution et quelle vérité, « Incertitude »! Remise en cause d'une science qui avait l'ambition de tout savoir, puissance de la vie qui tout à la fois disparaît sans prévenir et continue de se perpétuer on ne sait pas vraiment où ni comment, à la fois absente et présente.

C'est le moment d'écrire des poèmes et de sortir de l'enfermement de la rationalité comme unique forme de pensée…

Bien des découvertes scientifiques n'ont de vérité absolue que l'espace d'un moment. Nous étions par exemple « sûrs » qu'aucune information ne pouvait circuler plus vite que la vitesse de la lumière. Pourtant, après une longue polémique qui a donné tort à Albert Einstein, une expérimentation[2] dans le monde de l'infiniment petit a permis de prouver l'inverse.

Théorème d'incertitude, impermanences et incompréhensions, telle est l'histoire quotidienne d'une science qui voudrait pouvoir transformer ses savoirs temporels en certitudes infaillibles, faisant de l'homme l'apprenti sorcier de ce monde. Dans le domaine de la santé, il est touchant et désespérant tout à la fois de voir les efforts de certains chercheurs scientifiques « purs et durs » pour essayer de garder un pouvoir explicatif absolu, quand par ses découvertes même et tout au long de son histoire la science en démontre l'impossibilité.

Il existe des individus suffisamment centrés sur eux-mêmes pour savoir, de façon relativement fiable, qu'en eux la guérison est en marche ou au contraire qu'un processus pathologique est en train de se déclencher, alors même que la médecine conventionnelle est en train de leur « prouver » l'inverse par science interposée. Eux-mêmes ne pourront pas dire comment ils savent, mais ils savent.

---

1. Heisenberg au début du siècle dernier, déjà! nous a démontré que la science ne nous permettra jamais de connaître en même temps la position et la vitesse d'un électron. La réalité objective lui échappe. Il appela son théorème le théorème d'incertitude.
2. Travaux du Professeur Nicolas Gisin et de son équipe, université de Genève, parus dans la revue *Nature* en 2003.

L'information leur est accessible sans que la pensée scientifique puisse en expliquer l'apparition. L'intuition alimentée de l'écoute de soi a sans doute pris le relais. Le drame est que trop de charlatans se glissent dans cette approche, racontent et font faire n'importe quoi, ce qui tend à juste titre à fermer cette voie de connaissance pourtant réelle. Et l'approche scientifique tout imparfaite soit-elle reprend ses droits absolutistes, et empêche d'entrouvrir bien des portes.

Il semblerait que le savoir intérieur reste silencieux si on ne lui donne pas les moyens de se développer. Et pourtant, il est des forces en nous de protection et de survie qui dépassent largement ce que le savoir occidental classique sait aujourd'hui appréhender. En nous remettant inconditionnellement dans des mains extérieures dès la moindre alerte somatique, nous risquons de nous déconnecter de nos ressources personnelles naturelles. Et au lieu de nous inciter à les connecter, trop souvent nous recevons l'ordre de les mettre impérativement à l'écart. Nous aurons le droit de faire joujou avec ces forces de vie plus tard, quand nous serons sauvés.

Si timidement nous demandons un temps de répit pour entendre, sentir, percevoir ce qui se passe à l'intérieur de nous, l'injonction tombe comme un couperet, « pas question, ce serait programmer le pire ». C'est en acceptant de se livrer précipitamment, pieds et mains liées, à l'intervention extérieure et à son efficacité scientifique érigée en dogme que l'on se comportera en personne raisonnable. Et le médecin se rassurera autant qu'il cherche à rassurer son patient.

Une complexité déroutante

La vie, tout comme la maladie, est le résultat d'un faisceau de causes et de conditions. Elle émerge à partir d'un ensemble de causes externes et internes en interactions permanentes les unes avec les autres et avec leurs milieux respectifs.

Les causes externes porteuses de troubles comme les virus, microbes, bactéries, accidents, nourritures malsaines, troubles climatiques, environnements stressants, absences de lien social, et autres agressions… sont immergées dans des contextes spécifiques qui les rendront plus ou moins actives ou virulentes. Certaines situations comme des environnements pollués ou l'émission régulière d'ondes électromagnétiques proches des corps pourront avoir un impact énorme et devenir des causes dramatiques pour certaines personnes quand d'autres auront la chance de passer à travers.

Les facteurs internes physiologiques, comme les composantes génétiques, l'état du système immunitaire, la présence ou l'absence à un moment « t » de certains métaux, vitamines, sels minéraux, oligo-éléments, et autres… seront évidemment des éléments importants dans l'émergence d'une maladie. En même temps l'état d'esprit positif ou négatif d'une personne, sa faculté à être heureuse quelles que soient les circonstances, sa croyance dans sa capacité ou non à se sortir de situations difficiles, son équilibre affectif, ses éventuelles convictions religieuses, le sens qu'elle donne à sa vie… tous ces éléments d'ordre psychologique et spirituel seront à leur tour des causes et des conditions déterminantes dans l'expression ou non d'une maladie. Cascades multifactorielles, interactions multiples d'ordres et de niveaux différents… compliqué quand on a eu l'habitude de penser à partir de raisonnements basés sur de simples relations linéaires de cause à effet.

« Gauss et Pareto », le duo d'enfer

Nul n'est égal devant la vie, nul n'est égal devant la maladie. Entre les pluralités de facteurs en interactions les uns avec les autres, et la singularité de chaque être humain, les statistiques, si pratiques en marketing pour faire de l'argent en réveillant les besoins vrais ou fictifs des consommateurs, sont plus que pernicieuses dans le domaine de la santé. Or elles sont au cœur de notre pratique médicale.

Une loi et une courbe, toutes deux mathématiques, régissent à grande échelle nos pratiques commerciales et médicales.

L'une, la loi de Pareto, souvent vérifiée dans des domaines simples, précise que dans bien des situations 20 % de causes sont statistiquement responsables de 80 % d'effets. Il pourrait donc paraître raisonnable, si l'on veut avoir de l'influence sur une maladie, de choisir d'agir sur les 20 % de causes primordiales pour avoir des résultats d'ensemble satisfaisants.

L'autre, la courbe de Gauss, modélise une famille d'éléments ou d'individus sous forme d'une courbe en cloche. Elle offre des classements par densité de probabilités, ce qui est fort pratique pour cerner une population, en fonction des critères théoriques que l'on a choisi de sélectionner. L'utilisation systématique des courbes de Gauss en matière de santé est dangereuse, car le champ d'action induit s'adresse à une foule virtuelle et non à un individu précis, et hormis la statistique assortie de son anonymat, point de salut. Les numéros des lits d'hôpitaux en guise de nom du malade en sont très symboliques.

Mais revenons à Pareto. On ne peut regarder les causes sans prendre en considération les conditions dans lesquelles elles s'exercent. Il suffit que l'environnement change, et elles se mettront à agir et interagir différemment. Aussi, déconnectés du milieu ambiant et des conditions de vie particulières de chacun, les fameux 20 % hautement responsables de quelque chose ne peuvent plus être les bons à chaque fois, surtout lorsque le temps s'écoule.

Notre médecine fait donc une double erreur.

Avec Gauss, elle enferme la différence dans l'uniformité d'une statistique. Avec Pareto, elle fait comme si la vie n'évoluait pas.

Le cocktail « loi de Pareto, courbe de Gauss » est donc à l'origine d'un lourd dysfonctionnement. Le médecin caricatural « Gauss, Pareto » ressemble à cet homme qui, un soir de nuit sans lune, cherche ses clés de voiture sous un réverbère. Des passants, de plus en plus nombreux, s'arrêtent pour l'aider, quand l'un d'entre eux lui demande s'il est sûr d'avoir perdu ses clés exactement là. « Ah non » s'entend-il répondre « mais c'est le seul endroit où il y a de la lumière ».

Dans ce même registre, il est malheureusement fréquent de voir quelqu'un mourir d'une crise cardiaque peu de temps après avoir fait tous les examens médicaux prescrits par « son » cardiologue et analysés comme excellents. Hasard bien sûr, pluralité de facteurs en cause évidemment, mais aussi bénédiction fatale d'un diagnostic technique infaillible et soi-disant exhaustif, qui a permis au « patient » de continuer à prendre des risques, de forcer un peu, de ne pas écouter sa fatigue si son tempérament ou son environnement l'y incitent, ou encore de jouir dangereusement et sans retenue de plaisirs toxiques pour lui. Et pour les mêmes raisons, l'inverse aussi se produit. La certitude médicale ose condamner irrémédiablement quand ce n'est pas nécessairement vrai.

Deux mois après la découverte de son cancer, Claire n'en avait plus que pour deux mois à vivre encore. « Médicalement prouvé elle était condamnée ». La science et ses probabilités avaient sévi, différentes sommités du monde hospitalier avaient formulé le même diagnostic, et pour cause, leurs références sont les mêmes. Le verdict formel tel un couperet sans appel était tombé. Claire ne voulut pas s'enfermer dans cette horreur programmée.

Elle partit aux États-Unis pour rencontrer en plus de la médecine classique, des approches médicales complémentaires que nous ne trouvons pas facilement en France. Elle travailla sur elle chaque jour plusieurs heures dans une clinique de la côte ouest. Parce qu'elle n'avait pas voulu être à la merci du verdict extérieur, le mariage de plusieurs médecines, sa biologie, et sa façon d'agir face à la maladie firent le reste. Vingt ans après elle était toujours là, témoignant de ce qu'elle avait vécu et découvert.

Chaque être est unique, et il se retrouve trop souvent enfermé dans des champs de référence qui lui racontent « scientifiquement parlant »… une autre histoire que la sienne.

LA LOGIQUE DE GUERRE

Notre médecine s'est installée dans une logique de guerre. Elle est très symptomatique de la brutalité ambiante de notre monde actuel, qui, sous prétexte de progrès, bouscule chacun et épanouit de moins en moins d'individus.

Vaincre ou mourir

La lutte est son mode d'expression. Alors elle n'hésite pas à sortir « l'artillerie lourde » à la moindre alerte. Éradiquer, supprimer, vaincre. Ses outils sont des armes chimiques et technologiques pour visionner l'ennemi et le réduire à néant. Que d'avancées technologiques extraordinaires, que de batailles gagnées quand les soldats internes du patient manquent à l'appel ou que le terrain est en grande partie miné !

Charles jouait souvent avec sa vie. Artiste passionné et un peu fou, il fumait plusieurs paquets de cigarettes par jour malgré un réseau veineux et artériel catastrophique, de l'hypertension, du cholestérol et des extra systoles en pagaille. Les artères de ses membres inférieurs se bouchèrent petit à petit jusqu'à entraver sa mobilité. Il finit enfin par consulter, et dans l'urgence la plus extrême il partit à l'hôpital pour se faire poser des « stents »[1]. Grâce à l'intervention, il connut deux ans de rémission avant que les mêmes raisons ne reproduisent les mêmes effets. Les mêmes artères se rebouchèrent.

Là où notre médecine interventionniste est superbe, c'est que deux fois encore Charles fut sauvé par des manipulations d'urgence de techniciens de haute volée, dévoués et au service. Entre les interventions, Charles ne changeait rien dans ses habitudes de vie.

Notre belle machine de guerre et ses fidèles soldats sont souvent capables de faire des prouesses. À longueur de jours et de minutes, ils agissent ainsi. Nous ne leur serons jamais assez reconnaissants. Mais il arrive aussi que la guerre change de style, qu'elle ne soit plus qu'une guerre de substitution, car il est aussi des moments où la bataille est vraiment perdue. Et nos généraux alors de s'acharner, car ainsi le veut leur programmation. Rappelons combien le docteur Chaussoy et la mère de Vincent Humbert eurent d'ennuis dans leur volonté du « droit à laisser mourir » avant l'ordonnance de non-lieu du 27 février 2006[2].

Omniprésente, cette obsession de la mort rend ainsi les pratiques dures, sans finesse et sans concession. Une logique « d'énergie du désespoir » s'installe à tout propos, utilisant des remèdes « de cheval » quand des pratiques plus douces suffiraient à l'affaire. Mais la guerre est la guerre, ça ne se fait pas à moitié. Par définition elle est brutale, notre médecine l'est aussi. Et quand elle a définitivement perdu, elle fuie précipitamment le champ de bataille. Le corps sans vie à l'hôpital est vite mis dans un tiroir, ces tiroirs de la morgue où l'on se dépêche de cacher ce qui dérange. Nos enterrements se font rapidement, dans la honte, le désespoir ou l'indifférence affichée, vraie ou fausse, rarement dans la lumière.

Charles perdit définitivement à la guerre suivante. Sa confiance en l'unique interventionnisme guerrier médical était allée trop loin. Si après la première intervention il avait offert à son corps un style de vie compatible avec ses difficultés physiologiques, la dernière guerre n'aurait peut-être pas eu lieu d'être. Peut être aussi son espérance de vie eut été allongée, car une guerre épuise toujours les réserves de celui qui la subit.

---

1. Petites pièces métalliques installées à l'intérieur des artères bouchées pour permettre au sang de s'écouler de nouveau.
2. Sur lemonde.fr « L'affaire Humbert et le droit à laisser mourir ».

L'épuisement des forces

Les arts martiaux nous enseignent pourquoi et comment ne pas gaspiller son énergie pour la garder à disposition les jours de vrai combat. Notre médecine classique n'est malheureusement pas dans cette logique. Elle épuise notre corps à chaque alarme au lieu de le préparer aux vraies difficultés qu'il aura peut être à affronter un jour. La dérision suprême est que c'est pour notre bien. Rappelons la gabegie d'antibiotiques, la prise de laxatifs alors qu'une alimentation adaptée règle en général le problème, les ablations inutiles faites par peur ou intérêts financiers, l'utilisation de molécules chimiques à effets secondaires toxiques quand de simples herbes ou des pratiques de relaxation suffiraient souvent à résoudre ce qui est à résoudre, le bon cholestérol tué en même temps que le mauvais...

« Un symptôme... des médicaments », réflexe tellement inscrit dans notre culture médicale qu'il « opère » en toute bonne conscience collective, par erreurs de raisonnement, habitudes et précipitations. Cercle vicieux qui entretient des maladies autant qu'elle en guérit, avec notre Sécurité sociale en complice maternante de plus en plus déficitaire. Pas de chômage dans le corps médical, et un lobby de laboratoires pharmaceutiques extrêmement puissant et florissant. Les pouvoirs publics ont beau essayer de ralentir le train en marche, difficile d'interrompre des comportements de fond. Et tant d'intérêts financiers sont en jeu qu'il peut sembler délicat voire impossible d'infléchir la tendance.

L'idéologie du corps cassé

Notre société à trop vouloir dominer la matière passe à côté du bon sens. Curieusement nous n'acceptons pas complétement la dimension physique de notre incarnation. Nous donnons à la connaissance, à la pensée et à l'intellectualisme une place qui interdit le rapport au corps, et cette vieille histoire de pomme et de fruit défendu nous joue encore des tours. Le corps est connoté négativement, il est encore symboliquement synonyme de péché car la tentation et sa transgression ont voué l'homme aux enfers, et il faut bien souffrir pour se faire pardonner. Il n'y a qu'à voir la politique antidouleur en France. Avant que l'on accepte de donner de la morphine à ceux qui souffraient physiquement dans leur corps, beaucoup d'eau à coulé sous les ponts. Les allégations d'éventuels effets secondaires ne tenaient pas la route, car la pharmacologie était au point depuis longtemps et avait été largement testée dans d'autres pays. Il est intéressant de voir combien les effets secondaires sont appelés à la rescousse quand pour une raison ou pour une autre le corps médical ne veut pas prescrire quelque chose, alors que le reste du temps ce genre d'informations fait l'objet d'une très grande pudeur.

Mais tout comportement a sa raison d'être. Je vois encore se profiler à l'horizon ce vieux châtiment judéo-chrétien, cet interdit du corps encore dans les consciences. Le Christ sur sa croix nous offre un spectacle unique et omniprésent de souffrance physique. N'est-il pas logique que notre médecine tue pour sauver l'autre, avec ce modèle d'un corps transpercé pour sauver le monde ?

Et le pape Jean-Paul II fut un exemple vivant et une indication à peine voilée de ce que, là encore si nécessaire, le corps est là pour souffrir inconditionnellement. Dans une telle culture, il est donc logique et normal de subir la même chose. Pas étonnant qu'avec de tels modèles nos médecins soient piégés, et nous avec si nous n'y prenons garde.

L'anti-vie

Ainsi notre médecine a choisi son camp. Ce n'est pas la vie qu'elle honore, mais ses problèmes et son délabrement. La prévention ne fait pas partie de ses priorités, comme si elle ne connaissait de la santé que ses dysfonctionnements. Elle fait de la vie une étrangère dont elle n'utilise ni les forces ni le potentiel, et semble ignorer le principe de pulsion de vie et son potentiel de guérison. Faite pour soigner, elle ne sait pas « prendre soin » car l'énergie de combat est ce qui l'anime. La force et la virilité sont ses expressions favorites, elle campe dans la masculinité.

« Prendre soin » vient d'une autre posture, celle du principe féminin de la présence, de l'écoute et du service, et nul besoin de signes de dysfonctionnements extérieurs pour agir. Entre prévenir et éradiquer, les actes et l'état d'esprit ne sont pas du même ordre. « On » fait la guerre à un ennemi, « on » prend soin de ceux que l'on aime.

Notre médecine est froide… elle cherche à sauver « en employant tous les moyens » sans prendre le temps d'aimer, et tue ainsi un peu plus que par simple erreur mécanique. Pourquoi attendre que la vie soit assaillie pour la considérer ? Rappelons l'ancienne tradition chinoise qui consistait à payer les médecins uniquement lorsque l'on se portait bien. Leur mission était d'honorer la santé, et de porter leur attention sur l'harmonie et la qualité de vie de leurs interlocuteurs en veillant à une bonne circulation d'énergie. Celle de nos médecins est fort différente. Il leur est demandé de lutter contre la maladie « à tout prix », et de faire disparaître le plus vite possible tout ce qui dérange. Et nos pays occidentaux jettent sur le marché une technologie pointue d'automates médicaux qui, trop souvent, tels des automates militaires, sont incapables de distinguer l'ennemi de l'innocent, et n'en finissent pas d'investir le terrain. L'espérance de vie s'est allongée, notre médecine a fait des progrès remarquables, largement aidée en cela par des conditions d'hygiènes améliorées, mais que de béquilles, de maux de toutes sortes et de maladies nouvelles. À quoi bon toujours repousser les limites de la vie, si c'est pour finir par la transformer en un cruel parcours du combattant.

Regardons nos visages, particulièrement dans nos grandes villes agitées. Trop vite lorsque l'enfance s'éloigne les traits se tirent, la crispation se lit à tous les coins d'yeux, est-ce cela l'avancée de vies maintenues plus longtemps ? Où est passé le plaisir d'être ? Quel enfant rêverait de se faire offrir une poupée grimaçante, flétrie, aux traits tirés, s'affaissant trop facilement, abîmée de l'intérieur au point qu'au moindre mouvement un peu fort il faut la réparer, la recoudre. Lequel aurait envie de jouer à veiller sans cesse à ce qu'elle ne se brise point ? Bien qu'aujourd'hui le pouvoir d'achat soit surtout chez les personnes âgées, ce n'est pas pour rien si la publicité et à travers elle notre société continue de célébrer surtout la jeunesse. Car cette vieillesse prolongée artificiellement est redoutable. Nous payons chers en absence de qualité et de sérénité cet allongement de la vie dont cependant nous sommes si fiers.

LA DÉRESPONSABILISATION

Une attitude de surface et de précipitation

La maladie s'invite souvent sans prévenir. Lui aurions-nous par hasard laissé la porte ouverte en manquant légèrement de vigilance ? Lorsqu'elle s'en ira, aidés en cela par nos médecins, nous serons très discrets, délicats même. Pour l'oublier au plus vite, nous respecterons son départ en détournant pudiquement les yeux, sans chercher à comprendre qui elle était vraiment et ce qu'elle faisait là. Nous ne pourrions pas faire mieux pour programmer son retour impromptu.

D'où vient-elle cette maladie ? D'ailleurs évidemment, de l'environnement, ou d'une génétique que nous n'avons pas choisie ! Ici, la posture de victime pointe son nez avec le danger de fuite et de démissions. L'expression « la maladie nous tombe dessus » montre bien ce qu'elle veut dire. Nous ne remercierons jamais assez nos médecins de s'en occuper pour nous. C'est la raison pour laquelle nous allons les voir si souvent, et combien nous voulons pouvoir le faire sans limitations. Éradiquer ce que l'extérieur nous inflige… l'extérieur, quand fréquemment nous avons une part de responsabilité dans ce qui nous arrive. À considérer la maladie comme un événement venu d'ailleurs, nous lui offrons tout pouvoir quand, paradoxalement, c'est ce que nous cherchons à éviter.

Cette volonté de faire disparaître immédiatement ce qui gêne sans se poser la question du « pourquoi moi ? », « comment est-ce arrivé ? », est lourde de conséquences. Cette fuite en avant me fait penser à l'attitude de certains dirigeants d'entreprise. À être continuellement centrés sur les objectifs court terme, la course aux résultats court-circuite tout travail de fond et programme des problèmes récurrents. Chacun sait dans l'entreprise que les « retours d'expériences » et les réunions d'analyses/bilan sont indispensables pour savoir dans toute action ce qui s'est avéré pertinent ou non, afin d'être en adéquation avec la réalité. Pourtant que de gens ont du mal à les faire vivre, « pas le temps »… Nous faisons pareil avec notre santé, et sommes de très mauvais managers de nous-mêmes.

Mais dans cette culture de l'agitation, s'arrêter, regarder notre corps par le prisme de son équilibre et de son bien-être, lui donner de l'importance, de la considération, lui consacrer du temps quand on en a déjà si peu, ce serait vécu comme une entrave, un frein invraisemblable, voire une névrose. Il est là à notre service, point. Notre corps se lasse et se casse. Nous le malmenons sans égards, exigeant de lui une force et une énergie qu'il n'a pas toujours. Obèse, essoufflé, malmené, désorienté, voilà l'avenir que nous lui réservons à grands renforts d'interventions ou de produits de substitutions pour le maintenir artificiellement présent à nos côtés, à disposition, comme quelque chose dont on oublie l'existence mais qui a intérêt à nous servir. Incapables d'être bienveillants et respectueux à son égard, nous comptons sur l'intervention de la médecine classique pour passer en force. Grâce à notre superbe technologie de pointe, nous allons nous faire regarder régulièrement, « regarder », pour « voir » si un processus meurtrier ne se serait pas déjà mis en route ou non. Mais quand rien d'inquiétant n'apparaît sur les clichés, ou dans certaines prises de sang comme entre autres pour le cancer de la prostate, qu'est-il suggéré médicalement au patient pour prévenir un éventuel dérèglement futur ? Rien.

Notre société d'image a une médecine de prises de vues. Elle intervient quand l'événement est là, en train de se dérouler sous ses yeux, sinon elle répond aux abonnés absents. Elle sait très mal anticiper, elle attend de voir. Elle visionne la vie de l'extérieur, derrière ses caméras. Et la vie joue à cache-cache avec cette façon de faire car c'est dans l'intimité et l'intériorité singulière de chacun qu'il faut l'appréhender, et non par le simple intermédiaire d'un voyeur et d'un technicien aussi performants soit-ils.

Notre médecine en ce qu'elle a d'éphémère et de précipité est le reflet de nos propres pratiques et de nos exigences désordonnées, excessives, et sans cohérence globale. Et par là même, oh dérision, elle se garantit une activité « à vie ».

L'enchaînement

Plus la médecine intervient et interrompt de l'extérieur symptômes et maladies, plus elle devient incontournable puisqu'en parvenant à traiter à court terme la forme et non le fond, les effets et non les causes, elle se garantit une activité à vie. Elle est d'autant plus sûre d'avoir à agir régulièrement une fois qu'elle a commencé à sévir, que tandis qu'elle répare d'un côté elle détériore de l'autre.

Françoise était soignée pour une hypertension essentielle. Elle prenait un médicament depuis une quinzaine d'années qui régulait parfaitement sa tension artérielle, mais une légère toux chronique s'était petit à petit installée. Elle en avait parlé au début à son cardiologue qui avait nié toute corrélation avec la prise du médicament. Ce n'était pas indiqué comme effet indésirable sur la notice. Françoise crut son cardiologue sur parole. Elle continua de prendre son médicament, et accepta cette petite toux régulière. Des années plus tard, elle revisita la notice. Cette fois-ci, le risque minime de toux était noté, et le cardiologue lui prescrit alors un hypotenseur d'une autre famille de molécules.

Ce qu'elle avait vécu dans son propre corps avait été nié par son interlocuteur tant que les informations délivrées par les services marketing du laboratoire n'étaient pas en concordance avec ses dires.

Françoise ne fut pas au bout de ses peines pour autant. Elle lut attentivement la notice du nouveau médicament et vit comme contre-indication le rétrécissement de l'artère rénale. C'était son cas, elle avait un rétrécissement à l'artère du rein droit. Son cardiologue lui affirma que puisqu'une seule artère était concernée, il n'y avait pas de problème. Échaudée déjà une fois, elle vérifia l'information auprès du laboratoire pharmaceutique. L'interlocuteur charmant, disponible, fit la même réponse. Quand elle voulut savoir sur quoi s'appuyait le raisonnement, il finit par dire que la nature avait été généreuse, qu'elle avait inventé des systèmes en doublon et qu'un seul rein suffisait largement pour vivre.

Alors qu'il faudrait permettre à la vie de se déployer le plus largement possible, notre médecine dans des faits symboliques comme celui-là n'hésite pas à lui amputer insidieusement du capital et des ressources. Elle programme une dépendance de plus en plus lourde au fur et à mesure que la vie se déroule, pendant qu'en échange les laboratoires pharmaceutiques ont une garantie d'éternité, donnant une information sélective à laquelle la plupart de nos médecins obéissent aveuglément, n'ayant pas le temps ou la possibilité d'en trouver d'autres. Et leurs dires ont plus d'importance que le vécu du « patient ». Et dans les cas où le médecin se sent dépassé, s'il n'a aucune réponse à proposer, faute d'informations et de connaissances, on lui a appris culturellement à détourner les yeux et à donner des antidépresseurs pour mettre à distance ses limites et le mal-être du « patient ».

II LES RAISONS DE TANT DE DÉRAISON

Zoom sur les mécanismes
de notre monde intérieur

Ce monde que nous avons collectivement créé est en train de partir en vrille. Chacun le sait désormais. Mais tant que nous ne comprendrons pas les raisons de tant de déraisons, nous ne serons pas en mesure d'infléchir le cours « des choses ». Nous l'avons exprimé au début de ce livre, nos programmations et nos automatismes ne sont plus adaptés à notre monde actuel, voir même ils deviennent meurtriers. Et notre cerveau est « dépassé »... L'allié, il est en train de se transformer en ennemi. Aussi, dans la deuxième partie de cet ouvrage, nous allons analyser de près son fonctionnement en vue de reprendre les rênes de nos vies.

Comme le disait le docteur Henri Laborit : « Tant que l'on n'aura pas diffusé très largement à travers les hommes de cette planète la façon dont fonctionne leur cerveau, la façon dont ils l'utilisent, et tant que l'on n'aura pas dit que jusqu'ici, ça a toujours été pour dominer l'autre, il y a peu de chances qu'il y ait quelque chose qui change. »

4

UN CERVEAU DE PRÉDATEUR
QUI NOUS FAIT BOGUER

LA PRISON INTÉRIEURE DE NOS CROYANCES

Les bases de la non-entente naturelle

« Si l'on n'est pas assuré de quelque chose, on décrète que cela n'existe pas » professait Descartes. Notre cerveau spontanément nous enferme dans cette négation impérialiste.

Des chercheurs eurent un jour l'idée de mettre des petits chats, dès leur naissance, dans un univers composé exclusivement de barres horizontales. Réintroduits dans un contexte « normal », nos chats devenus grands se cognaient sans cesse. Ils ne percevaient pas un objet vertical ou en biais et rentraient dedans. « Formaté » par des données horizontales, leur cerveau ne leur proposait qu'une vision horizontale du monde ; ce qui était autre et différent n'existait pas ! De la même façon l'expérimentation avec des barres verticales transformait l'univers des chats en un monde uniquement vertical. S'ils avaient eu le langage, ils auraient affirmé, chacun, que l'autre avait tort, et auraient combattu pour installer leur légitimité… au nom d'une certitude absolue.

Nos systèmes de croyances et notre accès au monde sont nos barres verticales et horizontales. Nous sommes persuadés qu'ils sont le reflet de la réalité, quand ils ne sont qu'une perception et une interprétation particulière parmi tant d'autres possibles.

Le drame de tout système de croyance est d'être bâti sur des certitudes qui ne supportent pas la contradiction.

Si nous n'y prêtons pas attention, notre cerveau, spontanément, nous ampute de la connaissance « d'à côté ». Afin de dépasser l'enfermement de nos convictions, pour bénéficier des bienfaits de la complémentarité des différences, nous sommes obligés d'accepter la programmation de l'autre.

Ce qui fait notre richesse fait aussi notre pauvreté. Plus notre formatage est intense et a duré longtemps, plus notre expertise est pointue dans son domaine, et plus elle nous éloigne du reste du monde et de la réalité intégrative de la vie.

Empreinte et attachement

Visitons maintenant un autre « formatage » grâce à l'éthologue suisse Konrad Lorentz.

Une petite oie cendrée, née depuis peu, s'était mise à le suivre absolument partout. Son premier amusement se transforma en curiosité lorsque d'autres petites oies cendrées, au fil du temps, se mirent à avoir le même comportement à son égard. Il voulut comprendre. Il remarqua que leur point commun était d'être nées depuis le même nombre d'heures lorsqu'elles commençaient à le suivre, et qu'à partir de ce moment là aucune ne se lassait de sa compagnie. Elles le suivaient à vie ! Il nomma ce comportement « phénomène d'attachement ». Il voulut vérifier si c'était lié à lui, à son odeur, au fait d'être un être humain, ou si un autre animal pouvait déclencher la même chose. Et mieux, ou pire selon, il découvrit qu'un simple objet mobile pouvait déclencher le même effet. Les petites oies cendrées se mettaient à suivre jours et nuits les balles de ping-pong jetées devant elles à cet âge clé de leur vie.

À l'intérieur du cerveau de l'oie cendrée sont sécrétés, à cet âge clé de leur vie, des produits chimiques à l'origine de ce comportement[1] d'attachement qui consiste à faire suivre par l'animal, l'être ou l'objet qui passe alors dans son champ de vision. Chaque espèce animale a ainsi un moment précis où ce phénomène dit d'empreinte émerge. Et l'attachement s'installe. Pour l'oie cendrée il dure toute la vie[2], pour d'autres animaux il ne dure qu'un temps, celui lié à son

---

1. René Zazzo, *L'attachement*, Ed. Delachaux et Niestle.
2. L'oie cendrée devenue adulte migre mais, chaque année lorsqu'elle revient, elle suit de nouveau son même « objet d'attachement ».

espèce. Par le jeu de l'influence chimique à un stade très précis du développement, la mère lorsqu'elle est présente devient ainsi celle que le petit suit partout. Le principe de sélection naturelle a encore une fois frappé astucieusement, permettant ainsi aux espèces animales d'avoir leur progéniture à portée de surveillance sans trop d'efforts.

L'être humain est également concerné par ce type de comportement, mais nous n'aimons pas beaucoup nous sentir à ce point dépendants, et pourtant !

Le petit enfant ne suit pas partout l'objet qui bouge, en tout cas pas physiquement. Son histoire est plus complexe, mais bien des points sont communs et le phénomène d'empreinte nous concerne à plus d'un titre.

Les six premiers mois de sa vie, le petit d'homme ne fait pas de différence entre les autres, l'environnement et lui. Il est dans un monde fusionnel où la notion de séparation n'existe pas. Puis tout doucement il aura à découvrir et vivre un processus d'individuation qui supposera une rupture avec cette fusion. Pour vivre et grandir harmonieusement, il doit apprendre à traverser la sensation d'abandon liée à la disparition temporaire plus ou moins longue de « l'objet d'amour », et ne se sentir ni perdu, ni morcelé. Il aura à découvrir qu'il peut rester serein et heureux, aussi bien quand ce dernier est proche que lorsqu'il s'éloigne.

On appelle relation objectale la capacité à ressentir une distance juste entre « l'objet d'amour » et soi-même. Elle commence son apparition vers l'âge de 6 mois et dans le meilleur des cas le but sera atteint vers 2 ou 3 ans, ou beaucoup plus tard, voire jamais chez beaucoup d'entre nous… C'est en se détachant de l'autre sans pour autant le haïr ou le rejeter – généralement dans un premier temps il s'agit de la mère ou de la personne qui en fait office – que l'enfant pourra grandir harmonieusement et que sa personnalité pourra se mettre en place. Alors seulement il lui sera alors possible de rester entier dans les relations et les différentes situations de sa vie sans risque de s'y diluer ou de se perdre. La notion de séparation, avec son cortège de peurs et d'angoisse, est peut-être ce qu'il y a de plus difficile à résoudre pour l'animal humain qui a reçu la conscience d'exister, car elle flirte avec la mort. La disparition temporaire est une mort en sursis.

La façon dont nous avons réussi ou non la relation objectale de notre enfance aura un fort impact sur la façon de gouverner notre vie. Nous pourrons être cramponnés frileusement à nos habitudes et à nos idéologies, incapables de les mettre à une distance juste, ou au contraire, en être libres et autonomes, nous aurons la souplesse de choisir ce qui nous convient au fil du temps. Bien des névroses viennent d'une relation objectale ratée[1], et se traduisent dans nos relations d'amour par des distances et des intensités mal gérées. Nous restons alors dépendants de l'imprégnation trop intense de notre enfance, ou courons après celle que nous n'avons pas pu investir à temps pour cause de dérapage ou d'absence. Cette recherche « de l'autre » est alors vouée à l'échec tant qu'on ne travaille pas sur soi ou que le thérapeute sélectionné accompagne mal.

Je fais l'hypothèse que, en ce qui concerne nos convictions indélébiles, la source pourrait en être la même. L'attachement à certains symboles ou systèmes de références serait aussi lié à un phénomène d'imprégnation, à notre insu, sous l'influence d'émissions chimiques incontrôlables et d'émotions particulièrement fortes en des instants précis de nos vies. Pour peu que la première empreinte, celle de la mère, ait été mal gérée, l'acharnement à ne pas changer d'opinion risquera d'être d'autant plus intense.

Seule une relation objectale réussie permet spontanément le lâché prise, cette attitude profonde qui accepte ce qui est, dans ses similitudes, ses différences et ses absences. Là encore, il faut en prendre conscience pour ne pas rester collé à vie, telle la petite oie cendrée de Konrad Lorentz, sur ces objets d'amour que sont nos certitudes. C'est en leur nom que nous n'arrêtons pas de faire la guerre, c'est en leur nom que nous ne savons pas nous écouter, c'est en leur nom que nous sommes sectaires et arrogants. Mais nous avons notre chance car, dans les espèces dites « évoluées » dont nous faisons partie, l'empreinte est réelle mais semble ne pas être conçue pour durer éternellement. Nous avons donc un levier à notre disposition, celui de faire un travail sur soi pour revisiter ce qui s'est passé dans notre enfance en vie de nous libérer des empreintes trop présentes.

---

1. Relation objectale ratée : en grandissant, l'enfant ne franchit pas l'angoisse liée à l'absence de perception par l'un de ses cinq sens de son « objet » d'amour.

Vision partielle et subjective du monde à barres horizontales ou verticales, phénomène d'empreinte et relations objectales délicates par essence, la liste n'est pas finie.

La confusion des genres

Notre cerveau fait souvent des amalgames et se trompe facilement d'interprétation quand deux phénomènes se produisent absolument au même moment, et ce régulièrement.

Pavlov et sa célèbre expérience avec les chiens ne nous a laissé aucun doute en la matière. Faites sonner une cloche en même temps que vous donnez de la nourriture à un chien, et répétez plusieurs fois cette situation. Puis supprimez la nourriture tout en continuant à faire sonner la cloche. Le chien salivera comme s'il était en train de manger. Si les deux stimulations simultanées de la cloche et de la nourriture ont été répétées suffisamment longtemps, le cerveau finit par associer les deux et devient incapable de les différencier. L'une se confond alors avec l'autre et l'interprétation devient erronée. C'est le principe des réflexes conditionnés.

Nous fonctionnons exactement comme le chien de Pavlov, et notre cerveau est manipulable à merci. C'est ainsi que nous pourrons faire facilement l'amalgame entre l'émetteur d'un message, et le message lui-même. Que quelqu'un d'important à mes yeux affiche une croyance, il pourra alors m'arriver de confondre la personne et le bien-fondé de ce qu'elle affirme, dans un copié-collé erroné. « Si c'est lui qui le dit, alors c'est forcément vrai », ou forcément faux ce qui revient au même. Et à la longue, mes opinions risqueront de s'établir en référence au système de pensée de l'autre, court-circuitant toute réflexion personnelle.

Pour revenir à notre médecine, le serment d'Hippocrate exige de nos médecins un comportement de ce type. Seule la pensée normée et enseignée doit les accompagner tout au long de leur pratique. Ils sont programmés pour exercer leur profession par réflexe pavlovien. Dans l'entreprise le désir est le même. La politique du réflexe conditionné pour gagner du temps et surtout ne pas avoir à gérer la différence sous quelque forme que ce soit est extrêmement répandue.

La nécessité de grandir

Pour être capable d'envisager une médecine intégrative[1], il s'agit d'être souple et flexible et apte à se détacher d'un savoir non adapté à la situation. Si nous regardons notre médecine et la formation dispensée à la lueur de la relation objectale, la distance n'est bonne ni avec le système de pensée, ni avec les collègues, ni avec le « patient ». Notre technologie est brillante et reconnue dans le monde entier, mais nos médecins utilisent la technologie comme des objets magiques sans prendre une juste distance pour les utiliser uniquement à bon escient. C'est ainsi que des chimiothérapies ou des radiothérapies seront prescrites trop fréquemment dans une précipitation infantile dévastatrice. Et pas question d'émettre la moindre critique constructive, sauf en douce et entre collègues et encore !

Lors de mes séjours aux États-Unis, je m'étonnais que notre médecine officielle française, réputée si bonne par ailleurs, se ferme encore trop souvent à des pratiques couramment utilisées dans des cliniques et hôpitaux américains, comme, parmi tant d'autres, les techniques de visualisation ou de méditations pour stimuler et utiliser nos ressources intérieures. Et pourtant elle est soumise aux même logiques économiques que nous, est aussi dans les mains de grands laboratoires pharmaceutiques, souvent les mêmes, et les pressions financières y sont semblables voire pires. Mais il existe une grande différence de culture entre la France et les États-Unis. L'éducation reçue par le petit Français et le petit Américain déclenche des relations objectales fort différentes qui marquent l'individu à vie. Le message adressé par une mère française à son petit qui tombe ce sera « tu vois, je te l'avais bien dit, ne t'éloignes plus de moi sinon tu vas encore te faire mal ». Dans les mêmes circonstances, la mère américaine enverra une indication tout autre. «Vas y, recommences, tu y arriveras, amuse-toi » dira-t-elle sans émois particulier. L'une va tout faire pour empêcher que la bonne distance ne s'installe trop

---

1. Une médecine intégrative prend en compte toutes les dimensions de l'être humain, et s'enrichit des approches médicales et pluridisciplinaires les plus exhaustives possibles, sans querelles d'appartenance !

vite en maintenant son enfant dans le giron, l'autre au contraire l'incitera à prendre au plus vite son autonomie[1].

La nouveauté, l'incursion dans des champs de réalité différents font plus facilement partie de la médecine américaine que la nôtre car culturellement l'indépendance d'esprit est plus présente. Le médecin américain n'a pas peur des idées différentes des siennes voire il en est friand, quand le médecin français se vit inconsciemment comme un traître ou un marginal s'il ose s'éloigner du giron médical. Ainsi dans une orchestration culturelle toute française, cette médecine reste trop souvent enfermée dans la matrice dogmatique, sans distance ni conscience, c'est le propre des empreintes mal gérées. Mais à l'intérieur de cette matrice essentiellement scientifique, c'est elle qui pousse à l'extrême les avancées technologiques, prenant son temps puisqu'elle n'investit pas d'autres chemins. Comme toujours, le bon et le mauvais sont entrelacés.

Alors la route est tracée. Utilisons notre médecine en priorité en cas de difficultés ou de drames nécessitant une intervention impérative et technique, car là elle est très efficace, et en toutes responsabilité individuelle excluant les rejets et les soumissions infantiles, sachons la mettre à une distance raisonnable pour le reste.

LE CERVEAU, UN « ORGANE » FASCINANT

Aujourd'hui en Occident, c'est l'arrêt du cerveau qui signifie la mort physique et légale de quelqu'un. Où se loge la conscience, en lui ou en dehors? La question reste en suspens et les convictions à ce sujet sont multiples et controversées. Deux croyances extrêmes coexistent, l'une faisant du cerveau l'émetteur propriétaire de la conscience, l'autre le considérant comme un simple récepteur. La réalité est peut être dans une troisième alternative mixant les deux croyances. Quoiqu'il en soit, la connaissance de son fonctionnement offrira plus de chance de le diriger que de le subir.

---

1. Pascal Baudry, *Français Américains, l'autre rive*, Ed. Village Mondial.

La puissance du cerveau

La connaissance du cerveau est loin d'être complète, mais grâce aux nouvelles technologies d'imagerie fonctionnelle, IRM, scanner, petscan… et aux neurosciences, nous pouvons le regarder fonctionner et dépasser la simple description analytique. Nous accédons ainsi à des informations oh combien intéressantes si l'on veut comprendre ce qui nous arrive au quotidien, et comment nous répondons aux différentes stimulations de notre environnement.

Merveille de conception, l'émergence et le fonctionnement de notre cerveau humain est le résultat de plus de 500 millions d'années d'évolution. Les systèmes de protection et de survie sélectionnés ont largement eu le temps et l'occasion d'être testés.

L'ontogenèse suit la phylogenèse. Dit plus simplement, l'être humain revit dans le ventre de sa mère l'histoire de l'évolution animale dont nous sommes issus. L'embryon humain repasse par les stades de poisson et de reptile avant de devenir et rester mammifère. Ainsi l'animal en nous crie toujours très fort ! Le corps et le cerveau se souviendront toujours. Sommes-nous fondamentalement autre chose que notre cerveau entrelacé de notre physiologie ? La question est éternelle mais, quelles que soient nos croyances, son action est déterminante en ce qui concerne qui l'on est et comment l'on fonctionne. Sans lui nos organes des sens ne pourraient rien nous transmettre, nous ne ressentirions rien, aucune émotion ni sentiment. La beauté, l'esthétisme ou la vulgarité ne nous frôleraient pas, nous ne pourrions pas communiquer entre nous, nous ne saurions pas ce qu'aimer veut dire, le fanatisme ne risquerait pas de faire basculer la terre. Il est capable de générer la beauté absolue et l'horreur insoupçonnée, dans un paradoxe d'alternances étonnantes.

Trois cerveaux en un

Dès la vie intra-utérine apparaissent des systèmes complexes de traitement d'informations, mettant en place des mécanismes d'ouverture ou de fermeture pour réguler le flux des stimulations externes ou internes qui sollicitent sans cesse notre organisme. L'objectif est de garantir notre survie en évitant les phénomènes de surchauffe ou de manques liés aux hasards de nos environnements. Notre cerveau est l'ordinateur central qui orchestre l'ensemble.

Sa structure anatomique est la même chez tous les hommes de cette planète, toute race confondue heureusement ! Une très très légère différence existe entre le cerveau de la femme et celui de l'homme, nous le verrons un peu plus loin.

Trois formations évolutives le composent essentiellement[1].

Le cerveau reptilien[2], le premier niveau, est logé dans le tronc cérébral. Vieux de plus de 300 millions d'années, il gouverne nos instincts de survie. Il est déjà présent chez les lézards d'où son nom. Les comportements qui lui sont liés sont ceux de l'obtention des besoins primaires comme manger, boire, chercher la nourriture, se perpétuer en terme d'espèce, acquérir et protéger son territoire et donc agresser et se défendre. Chaque espèce se trouve ainsi dotée d'un répertoire de comportements inconscients propre à ses besoins basiques, et ce sans avoir à les réapprendre car les comportements répétitifs protecteurs d'une espèce finissent par devenir instinctifs.

Le second ensemble est le cerveau limbique[3]. On le trouve chez les mammifères dits inférieurs comme le rat ou les plus anciens comme le cheval. Il créée, recueille, traite et retient tout ce qui est à tonalité émotionnelle et affective. C'est agréable ou désagréable, sain ou dangereux. IL est arrivé dans l'aventure animale il y a 250 millions d'années. Les émotions sont émises en son sein, et il va entre autres chercher l'information des sensations corporelles dans le cerveau reptilien. Ici, tout est toujours inconscient.

Le troisième ensemble, le cortex, est apparu beaucoup plus tard chez les mammifères dits supérieurs, il y a seulement 30 millions d'années. C'est le petit jeune. Avec lui émerge la possibilité de faire des associations, il orchestre les apprentissages par « essais erreurs ». Il se complexifie au fur et à mesure de la chaîne d'évolution.

Le plissement qui le caractérise anatomiquement permet une forte augmentation de son volume à l'intérieur de la boîte crânienne. La partie frontale de ce cortex, appelée aussi néocortex,

---

1. Nous reprenons ici la théorie du docteur Mac Lean, toujours d'actualité, et pratique pour appréhender facilement ce qui décide en nous.
2. Situé en haut de la colonne vertébrale, il est composé de trois parties principales : le bulbe rachidien, la protubérance annulaire, le mésencéphale avec en plus des ensembles de neurones appelés locus coeruleus et système réticulé.
3. Situé sous le cortex, il est composé de plusieurs structures et noyaux cérébraux comme le thalamus, l'amygdale, l'hippocampe, l'hypothalamus et bien d'autres.

s'est particulièrement développée depuis 3,5 millions d'années. Il abrite la pensée en offrant l'apparition d'associations mentales conscientes et inconscientes. Grâce à lui, la prise de conscience des émotions devient possible, car l'arrivée de la pensée réflexive vient parachever son œuvre. Chez l'homme, c'est celui qui a augmenté le plus au cours des 500 000 dernières années.

Le cortex est constitué de deux hémisphères, le gauche et le droit, dont les spécialisations et la sophistication n'ont pas vraiment d'équivalent connu chez d'autres animaux. Chacun est subdivisé en zones géographiques distinctes les unes des autres. Ces aires correspondent à des fonctions précises comme la vue, l'audition, la parole, la compréhension du langage... Ce sont les aires primaires dites aussi spécialisées[1], connectées directement à nos organes sensoriels et moteurs. Plus l'espèce est évoluée, plus elles sont nombreuses. À ces aires se rajoutent les aires associatives ou secondaires. Ces dernières ne seront connectées qu'avec d'autres aires cérébrales, primaires ou secondaires comme elles. Elles ne reçoivent donc jamais d'informations à l'état brut, toutes ont déjà été traitées et donc filtrées au moins une fois auparavant. Particulièrement étendues chez l'être humain, elles sont responsables de tous les processus cognitifs. Ce sont elles par exemple qui donnent du sens aux événements, planifient la vie, anticipent, mesurent les conséquences des actes, peuvent faire décider en dépits des pulsions primaires...

Vingt ans pour se construire

Le cerveau reptilien, le plus ancien, joue un rôle essentiel dans le développement physiologique du fœtus. Opérationnel dès la naissance, il achève sa maturation vers 6 mois. Il participe au contrôle de la plupart de nos fonctions vitales comme les activités cardiovasculaires, le rythme cardiaque, la respiration, les fonctions digestives, les sécrétions d'hormones... C'est à partir de lui que diffuseront dans le corps les conséquences physiologiques de nos émotions, qui seront passagères ou resteront gravées parfois à vie.

---

1. Le neurochirurgien W. Penfield a dressé une cartographie très détaillée des représentations de la sensibilité et de la motricité de notre corps sur le cortex cérébral. Avant lui déjà, en 1901, Brodman avait créé une carte des aires du cortex cérébral rien qu'à partir des données de la structure cellulaire des couches du cortex.

Le cerveau limbique, lui, poursuit sa maturation jusque vers l'âge de 2 ou 3 ans voire même 6 ans selon les auteurs. Il est le siège des émotions émises à l'état brut, immédiates, incontrôlables au moment de leur émission, qui resteront stockées ou circuleront librement dans le corps et vers le cortex frontal selon leur tonalité et leur intensité.

Enfin le cortex est celui qui mettra le plus longtemps à arriver à maturité. Les toutes premières années de la vie, son hémisphère droit fonctionnera sans beaucoup de relations avec l'hémisphère gauche car, vers 2 ans, sa maturation est presque terminée alors que celle du cortex gauche commence à peine.

L'hémisphère droit traite de ce qui est empreinte émotionnelle et ressenti. Il est le siège de la sensation globale, immédiate et holistique. L'empathie, cette capacité à ressentir ce qu'éprouve l'autre et à savoir instinctivement, par exemple, s'il est sincère ou non, vient aussi de cet endroit.

L'hémisphère gauche, fort différent en terme d'expression, déclenche la pensée logique, la réflexion, l'approche intellectuelle analytique et la conceptualisation. Le cortex préfrontal gauche qui correspond à des aires secondaires ne commencera par exemple à jouer un rôle vraiment actif que vers l'âge de 2 ans et continuera à se développer jusqu'à environ 20 ans, voire beaucoup plus selon les dernières découvertes. Il est le centre par excellence de la pensée abstraite et c'est à son niveau qu'est d'abord élaborée la réflexion sur le sens de nos émotions et de nos expériences[1].

La petite enfance est caractérisée par la dictature des émotions puisque le cortex gauche, celui qui sait, ne commence à réellement fonctionner qu'à partir de l'âge de 2 ans. Alors sous le pouvoir de son cortex droit, le tout petit enfant pourra ressentir très tôt s'il est vraiment aimé ou pas. Il ressentira, mais il ne saura rien consciemment. Toutefois il ne risquera pas de se tromper car son cerveau droit empathique capte la réalité telle qu'elle est. Les deux premières années, le petit être humain n'a pas encore la possibilité de tricher et de se raconter des histoires, car son néocortex gauche n'est pas encore opérationnel pour inventer des systèmes de

---

1. Les aires primaires sensitives et motrices, elles, maturent plus vite.

défense. Les maux sont là à l'état brut lorsque le signifié des mots n'existe pas encore.

Ainsi donc avant 2 ans l'enfant sait, mais il ne sait pas qu'il sait. Son corps en revanche est déjà informé par les conséquences de ses émotions prises en compte par son cerveau reptilien qui les reçoit du cerveau limbique, et en cas d'émotions trop négatives les somatisations émergeront.

Ce n'est donc que dans un deuxième temps que l'enfant prend conscience de ce qu'il vit. Tout doucement sa pensée donnera alors au sentiment son sens, l'analysera et le décortiquera, l'insérera dans la culture ambiante et ses conditionnements, et déterminera si ce qu'il ressent est acceptable ou non selon les critères du corps social – famille, village, quartier, nation, époque – dans lequel il est immergé. Sa conscience d'être le fera se sentir coupable ou non d'avoir ressenti telle ou telle émotion en fonction des injonctions ambiantes, et lui fera prendre petit à petit des décisions intellectuelles à leur propos.

Les deux hémisphères du cortex sont séparés par un ensemble de fibres nerveuses appelées corps calleux. Les informations passent d'un hémisphère à l'autre par son intermédiaire. C'est à ce niveau qu'apparaît la petite différence trouvée aujourd'hui entre un cerveau féminin et un cerveau masculin. Chez la femme, le corps calleux est légèrement plus gros que chez l'homme. La route est plus large, les informations émotionnelles transitant d'abord par l'hémisphère droit peuvent donc passer plus facilement à gauche. Est-ce une des raisons qui expliquerait que, statistiquement, la femme prend plus facilement connaissance de ses émotions que l'homme ?

Plasticité et capacité de régénérescence

Nos trois cerveaux sont en interconnexions permanentes. Nos neurones, ces milliards de cellules nerveuses qui les composent sont reliés par des milliards et des milliards de connexions. Leur densité est telle que les dernières théories les pensent tous reliés entre eux. Ils assurent la communication dans notre cerveau grâce à l'émission permanente de messagers chimiques[1] divers et variés, déclenchant

---

1. Appelés médiateurs chimiques, comme la dopamine, la sérotonine…

de neurones en neurones les stimulations nécessaires à la propagation d'un courant électrique[1] à la base de toute la circulation d'information.

La plasticité du cerveau a été découverte récemment, alors qu'il y a peu de temps encore, notre science le croyait figé définitivement à l'âge de l'adolescence. Sa rigidité, parce qu'il était la seule partie de notre corps à ne pas bénéficier du renouvellement cellulaire[2], avait été une fois pour toute décrétée par nos médecins. Et le verdict médical erroné enfermait les « patients » dans l'impossibilité de rencontrer les ressources de régénérescence pourtant à leur portée. Or peu importe si, dès l'adolescence, le cerveau perd chaque jour des milliers de neurones et si nos cellules cérébrales seraient oui ou non les seules cellules de notre corps à ne pas renaître une fois mortes. D'une part nous en avons des milliards et nous n'en utilisons pas beaucoup, d'autre part il existe sur chaque neurone des tas de filaments appelés dendrites qui assurent aussi une multitude de liaisons.

Tout au long de l'existence, grâce aux stimulations de nos mondes intérieurs et extérieurs, nos cellules nerveuses s'activent, et leurs connections sont en perpétuelle évolution. Des études faites sur des bébés singes ont montré une corrélation directe ente le nombre de dendrites présentes dans leur cerveau et le nombre de stimulations reçues à leur naissance dans leur environnement naturel et social. Un environnement stimulant rend donc le cerveau plus flexible par un développement continu de ses connexions, et une plus grande dynamique chimique. Nous savons aujourd'hui que les cellules de notre cerveau communiquent toujours activement entre elles aussi bien chez l'embryon que chez les personnes âgées, même si ce processus est plus puissant dans la petite enfance. Bien vieillir consiste donc à choisir un environnement de stimulations quotidiennes.

Quelle belle « mécanique » nous a dit la science à son propos… mais il est tout sauf une mécanique contrairement à ce que le scalpel escorté de son système de pensée nous avait fait croire un temps. Il respire, s'excite ou se calme, s'ouvre ou se ferme aux flux d'informations qui le traversent, crée lui-même de l'information,

---

1. Appelé potentiel d'action.
2. Des chercheurs commencent à mettre en doute cette affirmation.

donne des ordres à notre corps et en reçoit de lui, et ne cesse de bouger et d'évoluer.

Pour transmettre l'information, nous le voyons émettre de l'électricité sous forme de potentiels d'actions, réagir à des champs magnétiques, consommer du glucose et de l'oxygène, modifier son débit sanguin, « s'allumer ou s'éteindre » par endroits selon l'heure et le type de stimulations reçues. Il ne s'arrête jamais complètement et, la nuit, tandis que notre corps s'endort, il travaille plus que jamais.

Le cerveau d'Einstein

Aucun cerveau humain n'est identique à un autre, même si physiologiquement, et heureusement vu certaines hérésies historiques, les bases sont les mêmes. Comment était celui d'Albert Einstein ?

Le médecin pathologiste T. Harvey en fit l'autopsie et le conserva 40 ans dans un conteneur en plastique avant de le rendre à la petite fille d'Einstein. Il en prélevait de temps en temps des fragments qu'il confiait à des scientifiques du monde entier qui espéraient trouver dans ces tissus des traces du génie d'Einstein. Ce qui fut trouvé, en plus des neurones habituels, fut un nombre étonnamment élevé de cellules dans le cortex associatif qui n'étaient pas des neurones, mais des cellules appelées cellules gliales[1]. Personne ne savait vraiment à quoi elles servaient, il leur était seulement attribué à l'époque un vague rôle de soutien. Mais Einstein en avait tant que les chercheurs ne lâchèrent pas leurs investigations. On découvre enfin aujourd'hui qu'elles aussi sont essentielles à la mémoire. Clin d'œil d'Einstein cinquante ans après sa mort, une fois encore il aura participé, par la particularité qui fut la sienne, à faire quitter la pensée dominante pour finir par faire réfléchir au-delà des cadres établis. Car si tant de neurobiologistes étaient passés à côté de la réalité en ne détectant aucun signal, c'est parce qu'ils cherchaient à capter des émissions de signaux électriques semblables à celles des neurones, alors que les cellules gliales utilisent surtout des signaux chimiques.

Ainsi les neurones du cerveau sont accompagnés de milliards de cellules gliales impliquées dans la mémoire, et elles sont neuf fois plus nombreuses que les neurones.

---

1. Douglas Field, professeur de neurosciences cognitives à l'université du Maryland, « La moitié oubliée du cerveau », *Pour la Science*, Septembre 2004.

Nous avons donc un potentiel remarquable à notre disposition, bien plus grand que ne le pensaient nos médecins et scientifiques il y a encore quelques années.

Comment circulent les émotions

Dès la naissance, nous recevons un logiciel émotionnel qui nous permet de détecter dans l'environnement ce qui est nécessaire ou nuisible à notre survie. Plus l'espèce évolue, plus le logiciel est complexe.

Les émotions sont là pour assurer la survie de chacun en déclenchant des mécanismes d'adaptation rapides très précis qui, lorsqu'ils fonctionnent bien, créent une réponse comportementale protectrice immédiate.

Certaines émotions dites émotions primaires sont innées comme la peur, la tristesse, la colère, la joie. La peur permet d'échapper au danger et déclenche des mécanismes de protection comme celui de la fuite, la tristesse répond à la solitude, à la défaillance et à l'abandon, la colère augmentera l'énergie de l'organisme et offrira la capacité de se défendre ou d'attaquer, la joie déclenchera le besoin de maintenir les situations agréables. Chaque émotion primaire, lorsque notre cerveau fonctionne harmonieusement, est associée à des mimiques et des signes corporels précis car elles ont toutes un rôle à la fois individuel et collectif. Ces émotions et leur traduction en action ont tellement fait leur preuve qu'elles sont profondément inscrites en nous au point que nous partageons même certaines mimiques avec des mammifères comme les singes, les chiens ou d'autres espèces évoluées. L'ethnologue Claude Lévy-Straus a pu vérifier que les hommes de cette planète ont beaucoup d'expressions et gestuelles communes liées aux émotions primaires, indépendamment des races, des coutumes, et sans doute du temps. En même temps, dans toutes les ethnies, les règles sociales, leurs impératifs et les principes spirituels ou religieux connotent très fortement ce qui est permis et ce qui ne l'est pas. Des émotions plus sophistiquées apparaissent alors comme la honte, la fierté, la vanité ou d'autres, et leurs déclencheurs varient d'une culture à l'autre, contrairement aux émotions primaires. Il s'agit ici d'émotions dites secondaires, déclenchées par l'époque et le lieu où l'on naît.

Nos émotions sont reines, pourtant il nous arrive souvent de ne pas les entendre du fait de nombreux mécanismes inconscients de blocages internes que nous allons visiter maintenant.

Nos organes des sens ont pour mission de traduire les variations physiques, chimiques et énergétiques du monde extérieur. Lorsqu'une stimulation extérieure arrive par l'un de nos cinq sens, des récepteurs spécifiques sont activés. Ils déclenchent alors une circulation d'influx nerveux à travers les nerfs qui leur sont connectés. Ces influx nerveux arrivent au cerveau et stimulent alors des neurones au niveau des aires spécifiques du cortex qui les concernent[1], aires primaires dont nous avons déjà citées. Par ce mode de fonctionnement, une fois l'information présente dans le cortex (sensitif associatif), celle-ci descendra et circulera à travers le cerveau limbique qui déclenchera des émotions de plaisir ou de déplaisir internes, puis elle ira dans le tronc cérébral (ou cerveau reptilien) où elle déclenchera des changements physiologiques ou des comportements réactifs plus ou moins transitoires. Tout jusqu'ici est automatique et hors de la conscience et circule à une vitesse prodigieuse comme toujours.

Si une menace arrive, le tronc cérébral tire la sonnette d'alarme et déclenche immédiatement des réactions dans l'organisme. C'est là qu'éclateront par exemple les sensations de terreur et qu'un individu « détalera à toutes jambes » sans qu'aucune volonté consciente ne lui en ait donné l'ordre, que l'adrénaline aura été émise brutalement, que le cœur battra « à rompre » et que l'hypertension fera un bond. À ce stade, les émotions de peur du système limbique, puis les sensations de terreur du tronc cérébral, sont déclenchées instinctivement. Parce que ce sont des automatismes qui sont en jeu, cela permet une capacité de réponse immédiate. Mais ce n'est pas fini. L'information se propagera ensuite en sens inverse, on pourrait dire presque en même temps vu la rapidité, mais après tout de même. Elle remontera du tronc cérébral de nouveau vers le cerveau limbique. Elle sera alors traitée en fonction de l'intensité des

---

1. Rappelons que c'est la propagation de courant électrique à travers les neurones et la propagation chimique à travers les cellules gliales qui transmettent l'information. Neurones et cellules gliales sont activés de proche en proche selon leur emplacement et leurs multiples connections.

émotions émises lors des différentes stimulations initiales, et qui sont toujours présentes.

Si le cerveau limbique traite l'émotion comme trop déstabilisante, trop intense, il la stockera en lui, ainsi que les traces de l'événement qui les a déclenchées. Il aura choisi de ne rien faire circuler vers le cortex. Tout ici obéit encore à des processus inconscients. Si par contre l'émotion est « acceptable » pour la survie de l'organisme, l'information se mettra alors à circuler et retournera dans le cortex, mais dans un autre endroit qu'initialement. L'émotion sera enfin ressentie consciemment, et les affects et les sentiments pourront voir le jour. Ici seulement l'être humain pourra prendre conscience de ce qu'il est en train de vivre.

En cas de grand traumatisme, il arrive que le cerveau reptilien ne reçoive pas l'information, et l'être humain se retrouve en état de sidération. Tout se bloque, comme écrasé sur place. Mais comme nous venons de le voir l'émotion est plus souvent bloquée après qu'il ait reçu le message du cerveau limbique.

Une incroyable diversité de blocages internes

La sophistication des mécanismes de blocage de circulation d'information est extrême, et offre une floraison de scénarios au pouvoir absolu.

Le premier endroit du cerveau limbique impliqué dans le jeu des émotions est un noyau nerveux appelé l'amygdale. Lorsque les signaux sensoriels lui arrivent, cette dernière choisit ce qu'elle va en faire. C'est elle, en premier, qui donnera l'ordre de transmettre ou non l'émotion. Alors selon son bon vouloir…, le cortex pourra peut-être recevoir des informations vraies ou atténuées, ou rien du tout. Peut-être seulement, car d'autres relais sont sur le chemin.

Le deuxième relais important sera un autre noyau du cerveau limbique, l'hippocampe, situé juste derrière l'amygdale. Si cette dernière a daigné lui envoyer une information complète, il sera le détenteur de l'information en ce qui en concerne les faits et les situations qui ont suscité l'émotion. Il contextualise, et si tout va bien, informera un troisième noyau, l'hypophyse, important lui aussi. Bien des zones du cerveau limbiques sont impliquées dans cette circulation d'information des émotions et du contexte de leur apparition, mais inutile ici de trop complexifier, les trois que nous venons de citer jouent un rôle primordial.

Alors si tout est accepté de noyau en noyau, enfin, émotions et contextes pourront accéder au niveau supérieur, et seront adressées au cortex droit.

Mais l'hippocampe pourra aussi se bloquer de lui-même s'il ressent la décharge émotionnelle trop forte par rapport à son propre état, ou pour corriger une défaillance de l'amygdale qui n'aura pas été en mesure d'effectuer sa mission de barrage. À son tour, il ne transmettra rien de ce qui le concerne aux niveaux supérieurs, c'est-à-dire que les circonstances qui ont généré l'émotion perturbatrice ne seront pas transmises et resteront coincées à son niveau. Dans ce cas là, la teneur et l'intensité de l'émotion pourront parfois tout de même passer dans le cortex droit mais il n'y aura aucun lien possible avec les circonstances de l'événement déclencheur. N'oublions jamais, tellement c'est important pour la lecture de notre santé, qu'en amont le tronc cérébral ou cerveau reptilien reçoit quasiment toujours en premier l'information lancée par le déclenchement d'une émotion, et qu'avant de la renvoyer vers le système limbique il fait son travail de régulateur physiologique et organique au niveau du corps. Ce dernier a donc sans cesse et quasi en priorité l'information des bien-être ou des difficultés de nos vies. Il est donc sollicité, apaisé ou bousculé en permanence, et il s'exprime par nos bien-être et nos pathologies.

Reprenons maintenant le cas d'émotions « acceptables » pour l'équilibre des noyaux du cerveau limbique qui les trie. Si tout va bien l'hippocampe transmettra donc son information au cortex droit, qui est le siège des sensations globales sans aucune autre signification que le ressenti. Lui aussi exercera un rôle de verrou protecteur si nécessaire, et ne transmettra l'information au cortex gauche que si, une fois de plus, intensité et coloration sont acceptables. Car là encore, si l'amygdale puis l'hippocampe, l'hypophyse et les autres noyaux en jeu ont laissé passer des informations encore par trop perturbatrices au niveau supérieur, l'hémisphère droit qui le premier dans le cortex reçoit les signaux émotionnels les gardera en lui. Il n'informera pas l'hémisphère gauche de ce qui est en train de se passer, et l'être humain concerné pourra ressentir des émotions, les vivre intensément et consciemment, mais toujours sans être capable de les relier à un événement précis, et donc sans pouvoir en comprendre la cause. Toutefois déjà il y aura conscience de leur présence, conscience de leurs effets, ce qui est un premier pas de gestion de soi. L'être humain saura alors qu'il est mal, il le ressentira, mais il sera incapable d'en connaître la cause en terme de souvenirs et de compréhensions tant qu'il n'entreprendra pas des démarches pour libérer l'information.

Freud, le père de la psychanalyse, qui ne connaissait pas tous ces mécanismes puisque la technologie de l'époque ne permettait pas encore de voir en temps réel la circulation d'information physiologique se propager dans notre cerveau, avait eu une belle intuition en proposant de libérer ce qui restait enfoui en nous. Sa démarche n'est pas adaptée à toutes les situations, mais l'objectif reste juste.

Enfin si tout va bien, et heureusement cela arrive aussi, le cortex droit, surtout le préfrontal transmettra l'influx nerveux au cortex préfrontal gauche, qui analysera les informations reçues, ce qui permettra à l'être humain de prendre connaissance de ce qui se passe en lui et dans sa vie. Nous serons enfin capables de relier nos émotions à des réalités vécues.

Il existe un dernier scénario. Toujours pour protéger le cortex mais aussi le système limbique cette fois, il arrive dans des cas extrêmes que l'information première, lorsqu'elle arrive au tronc cérébral, y reste stockée « à jamais ». C'est alors le tronc cérébral qui sera l'unique testamentaire du fardeau. Il risquera alors de déclencher de graves somatisations, voire certaines psychoses.

Un système adaptatif aux effets pervers

Ainsi quelque chose à l'intérieur de nous, hérité de la nuit des temps, cherche à nous protéger des émotions perturbatrices. Mais ce qui est stocké consomme de l'énergie qui boucle alors sur elle-même et ne circule pas. Quand le cerveau limbique est trop chargé, cela devient une source permanente de déséquilibre. L'énergie corporelle doit voyager librement à travers tout l'organisme pour sa bonne irrigation. N'oublions pas que le tronc cérébral, qui est en permanence connecté au cerveau limbique et connaît en temps quasi réel nos états émotionnels internes, contrôle nos fonctions élémentaires automatiques et abrite la majorité de nos instincts. Ce qui était initialement protecteur se mettra à déclencher des pathologies diverses, surtout si la personne ravive, par un environnement stressant et trop d'attentes, des émotions négatives refoulées qui tourneront sur elles même plus que jamais.

À ce titre, le bon fonctionnement du cerveau reptilien est essentiel. Sa fonction est de veiller à l'homéostasie, cet équilibre physiologique global interne de notre corps. Il est le premier et le dernier garant de notre survie. Lorsque quelqu'un est dans le coma, c'est lui seul qui continue de travailler en régulant la tension artérielle, le rythme cardiaque, l'assimilation de la nourriture, la circulation des fluides de notre corps, et tout ce qui entretient la survie uniquement physiologique de l'être humain.

Qu'on le veuille ou non, les deux cerveaux primaires, le reptilien et le limbique, sont les filtres naturels de notre vie. Ce sont les émotions qui rejettent ou sélectionnent les idées en priorité et non l'inverse, et le corps reçoit des informations que le cortex n'aura pas tout de suite, voire jamais. La nature en a décidé ainsi. Nous ne sommes pas une espèce encore suffisamment évoluée pour échapper spontanément à leur emprise.

Et les problèmes de santé s'ensuivent

Dans un environnement de non-sens et de stress tel que le nôtre, ce qui avait été sélectionné pour nous protéger se retourne contre nous. Tant que notre néocortex n'est pas mis au courant de la réalité de nos émotions, particulièrement notre cortex frontal gauche, et qu'en plus omniprésent il envoie des stimulations sous forme de pensées et se croit tout puissant dans son approche strictement théorique des choses, nous ne risquons pas d'avoir beaucoup de maîtrise sur le vrai processus de la vie. C'est ainsi que nous ouvrons la porte de l'intérieur aux maladies de tout ordre, physiques ou psychiques, bénignes et graves.

Le cortex ne sait rien, mais le corps trinque.

Nos émotions bloquées ou leurs débordements intempestifs dérèglent son fonctionnement. Un environnement brutal ou irrespectueux, la solitude affective, la pollution, une nourriture trafiquée, le stress ambiant, le manque de solidarité, et l'absence de sens déclencheront le processus. Les cellules alors manquent de carburant, respirent et se nourrissent mal, le sang et la lymphe s'appauvrissent, les artères s'encrassent, les programmations déraillent, des cellules se mettent à proliférer ou d'autres meurent trop vite sans pouvoir renaître normalement, la paroi intestinale se détériore et le système immunitaire s'affaiblit. L'équilibre homéostasique de notre corps est en danger car les dysfonctionnements chimiques et énergétiques s'installent si l'on n'y prend garde.

De même que la danse entre l'inné et l'acquis est interactive et subtile, de même le corps, les émotions et l'esprit ont leurs influences entrelacées en permanence. Leurs pouvoirs respectifs s'expriment dangereusement lorsque le stress négatif est trop violent et que les communications intérieures sont rompues. Notre médecine classique est maladroite, voire nocive, dans sa peur et sa fragilité à admettre la réalité et les forces de ces interactions. Elle continuera à soigner les effets sans pouvoir avoir accès aux causes de cet ordre, et nous enchaînera de maladies en maladies si nous ne nous réveillons pas par nous-mêmes. Nous avons reçu une conscience, nous pouvons donc à la fois utiliser les systèmes régulateurs internes lorsqu'ils nous font du bien et chercher à nous en extraire dès qu'ils deviennent toxiques, à condition évidemment de les connaître, de le vouloir et d'en avoir envie, en vie…

La grande peur des émotions

Si nous ne faisons pas un travail précis sur nous pour chercher à faire circuler au mieux l'information et les émotions perturbatrices bloquées en nous, nous ne savons pas ce qui se passe sauf à constater que notre corps émet des signaux de déséquilibre et de détresse avant de somatiser plus ou moins lourdement. Il est donc fondamental de s'engager dans cette voie.

Et pourtant…

Que de tentatives sont en action pour bloquer, artificiellement cette fois, nos émotions et nos impulsions ! Il existe de nombreuses injonctions parentales et/ou sociales interdisant de les exprimer, et à force d'obéir l'individu finit par ne plus entendre ce qui pourtant est à portée de sa conscience. Il pourrait pourtant être tellement plus en phase avec lui-même s'il se révoltait un peu, et se donnait la permission d'être vrai.

Les religions cherchent aussi, chacune à leur façon, de les contrôler par des chemins divers. Parce que leurs débordements insécurisent et que les pouvoirs en place ont toujours du mal à les endiguer, elles semblent ignorer que leur blocage est excessivement dangereux pour la santé physique et mentale de leurs ouailles. À vouloir nier notre réalité physiologique, nous réduisons les marges de manœuvre à notre disposition.

« Si tu comprends, les choses sont comme elles sont, si tu ne comprends pas, les choses sont comme elles sont » dit un proverbe zen. Comprendre permet d'agir à partir de ce qui est, et non à la place.

Le danger des cerveaux gauches seuls aux commandes

Il arrive que le raisonnement se crée en dehors de tout événement interne autre qu'une pensée arbitraire, et ce sans support émotionnel. Ici, l'hémisphère gauche se met à travailler en avant-première. L'absence de contact avec les émotions, et la crainte de la confrontation au réel fait le reste. Le mental ne reposera que sur lui-même à partir d'une construction intellectuelle qui sauf effet du hasard, correspondra peu à l'état interne et aux émotions de la personne concernée qui de ce fait sera souvent froide et insensible.

Devant un événement tragique, le fonctionnement typiquement cerveau gauche fera dire poliment voire distraitement par son propriétaire « c'est terrible ou c'est triste », mais il ne ressentira rien et pensera rapidement à autre chose. Il lui faudrait l'assistance de son cerveau droit pour s'émouvoir mais, si la circulation d'information sur les émotions liées à l'événement a été interrompue, ce ne sera pas possible.

Il n'y a pas plus grand benêt ni plus grand tricheur que ce cerveau gauche livré à lui-même lorsqu'il est déconnecté de ses autres partenaires cérébraux. Non seulement « on » peut tout lui faire croire avec des raisonnements logiques bien ficelés car son propriétaire n'a pas d'empathie pour savoir si quelqu'un lui ment ou non (rappelons-le, l'empathie vient de l'hémisphère droit), mais en plus il se leurre lui-même en même temps qu'il trompe les autres. Coupé de sa réalité intérieure il n'a aucun indice pour savoir si les sentiments qu'il exprime sont vrais ou faux. Et il peut en toute bonne fois se raconter des histoires ou en inventer de toute pièce.

Ainsi celui au cerveau « apparemment bien fait » dans le jargon courant, le surdoué rationnel de service arrogant et fier de l'être, est au contraire un grand prisonnier en sursis. N'avez-vous pas remarqué combien de purs intellectuels sont immatures et naïfs sur un plan affectif, eux pourtant si brillants par ailleurs ? Autant le néocortex frontal gauche peut être puissant lorsqu'il reçoit l'information émotionnelle complète, et il est alors essentiel pour réussir à être responsable de soi, autant il peut devenir excessivement dangereux lorsqu'il tourne à vide sur lui-même.

Cette aventure humaine, faite d'humeurs contradictoires et labiles, d'émotions inattendues et contagieuses, de paradoxes permanents, d'enthousiasmes et de révoltes au sujet d'un même événement, du bien et du mal intriqués l'un dans l'autre, de pleutrerie et de grandeur, et d'imprévisibilités quotidiennes échappe au cartésianisme logique pur et dur.

Les conséquences en entreprise

« Toute connaissance, toute conscience, qui ne peut concevoir l'individualité et la subjectivité, qui ne peut inclure l'observateur dans son observation est infirme pour penser tout problème… Elle peut être efficace pour la domination des objets matériels, le contrôle des énergies et les manipulations sur le vivant. Elle est devenue myope pour appréhender les réalités humaines et elle devient une menace pour l'avenir humain »[1].

Tant dans le monde politique que dans nos grands groupes industriels et de service, le drame est que le pouvoir est surtout dans les mains de responsables aveugles à la réalité humaine, et qui se cooptent mutuellement. Nos grandes et petites entreprises, sont majoritairement managées par de purs « cerveaux gauches », déconnectés de leurs sentiments et de leurs émotions ou les mettant artificiellement à distance, et qui croient ou font semblant de croire encore que les hommes sont des machines que l'on peut gérer comme tel. Mal-être, démotivation, démobilisation en chaîne, tel est de plus en plus fréquemment le quotidien professionnel de beaucoup trop d'êtres humains.

Un super raisonnement bien ficelé et juste sur un plan théorique ne sera jamais applicable avec succès à moyen et long terme si les êtres humains auquel il s'adresse n'en ont pas envie, et donc n'ont pas d'émotions positives porteuses à son sujet. Ils obéiront

---

1. Edgar Morin, *Éthique La méthode 6*, Ed. Seuil.

tant qu'ils n'ont pas le choix de faire autrement ou croient ne pas l'avoir, le manager pourra avoir l'illusion à court terme que « ça marchera », mais très vite les parasitages arriveront. Avant que ne s'installent les rébellions ouvertes et les grèves à la française, la soumission à ce qui motive peu, ou pas du tout, génère des problèmes de tout ordre. Des gens somatisent, d'autres font erreurs sur erreurs, d'aucun agressent leurs collaborateurs, d'autres écoutent plus mal que d'habitude leurs clients, le climat se détériore, le ver est dans la pomme et les consultants ne risquent pas de manquer de travail… eux que l'on appelle souvent pour re-motiver les collaborateurs. Les émotions et leur cortège de subjectivité ont repris leurs droits et s'expriment intensément lorsque le dysfonctionnement est allé trop loin.

Mieux vaut une décision légèrement caduque intellectuellement mais cooptée par l'ensemble des collaborateurs de l'entreprise, qu'un merveilleux raisonnement mis au point par un homme (ou une femme) enfermé dans son bureau physique et mental, déconnecté de lui-même et du terrain. Pour peu qu'il ait le pouvoir, et chacun sait que le pouvoir isole, lové dans ses certitudes intellectuelles et enfermé dans ses croyances sans indicateurs personnels internes pour en vérifier la pertinence, il sera le dernier informé des conséquences des décisions qu'il aura prises. Il aura beau chercher à prendre la température lors des réunions auxquelles il assiste ou qu'il organise, les courtisans ne lui diront que ce qu'il veut inconsciemment ou consciemment entendre, pour le sécuriser de façon à avoir la paix et se faire bien voir. Et s'il se fait bien conseiller pour tenir compte des facteurs émotionnels ambiants, il aura cependant plus de mal à accompagner concrètement ses collaborateurs dans la durée car son « formatage » intérieur ne lui permettra pas de « sentir » au quotidien ce qui se passe réellement. Le nouveau dérapage ne sera pas loin. À moins de choisir de se faire lui-même « bien coacher », c'est-à-dire non seulement de trouver le « bon » consultant qui ne le courtisera pas et sera capable de lui parler « Vrai », mais aussi d'être prêt à faire une démarche de remise en cause personnelle.

Tant qu'il n'apprend pas à se connecter sur son feeling, ou à lui donner l'importance qu'il mérite, tant qu'il n'est pas prêt à lâcher ses certitudes cartésiennes bien ficelées, tant qu'il a peur ou croit inutile de se confronter à l'inattendu des réactions humaines, celles des autres mais aussi les siennes, l'être humain a beaucoup de mal à « sentir » et gérer correctement ce qui se passe dans sa vie. L'intuition est absente, le fameux « je sais, sans savoir pourquoi ni comment je sais, mais je sais » ne sera pas sur son chemin.

Chantal était présidente d'une filiale française d'un groupe étranger. Jeune femme brillante, au caractère trempé et pleine d'énergie, elle était personnellement une « boule d'émotion » ce qui la fatiguait et la rendait fébrile. À vif à la moindre occasion, elle ne supportait pas les collaborateurs lents ou hésitants qui ne réagissaient pas au quart de tour comme elle.

À son arrivée, elle avait ramené de nouveaux contrats pour des raisons diverses comme un bon carnet d'adresses et un regard nouveau sur le business, ce qui lui avait permis d'ouvrir de nouveaux marchés. Très bas lorsqu'elle avait été embauchée, les chiffres étaient redevenus bons. L'emploi était de nouveau garanti, elle avait réussi à dissiper l'inquiétude interne en quelques mois. Mais son impatience et à sa façon de couper toute communication dès que quelqu'un l'énervait générait néanmoins de fortes résistances chez ses collaborateurs. Et malgré les bons résultats un malaise diffus s'installa petit à petit dans l'entreprise. Tout devait donc aller bien, sauf que… le mal-être ambiant finit par prendre le dessus. Les démobilisations conscientes et inconscientes apparurent, certains collaborateurs brillants choisirent de partir privant les équipes restantes de ressources certaines, des clans par affinité de personnes s'installèrent, l'information se mit à stagner par poches de territoires, des erreurs conséquentes se produisirent et les chiffres se mirent à dégringoler.

Chantal était toujours très mobilisée, mais une de ses erreurs était la distance qu'elle mettait entre les émotions des autres et les siennes, les considérant comme infantiles et hors de propos. Elle se vivait entourée de gens nuls et ne pouvant pas se séparer de tout le monde, toujours très mobilisée professionnellement, elle s'était mise petit à petit à faire une partie de leur travail en plus du sien. Mais elle avait la colère à fleur de peau. Son inconfort intérieur, sa colère contre ses collaborateurs, et sa peur de ne plus faire assez de chiffre étaient trahis par ses mains qui tremblaient un peu plus que d'habitude, le nombre de cigarettes fumées en régulière augmentation, et sa difficulté grandissante à rester calme.

La tête ne sait pas résoudre ce genre de difficulté si l'on ne met pas aussi le cœur aux commandes, afin de sentir ce qui se passe en toute humilité, et être en mesure d'accepter ce qui est sans se dévaloriser ni dévaloriser l'autre. L'écoute active des émotions et leur prise en compte a besoin de ce duo entre le cœur et le raison, Il faut pouvoir s'en souvenir quand on est soi-même en danger. Ici, tout le monde a souffert, Chantal comme les autres.

Et la sanction économique dure, impitoyable et en phase avec l'époque a fini par tomber sans prévenir. Chantal fut remerciée brutalement par la direction internationale, elle qui se donnait pourtant tellement à son travail. Là encore, l'évacuation du ressenti de ses émotions et l'apparente maîtrise de son intelligence cartésienne ne lui avaient pas permis de voir venir le coup.

Manager consiste dans un premier temps à savoir mettre ses certitudes temporairement à distance, afin d'avoir accès à l'autre sans jugement, car le jugement tue l'écoute, et il ne peut y avoir de véritable communication sans écoute préalable. Puis dans un deuxième temps, il s'agit de visiter ses a priori car ils ferment la porte aux réalités. Enfin, et c'est le plus difficile, il faut entendre ses émotions car elles parlent vrai et permettent d'être entièrement dans la réalité de ce que l'on est en train de vivre. Chantal n'avait pas voulu accepter puis prendre en compte ni ses émotions, ni celles des autres, aussi n'avait-elle pas eu accès à la réalité. Elle avait répondu en faisant « toujours plus » de la même chose, courageusement, dans la mauvaise direction, et en pleine inconscience.

Les dangers du déni

Patrice à la mort de sa mère disait ne rien ressentir, se déclarait parfaitement indifférent à sa disparition et ravi de pouvoir enfin disposer de ses biens. Mais toute son attitude exprimait le contraire et sa difficulté émotionnelle interne était d'autant plus visible qu'il cherchait à la nier. Semblable à notre présidente précédente, son mal-être inconscient sourdait à tout moment et suscitait des comportements de colère dont il devenait de moins en moins propriétaire. Ses relations devenaient imprévisibles et il avait de plus en plus de mal à les contrôler. Et il était devenu « à vif » dans sa vie intime qui se mit à battre de l'aile.

Pour tenter de résoudre les problèmes de sa vie privée, il avait redémarré une psychanalyse. Elle n'eut pas de résultats et pour cause ! La psychanalyse s'exprime à partir du verbe et des silences. Elle a comme objectif prioritaire de faire remonter à la conscience par le biais de la parole des éléments de la vie enfouis dans le cerveau ou, selon l'expression consacrée, refoulés. Si l'émotion s'exprime, elle est une conséquence de la parole et des prises de conscience qui se font alors. L'objectif est pertinent, mais souvent la façon de vouloir l'atteindre fait perdre beaucoup de temps. En effet, l'aire du langage se trouve dans le cortex gauche. Le cerveau gauche est donc particulièrement sollicité, mais une de ses particularités nous l'avons vu est d'être le dernier informé des vérités émotionnelles de sa vie. Ce n'est pas pour rien si certaines psychanalyses durent si longtemps et enlisent leurs clients.

Dans des cas comme celui-là, il est souvent plus judicieux d'utiliser d'autres pratiques permettant de déconnecter temporairement le cerveau gauche pour solliciter uniquement le cerveau limbique où stagne l'émotion perturbatrice, ou le cortex droit. Des approches thérapeutiques variées vont dans ce sens[1]. L'objectif est d'accéder le plus rapidement possible, sans mettre la personne en danger bien sûr, à l'émotion néfaste voire meurtrière blottie à l'intérieur du cerveau, et qui fait son travail de sape en toute impunité. Car pour se débarrasser d'elle, il faut la libérer de sa prison, et donc aller la chercher là où elle se terre et non ailleurs. Pour l'être humain, se débarrasser des vieilles émotions parasites est un chemin d'évolution, sinon il continuera de réagir comme s'il avait encore l'âge de ses vieux traumatismes, l'âge où l'émotion s'est cachée en lui parce qu'elle était à ce moment là trop dangereuse et ingérable. Dommage, en vieillissant, de réagir par exemple comme un être de cinq ans…

Mais revenons à Patrice. Sa pensée cartésienne purement logique fonctionnait fort bien, il avait d'ailleurs eu son baccalauréat à 14 ans. Il se sentait en sécurité avec sa psychanalyste qui par le système de transfert initial propre à la démarche, jouait le rôle de « bonne mère » symbolique et calmait en surface la douleur sourde, sauf que ce qui était censé résoudre le problème le mettait encore un peu plus à distance. Chez un homme dont le système de protection s'était forgé au cours du temps par une survalorisation de l'hémisphère gauche, le remède devenait pire que le mal.

La limite de tout raisonnement, aussi bien ficelé soit-il, est le choix du postulat de départ. Si ce dernier est faux, la pensée la plus brillante n'aura aucun intérêt. Ici c'était malheureusement le cas. Le postulat de base « la mort de ma mère n'a pas d'importance » était erroné. Il avait certes en mémoire des informations précises qui lui permettaient de

---

1. Gestalt-Thérapie, respiration holotropique, *rebirth*, hypnose eriksonienne, EMDR, thérapies émotionnelles, thérapies psycho-corporelles…

regarder froidement en quoi sa mère l'avait fait souffrir, mais il l'aimait toujours et ne réussissait pas à se l'avouer en en acceptant l'émotion. Sa vérité intérieure était violée par le diktat de son mental qui ne voulait rien entendre. Clin d'œil, ironie du sort, il se réveillât un matin avec l'impossibilité de se lever sans tomber, le fonctionnement de son oreille interne s'était bloqué… temporairement. Que ne voulait-il pas entendre ?

Connais-toi toi-même et le ciel t'aidera. Aussi longtemps que le nettoyage n'est pas fait, nos émotions peuvent être de véritables volcans tapis dans notre cerveau, susceptibles de se réveiller sans crier gare. Sans prévenir, une stimulation inattendue peut les libérer sans garde-fou, et faire exploser les systèmes de défense qui les avaient empêchées jusque-là de circuler. Une rencontre, un changement de vie professionnel, un événement apparemment anodin ou hors norme, et l'équilibre précédent se met à vaciller.

Le principe du bouc émissaire

Patrice réussissait bien dans sa vie professionnelle, ce qui était logique car il avait un travail très connecté cerveau gauche, et comme il n'avait pas d'équipe à manager de près, il pouvait réussir en restant dans les sphères intellectuelles. Dans sa vie intime la fameuse émotion bloquée se déchargeait par le bas, connectant le tronc cérébral donneur d'ordre de ces comportements de colère brutaux qui étonnaient son cerveau gauche conscient.

Son système de défense fut de chercher une cause extérieure à un tel dysfonctionnement. Sa compagne alors se retrouva, pour les besoins de la cause, parée de tous les défauts. Elle était devenue symboliquement le mauvais objet, celle par qui le malheur arrive.

Il se mit à fuir tout dialogue avec sa compagne. Avant la mort de sa mère, il vivait une relation affective forte avec elle, allant jusqu'à graver profondément, pour l'inscrire à vie, le nom de sa bien-aimée dans sa chair. Mais après la disparition de celle qui l'avait mis au monde, son couple, comme nous l'avons déjà dit se mit à battre de l'aile, et cassa six mois plus tard.

Ainsi l'être humain, lorsqu'il se sent en danger utilise souvent le principe de bouc émissaire si bien décrit par René Girard[1] et repris

---

1. *Le bouc émissaire*, Poche.

souvent par le philosophe Alain Finkielkraut. Il tente d'externaliser le problème en cherchant dans son entourage la personne, le groupe, la société ou le pays qui pourront faire office de responsable à sa place. Pour sauvegarder son image de soi, il lui faut trouver des qualités certaines à ces substituts de lui-même, car le porteur de la faute doit être à la hauteur de son idéal du moi sinon le système de défense s'écroulerait un peu vite. Le narcissisme de chacun ne s'y retrouverait pas.

Ce système pervers de régulation interne fonctionne depuis la nuit des temps, créant conflits et guerres à échelles individuelles et collectives. Comme lui aussi repose sur des postulats erronés, il ne fait que déplacer les problèmes, aussi s'auto-alimente-t-il sans cesse. Le bénéfice immédiat pour l'individu qui s'en sert, individuellement ou par exemple en tant que représentant d'une nation, est d'éviter ainsi toute remise en cause personnelle. La bonne conscience fait le reste. Le comportement de « la faute à Jules » programme la récurrence sans fin de nos dysfonctionnements.

Tant que c'est l'autre et uniquement l'autre le coupable, on ne peut espérer aucun salut à l'horizon.

UNE HISTOIRE DE TRACES

Sur un plan strictement neurophysiologique nos deux cerveaux archaïques, le reptilien et le limbique, nous gouvernent donc prioritairement choisissant à notre place ce que nous avons le droit de savoir ou non. Au fur et à mesure que l'organisme percute son environnement, des traces s'impriment dans notre cerveau, alimentant ainsi notre mémoire interne. Un ensemble de neurones situés au centre de notre cerveau reçoit les informations selon une notion impérialiste unique, celle d'agréable ou de désagréable, générant du plaisir ou du déplaisir. Ces neurones sont regroupés sous forme de deux faisceaux, l'un appelé le faisceau de la récompense et l'autre le faisceau de la punition. Ils relient nos trois cerveaux ce qui leur permet de fonctionner ensemble. Les émotions, toujours elles, sont en interactivité permanente avec eux. Ce qui dans l'environnement stimulera le faisceau de plaisir sera interprété comme gratifiant et déclenchera la recherche de répétition, l'inverse provoquera l'évitement, et le tout est en permanence fortement coloré par les injonctions culturelles du moment présent. Notre cerveau est rempli de ces informations qui, selon qu'elles auront été dupliquées plusieurs fois ou que l'émotion qui les aura sélectionnées aura été intense, resteront gravées en nous de façon indélébile.

Qui nous habite ?

Pour qu'une « trace » se fixe et s'imprime, le contenu de son information doit être émis plusieurs fois lorsque les émotions associées sont faibles ou moyennes, et une fois suffira si l'émotion est violente, positivement comme négativement. S'agit-il de souvenir ou de conditionnement ? La différence est une simple information mémorisée pour l'un, et ce qui se transforme en réflexe pour l'autre. Une trace est physiologiquement stockée par un ensemble de neurones et de cellules gliales, qui lui sont attribués à vie. Les places pour stocker ces traces sont quasi infinies vu les milliards de cellules nerveuses et de connexions à notre disposition dans notre cerveau. Si toutes les traces se mettaient à chanter ensemble, une surchauffe immédiate ferait disjoncter tout le système. Courants électriques et molécules chimiques, ces émissions nécessaires à la circulation d'information de neurones en neurones, ne circulent donc et ne sont émis que par épisodes. Ce sont les stimulations externes ou internes de nos vies qui les réveillent, généralement inconsciemment, et là encore spontanément nous ne dominons quasiment rien.

Tant que le cerveau n'est pas endommagé, toutes les traces originelles et celles qui se sont mises en place au cours de la vie restent inscrites de manière indélébile. Un rien peut les réveiller. Porteuses de chaque souvenir, chaque expérience et chaque conditionnement, ce sont elles qui tirent les manettes de nos réactions et de nos décisions. Sous leur emprise, et sans conscience, l'être humain se retrouve dans un ghetto mental dont il est un fidèle représentant. Si Marcel Proust n'avait pas fait le lien entre l'odeur merveilleuse des gâteaux de la boulangère et les madeleines que sa maman chérie lui cuisinait amoureusement, peut être aurait-il fini par épouser la boulangère. Le lecteur l'aura compris. Les phénomènes d'empreinte, d'attachement, les barres horizontales ou verticales des petits chats, les principes de conditionnement de Pavlov, Skinner et d'autres ne sont que des histoires de traces.

Longtemps la science a cru que contrairement aux traces innées liées à l'espèce et peut être aussi à l'histoire d'une famille, celles qui étaient culturelles n'étaient pas transmissibles. Les découvertes actuelles suggèrent l'inverse. Trois générations pourraient suffire pour assurer la transmission de traces liées aux habitudes familiales et locales. Mozart aurait-il été Mozart en naissant dans une autre famille ? Difficile de répondre. Le débat entre les poids respectifs de l'inné et de l'acquis est sans fin.

Le poids de ce qui est inscrit dans la petite enfance est fondamental et peut rester particulièrement dictatorial. Cette omnipotence provient essentiellement du fait qu'une trace s'imprime d'autant mieux que les émotions présentes sont fortes, et comme sur un plan physiologique nos toutes premières années sont surtout émotionnelles, nous en « imprimons » beaucoup plus à ce moment là, et de plus profondes. La résilience, cet art de trouver des forces à l'intérieur de soi quand l'histoire d'enfance ou l'environnement présent sont trop douloureux, consistera à s'appuyer sur elles, même celles analysées comme néfastes au départ, et à se rendre compte qu'elles peuvent être transformées en ressources. Mais pour cela, un travail sur soi sera nécessaire pour en prendre conscience afin d'inverser leur influence.

D'un ghetto à l'autre

L'interculturel n'est pas inscrit dans nos neurones. L'autre, l'étranger, est une menace en puissance permanente. Que de haines devant une simple différence de logiciels de naissance. Que de conflits au nom de conditionnements culturels différents. La prédation mène le monde, c'est une des raisons pour lesquelles il est tellement malade.

La conscience pèse si peu dans nos comportements, rappelons-le, elle n'aurait que 160 000 ans ! Nos traces sont là comme des failles sans fond, ou plutôt sur fond permanent de dominance. Et dans l'aveuglement le plus complet, chacun en fait une identité, ne se rendant pas compte qu'il ne s'agit pas de ses convictions mais d'un simple et banal processus de conditionnement dont il se croit propriétaire éclairé quand il n'en est que l'esclave d'un instant, d'un lieu et d'une époque. Alors sous certaines de leurs férules, nous érigeons des murs de toute sorte, absurdes et inconvenants, des murs pour nous séparer, des murs pour jouir de nos trop pleins de nourritures, des murs pour ne pas tendre la main à celui dans le besoin, des grilles pour jouir de la mer et des plages ou jouer au golf entre nantis du monde entier, confisquant ainsi à des populations entières leurs terres et leurs nourritures. Le mur de Berlin est tombé dans la liesse générale, celui de la Chine est devenu un patrimoine touristique. Pouvions-nous nous mettre à rêver ? C'eut été méconnaître nos éternelles pulsions archaïques. G. W. Bush, l'ex représentant d'un pays qui se croyait le maître du monde et se targuait d'être évolué, ne trouva rien de mieux que de faire construire un mur de 1 200 kilomètres entre le Mexique et les États-Unis. Les Israéliens érigent un mur entre les Palestiniens et eux, et parquent des êtres humains sur une bande de terre en leur interdisant d'en sortir. Maintenant les Chinois veulent de nouveau dresser un mur, autour du Tibet cette fois. À qui le tour encore ?

> Marcelle aimait son père Willy plus que tout. Il était français, de parents allemands naturalisés français venus vivre à Nancy peu de temps avant sa naissance. Il fut réquisitionné dans l'armée française à la guerre de quatorze et disparut enseveli dans une tranchée balayée par un obus. Marcelle avait alors 7 ans et ne le revit jamais. Son père s'était fait tuer par des soldats allemands. Mais les parents de son papa étaient bien nés en Allemagne ? L'épreuve, paradoxalement ou par définition, aide souvent à être sur le chemin. La mort de Willy lui permit de revisiter la notion de territoire. Aussi plus tard fut-elle citoyenne du monde avant l'heure, eut envie de l'Europe quand personne n'en parlait encore, et exprima sa tristesse dans une très belle peinture qu'elle intitula « les deux frères », où un casque allemand gisait sur des barbelés près d'un casque français. Quand les mots souffrent trop, l'art souvent est un messager de prédilection.

Nos automatismes de survie, à force d'être utilisés à contre-emploi dans un monde différent de ceux de leurs émergences, un monde où les immenses progrès techniques, scientifiques et matériels ont changé radicalement les règles du jeu, amènent les hommes à s'entretuer massivement. Aucune autre espèce n'en est arrivée là. Demandez à un soldat la raison de la guerre, la majorité ne saura pas répondre. Mais s'opposer, lutter contre, exprimer l'agressivité refoulée, se retrouver piégé dans des jeux de dominants/dominés, cela malheureusement nous savons tous faire.

Régressions meurtrières et survie

L'union fait la force. Qui n'a pas entendu ce slogan repris par tous les mouvements humains qui cherchent à rassembler un maximum de gens autour d'eux ? Notre cerveau adore, nous sommes des êtres sociaux et nous ne pouvons nous passer du sentiment de sécurité et de bien-être lié à l'appartenance à un groupe, quel qu'il soit. La fragilité humaine ne supporte pas la solitude. Le ciment familial ou l'appartenance à l'entreprise en sont un exemple.

Des soldats seront d'autant plus facilement enrôlés qu'ils auront été auparavant privés de ce dont ils avaient besoin, comme les armées de chômeurs engagés par le nazisme. Ils « donnent » alors la mort par solidarité retrouvée et renaissance personnelle obtenues dans la chaleur du groupe et du « corps d'armée ». Ce n'est pas pour rien si l'on parle de corps, cette appartenance qui fait se fondre au sein d'un même organisme. Au sein d'un groupe, au sein d'un système de référence, « au sein »…, tels des nourrissons en manque de lait maternel ayant enfin retrouvé le mamelon protecteur, mais tellement fragilisés par son absence qu'ils en arrivent à faire n'importe quoi pour ne surtout plus le perdre. Et l'infantilisme primaire fait obéir aux ordres et aux chefs. Chaque parti, chaque groupe, chaque bande a ses slogans, ses thèmes de propagande, ses figures charismatiques, ses chants, ses cris, ses symboles. Les idéologies et leurs propagandes sont là pour faire cautionner par le cortex et son apparente intelligence les pulsions archaïques d'autodéfense et de prédations en chacun d'entre nous. Drame de ce cerveau aveugle et de ses automatismes de régulations.

Parce que la misère sous toutes ses formes déclenche la guerre, la pauvreté qui prive des populations entières de leurs besoins basiques de survie est un foyer de violence et de meurtres, et tous les leaders de la planète le savent bien. À ce titre, l'attribution du prix Nobel de la Paix au Professeur Muhammad Yunus, économiste et banquier bangladais qui s'est donné comme mission d'œuvrer pour créer un monde sans pauvreté, a beaucoup de sens. Il aurait pu recevoir le prix Nobel d'économie, mais c'est justement celui de la paix qui lui a été discerné.

5

LE VOLCAN INTÉRIEUR DES ÉMOTIONS INCONSCIENTES

« Depuis que l'homme est mortel, on a du mal à être tout à fait décontracté » nous disait avec un clin d'œil complice Woody Allen. C'est sûr... Notre conscience d'être n'est pas toujours confortable, mais elle ouvre des espaces de liberté et nous aide à étendre nos champs de compétence.

L'écoute des émotions qui nous habitent et l'acceptation de leur présence, même et surtout quand elles sont douloureuses, nous offre la possibilité de mieux gérer nos vies. Nous avons vu leur pouvoir au sein de notre cerveau et comment, lorsqu'elles ne circulent pas, elles sont une véritable bombe cachée à l'intérieur de nous. En interaction permanente avec notre environnement, elles jouent un rôle fondamental dans notre capacité à y évoluer harmonieusement ou non, en tant que passerelles subjectives entre les faits et la façon dont nous les ressentons. Et leur impact sur notre santé est essentiel, car bien se porter nécessite une adaptation de tous les instants à l'environnement et à ses changements incessants. Alors nous avons intérêt à les connaître en profondeur, afin de les rencontrer en temps réel chez nous comme chez les autres, et d'en faire une aide précieuse et des alliées plutôt que des freins ou des barrières à l'épanouissement de la vie.

Nos émotions nous gouvernent, certes, mais ce n'est pas parce qu'elles tiennent le gouvernail de nos vies qu'il faut s'identifier à elles. Celui qui tient la barre n'est pas pour autant le maître du navire.

Nous avons donc quatre émotions de base, trois sont à tonalité offensive et défensive quand une seule exprime le bien-être. Trois pour une... visiblement, il a surtout fallu apprendre à lutter et à se protéger tout au long des millions et des millions d'années qui nous ont façonnés. Et aujourd'hui alors ?

Nous avons reçu une conscience d'être, nous pouvons donc à la fois tenter d'utiliser nos systèmes régulateurs internes lorsqu'ils nous font du bien, et chercher à nous en extraire lorsqu'ils deviennent toxiques. Cela nous éviterait de prendre en pleine figure, en plein corps devrions-nous écrire, les effets boomerang de nos clivages intérieurs et de nos souffrances.

L'approche bouddhiste, qui fait de la souffrance le point central de ses réflexions, nous propose dans un premier temps de considérer les émotions avec attention et vigilance, et d'en accepter totalement le principe et la réalité. En effet nous n'avons pas d'autre choix que celui de les accueillir, car leur présence est un fait objectif incontournable. Elles sont là, qu'on le veuille ou non.

C'est lors d'un deuxième temps seulement que nous pouvons choisir ce que nous voulons en faire. Seule une circulation fluide de leur expression permet de les utiliser à bon escient, en se laissant entraîner dans leur énergie lorsqu'elle est saine pour nous et notre environnement, et en les faisant circuler le plus rapidement possible dans les cas contraires. Ici notre conscience d'être est primordiale pour les empêcher d'agir en dictateurs ou en geôlières.

Les indices corporels qui les expriment parlent d'eux-mêmes car ils sont gravés dans le cerveau sous forme de séquences comportementales spécifiques indélébiles[1], liées aux espèces et aux mammifères que nous sommes, et de ce fait ils sont incontrôlables. Ces traductions comportementales qui se manifestent chez chacun d'entre nous sont facilement repérables, car stéréotypées. Nous en partageons un certain nombre avec d'autres primates. C'est ainsi que l'attirance/plaisir fera se pencher légèrement les corps en avant, incliner doucement les visages. En période de reproduction, des oiseaux mettront leur tête de côté en émettant leurs chants d'amour. L'énervement, la colère ou l'impatience feront pianoter les doigts sur une table ou battre une mesure imaginaire avec les pieds. Le

---

1. Une séquence comportementale est un comportement apparu au hasard et qui a été sélectionné par l'évolution comme étant particulièrement adapté à l'espèce concernée. Il s'inscrit dans les gènes et se répète de façon complètement inconsciente, sous forme de conditionnements. On parle de séquences car il s'agit d'une suite de comportements toujours ensembles.

chien de chasse impatient de démarrer grattera le sol de sa patte. La gêne, la frustration et la tristesse feront se fermer les jambes sur elles même et baisser légèrement les épaules. L'envie d'être ailleurs s'exprimera par un retrait du corps qui s'incrustera dans le dos d'une chaise, sera d'une raideur particulière ou légèrement de biais par rapport à l'interlocuteur vécu comme indésirable…

> Jacques, un homme politique parmi tant d'autres, a toujours cherché à chacun de ses discours à convaincre ses électeurs de l'authenticité de ses propos. Il sait bien qu'il ne parle pas toujours vrai. Aussi comme beaucoup de ses confrères, il répète avant chaque passage à la télévision ses interventions avec des spécialistes en communication pour que ni sa voix ni son corps ne trahissent les mensonges de ses propos. Il apprend par cœur la tonalité, l'intensité et le rythme de la voix à associer à chaque phrase de son discours, ainsi que les gestes précis à faire selon ce qu'il est en train de dire. Il s'entraîne jusqu'à ce que ses trois codes de communication, les mots choisis, la danse du corps et la musique de la voix soient strictement en phase avec ce qu'il raconte, afin que nul ne puisse détecter de dissonance. Impossible alors à celui qui le regarde et l'écoute d'utiliser son feeling pour savoir s'il parle vrai ou non, car il ne reste plus que la logique des mots pour trancher. Ce n'est pas pour rien si l'art de la rhétorique était déjà enseigné chez les Grecs pour convaincre ses interlocuteurs, quoi que l'on dise.

Le message du corps est le plus important, et nos gestes furent notre premier langage pour exprimer dans le ventre de notre mère si nous étions à l'aise ou non. La femme enceinte comprend très bien ce que les mouvements de son enfant signifient. Le cerveau imprime à vie ce qui a été sa toute première façon de communiquer. Plus tard, la deuxième manière de communiquer se fera par la musique de la voix. Sous l'effet là aussi d'une séquence naturelle de comportement, nous crions au moment de la naissance, car l'air en s'engouffrant dans nos poumons fait mal et déclenche un cri de douleur. Le premier son de la voix humaine est un cri de souffrance. La naissance commence par la douleur physique déclenchée par la première respiration, mais elle s'accompagne aussi d'une souffrance psychique du fait de la séparation physique d'avec la mère. Ce premier son émis libère les suivants, qui heureusement sont également programmés pour chanter le plaisir d'être. Là aussi le cerveau imprime à vie ces mélodies humaines. La voix est par exemple plus aiguë dans la colère, le rythme se précipite, le ton s'intensifie, ou bien elle baisse en rythme et en intensité si la gravité d'une situation connecte trop de tristesse. Et elle investit une floraison de sons variés dans la joie.

Si nous cherchons à cacher nos sentiments ou à en simuler d'autres, nous serons trahis par les dialogues universels de nos corps et par la musique de nos voix. Des études américaines montrent que le vrai message d'une personne passe environ à 50 % par la danse du corps, gestuelle, regard, et promenade dans l'espace, et à 35 % cent par la musique de la voix. La parole ne pèserait que 10 % dans la véracité d'un propos. Mentir par les mots est facile, tricher avec les expressions du corps et de la voix est donc impossible, sauf à travailler comme Jacques en amont.

Plus nous parlons vrai et plus nous sommes convaincants, car nos trois codes de communication sont en phase et expriment alors la même chose. La cohérence est une très grande force car il n'est alors nul besoin d'artifice ou de répétitions pour entraîner l'autre avec soi. Des êtres comme Gandhi ou le Dalaï-Lama en sont des exemples. Malheureusement, elle peut être au service du pire comme du meilleur. Une des armes d'Hitler pour subjuguer les foules était entre autres, justement, cette cohérence personnelle. En dehors de tout il était tellement convaincu de ce qu'il disait qu'il générait chez ses interlocuteurs un bien-être inconscient du fait de la concordance de ses trois sources de communication. Rien de tel pour déclencher les enthousiasmes individuels et collectifs.

Prendre conscience de nos trois modes de communication en temps réel est une aide précieuse dans la vie, car notre dialogue corporel et le chant de la voix expriment souvent ce dont nous n'avons pas conscience. Je m'en sers beaucoup dans mes séances de coaching et les résultats sont impressionnants. Quand malgré des réflexions apparemment sensées, je sens une dissonance chez mon interlocuteur entre ce qu'expriment les mots et les messages du corps et de la voix, nous faisons un temps de pause. Je fais part de ce que j'observe, souvent sans avoir la moindre idée des raisons des contradictions ou des tricheries intérieures de mon interlocuteur. Il est rare que cet arrêt ne soit pas le point de départ d'une réflexion qui permettra d'éclairer une situation complexe. Ce genre de lecture est d'une efficacité redoutable !

Tout mensonge à soi-même, pour peu qu'il soit souvent renouvelé, s'inscrit durablement sur le visage et dans les gestes. Tous ces rires forcés, ces engagements incohérents ou trop lourds qui font déjà suffoquer par avance, ces décisions fausses ou prises à contre-cœur, ces soumissions variées, les compromissions, sont des essais touchants ou des tentatives dérisoires pour survivre, mais en réalité ils déclenchent plutôt l'inverse. Aussi lorsque nos choix de vie sont en phase avec nos émotions et nos systèmes de valeurs rationnels, c'est une grande chance, et si ce n'est pas le cas, c'est un objectif à atteindre. Nous sommes alors en harmonie, nos trois cerveaux chantent la même chanson. Lorsque quelqu'un vit cela en continu, ce qui est rare dans nos pays « déboussolés », obsédés de pouvoir, de croissance et de possession, nous sommes alors face à une personne dite « alignée ». Son état intérieur diffuse une sorte de sérénité et de bien-être contagieux.

Nous allons maintenant nous pencher en profondeur sur ces quatre émotions, afin que par la connaissance la plus exhaustive possible de leur fonctionnement, elles puissent être des alliées et des guides de cohérence personnelle, et non des dictateurs dangereux et souvent inconnus.

LA COLÈRE

La colère a pour rôle de nous protéger contre l'intrusion sous toutes ses formes. Énergie d'attaque, de défense et de prédation, elle nous offre la force d'agir. Elle est l'émotion la plus difficile à réprimer. Elle peut éclater brutalement, circuler rapidement, se répandre lentement, voire insidieusement, on l'appelle alors la colère froide, ou bien rester éternellement blottie à l'intérieur de nous.

Elle se connecte lorsque nous avons l'impression que nos territoires réels ou symboliques sont attaqués, méprisés, convoités, ou quand nous sommes en état de manque, de désirs non assouvis et d'attentes non comblées.

L'indignation est sa compagne de vie lorsque nos valeurs semblent bafouées. Sous l'impulsion des mêmes fonctionnements archaïques que ceux connectés pour assurer nos besoins basiques de survie immédiate, elle fonctionnerait plutôt bien, trop bien même. Témoin les guerres incessantes de notre planète depuis la nuit des temps, les violences sociales, les sempiternelles guerres économiques, la frénésie d'expansion d'intérêts, les querelles idéologiques… Nous pourrions continuer longtemps l'énumération.

Capable du pire et du meilleur, la folie meurtrière est en elle. Mais elle nourrit aussi le courage et alimente la capacité de défendre l'autre ou de se mobiliser pour de grandes causes.

Le monde dans lequel nous vivons ne nous appartient pas, quoique nous en soyons pourtant responsables collectivement, mais notre façon d'y évoluer dépend de nous. Sans colère, pas de rébellion salvatrice. Lorsqu'un ordre établi n'est pas acceptable, ou que le contexte de vie est insupportable, une colère prompte à se déclencher est un atout puissant. Toutefois si nous la connectons un peu trop souvent, nous créons autour de nous, par notre façon d'être et de nous comporter, un monde de tensions et de conflits. L'harmonie et la sérénité sont alors des territoires de plus en plus étrangers, et nous perdons tout confort intérieur.

La colère récurrente et brutale exprimée à tout propos envoie dans l'organisme des salves d'énergies négatives, et fragilise l'organisme, notamment le système cardio-vasculaire. Tachycardie, hypertension, tremblements, maux de tête, problèmes de peau et bien d'autres, et dans les cas graves accidents vasculaires cérébraux ou infarctus.

À l'inverse, ressentir de la colère et ne jamais l'exprimer ne sera pas non plus souhaitable. Les efforts aussi louables soient-ils pour la cacher seront trahis par les séquences comportementales qui lui sont dédiées. Et celui ou celle qui aura fait, et fait encore, tous les efforts du monde pour se contrôler ne comprendra pas, voire trouvera profondément injuste que les autres petit à petit s'éloignent, ou à leur tour s'énervent fréquemment à son sujet par contagion inversée, mais aussi parce que rien, jamais, n'aura été verbalisé. Bien des aigreurs personnelles et des somatisations partent de trop d'efforts contre nature, liés à une incompréhension des processus en jeu, ce qui n'aide pas à s'améliorer.

Que la colère soit ignorée car bloquée dans le cerveau limbique ou le cortex droit, ou interdite d'expression par décision rationnelle consciente, les tensions et leur expression corporelle seront les mêmes. Rien de pire pour la santé. Ce moteur interne de protection, sain et nécessaire lorsque nous sommes réellement en danger, tourne sur lui-même dangereusement lorsqu'une vieille frustration reste tapie au plus profond de nous. Beaucoup de cancers semblent réveillés, parmi d'autres facteurs bien sûr, par des années de silence, de colères rentrées et d'inhibitions variées. La personne se veut gentille, ne se permet pas par respect, éducation, timidité ou autres raisons de nommer ce qui la dérange ou la choque, et son corps reçoit la toxicité qui ne sort pas. Les déséquilibres énergétiques dus à trop de colères exprimées ou rentrées cognent évidemment sur les faiblesses génétiques de chacun.

Le syndrome du premier de la classe

La colère n'est pas Avec, elle est Contre, toujours contre. En temps de paix ou dans un environnement protégé, elle prend des formes variées et détournées pour s'exprimer, mais ce qui la déclenche chez l'homme est souvent lié au désir de vaincre, d'acquérir et de gagner, et au final de se protéger de quelque chose de réel ou d'imaginaire.

Dans nos sociétés, elle se traduit fréquemment par le désir d'être le premier, premier à être pris en considération dans la tribu familiale ou sociale, premier dans l'entreprise, premier de la classe, premier dans des compétitions sportives, combats identitaires dérisoires mais tellement fréquents. C'est ce que nous nommons le syndrome du premier de la classe. L'objectif en est rarement écologique, c'est-à-dire positif à la fois pour soi et son environnement, car plutôt que de s'évaluer en se mesurant à l'autre, il s'agit de l'évincer, d'être plus fort, plus doué, meilleur, donc de le tuer au sens propre comme au sens figuré. Des gens ne s'en remettront jamais.

Pour garder ce statut de premier de la classe ou pour l'atteindre, que de combats, de mâchoires crispées, d'yeux fixes rivés sur des objectifs dérisoires, moi, moi, et encore moi. L'ego prend une place démesurée. Et nos entreprises, nos politiques, nos états et même nos religions aiment jouer à cela. Comment interrompre ces courses de « mammifères repus » qui connectent l'énergie de colère pour une cause aussi triviale que celle d'être premier ? N'est-ce pas aujourd'hui les nations soi-disant les plus avancées qui veulent toujours être la première puissance mondiale, au mépris de tant de vies humaines ? Des primates aux commandes…

Aidons dès le début de leur vie nos enfants à échapper à ce syndrome absurde en traquant les effets pervers induits par trop de reconnaissance scolaire. L'éducation devait servir à grandir et non à évincer l'autre en étant le meilleur. Que penser de ces remises de prix en fin d'année, qui récompensent publiquement l'élève que l'on fait monter sur l'estrade dès sa plus tendre enfance, celui que parents et enfants se doivent d'applaudir et applaudissent ? L'orgueil, le plaisir de l'élu et celui de ses parents nourriront l'amertume, la tristesse ou l'agacement du petit camarade qui doit applaudir celui qui, ostensiblement et officiellement, est reconnu meilleur que lui par l'établissement. Comment ne pas déclencher par ce genre de rituel, dès le début de la vie, les complexes d'infériorité ou l'arrogance ?

Les génies sont rarement en tête de classe, témoin Einstein ou Boris Vian et, lors de tels rituels, il est toujours bon de s'en souvenir. Ce qui compte, c'est de rencontrer et d'accomplir ce pour quoi nous sommes faits, et non d'avoir pour motivation prioritaire le fait de faire toujours mieux que le voisin d'à côté.

Regardez l'expression tendue de tant de managers « responsables », dont la profession de foi est d'être leader sur le marché, et numéro Un mondial bien sûr. Quelle raison d'être inconséquente, quand tout le monde répète la même chose. J'ai rarement assisté à des conventions collectives ou à des grand-messes de groupes industriels sans que ce slogan ne soit à l'honneur. Grandeur et décadence… à chaque époque l'expression de sa chute.

Étonnons-nous du malaise grandissant de tant de collaborateurs, et de ces somatisations montantes directement liées au stress et à l'absurde d'une vie au service d'objectifs économiques inconséquents, et en plus par définition jamais satisfaisants.

Le besoin de convaincre

Il est d'autres expressions de ce syndrome, comme le besoin, compulsif, d'avoir le dernier mot. Souvent, lors de repas bien arrosés, le ton monte. L'alcool libère les pulsions, et des propos même futiles se mettent soudainement à déclencher des « combats de coqs de basse-cour ». Là encore, la colère est souvent à l'origine, une colère rentrée qui attendait de pouvoir s'échapper quel que soit l'interlocuteur, même si certains sont de meilleurs candidats que d'autres. Elle fait camper sur ses positions et empêche l'écoute, ce fléau actuel tellement répandu dans nos rapports humains.

Celui qui se sent en sécurité dans sa vie n'a pas besoin de convaincre et de simples échanges verbaux ne déclencheront aucun signal d'alarme intérieur. Les différences de conception ou d'information feront l'objet d'étonnements salutaires et d'enrichissements, elles ne seront pas vécues comme un risque de perte d'identité. La colère n'aura aucune raison d'être connectée, et le vin n'y changera rien. En revanche, si l'on vit en manque de reconnaissance, et que l'on promène dans ses bagages trop d'attentes ou de vieilles souffrances à fleur de peau, alors on devient plus fragile lorsque l'autre ne partage pas les mêmes points de vue ; ce qui se voulait simple échange devient confrontation.

Si le cerveau interprète le refus d'écoute comme une agression de même nature que celles touchant à l'intégrité physique, une sensation inconsciente de danger imminent le fera alors basculer de nouveau dans ses vieux schémas archaïques de défense. L'animalité primaire reprendra immédiatement ses droits, et la guerre des idées s'installera avec son cortège d'agressions verbales brutales ou sophistiquées. Je suis étonnée par le ton de nos hommes politiques, qui s'expriment avec l'énergie de colère aux commandes à tout propos. Pas étonnant que les représentants des clans politiques communiquent si mal entre eux. Tant que de la colère en nous n'est pas évacuée, tant que les frustrations ne sont pas traversées et dépassées, nous avons du mal à accueillir l'Autre et donc à l'écouter.

La dynamique des jeux

Les jeux sont souvent des régulateurs d'énergie, en liaison directe avec les émotions. Peur anticipative de perdre, colère ou tristesse de ne pas avoir réussi, plaisir d'avoir gagné. Là encore, les critères de référence sont généralement dans une logique de premier de la classe, avec un gagnant et un perdant. Regardons jouer de petits enfants. Lorsqu'ils perdent, ils font souvent des crises sous l'emprise de la colère, et vont rechercher un câlin auprès de maman pour se récupérer. Pendant un moment, ils voudront absolument faire autre chose ou crieront qu'ils ne veulent « plus jamais » jouer avec celui qui gagne toujours. Et cette décision de rééquilibrage aura été prise sous l'influence, généralement inconsciente, d'une colère interne muée en frustration. Si cela s'éternise, dommage, car le principe du jeu permet de rencontrer l'inconnu, d'acquérir de nouvelles informations, et d'accroître sa palette de référence. Il est un excellent support d'apprentissage tant que ce sacré syndrome de premier de la classe ne vient pas brouiller les cartes. Ceux qui disent ne pas aimer jouer n'auraient-ils pas, tout simplement, perdu un peu trop souvent dans leur enfance ? Jouer réveillerait alors de vieux sentiments d'échecs dont les sensations n'ont rien d'agréable. Saine protection inconsciente, qu'il est cependant intéressant de revisiter, car l'adulte n'est plus l'enfant d'hier et les anciennes émotions font se tromper de cible.

Des jeux comme les innombrables « gameboys » ou jeux vidéo proposés sur le marché sont des ersatz de colère qui permettent de libérer à moindre mal les pulsions nichées au cœur de l'homme, à condition de ne pas y jouer sans cesse, car sinon la colère, au lieu de circuler, s'amoncelle. Dans nos pays dits civilisés malheureusement, l'abondance et toutes ces expressions de violence finissent par envahir les inconscients en toute impunité. C'est bien, également, l'un des effets pervers de la télévision, que de faire de l'audimat en hypnotisant le téléspectateur par le réveil permanent de ses pulsions archaïques brutales. Cela marche bien sûr.

En même temps, certains jeux collectifs comme des tournois internationaux largement couverts par les médias seront de très bons régulateurs sociaux qui déplacent les colères collectives vers des chemins de traverse inoffensifs. Grecques et romains déjà pour ne citer qu'eux nous ont donné l'exemple. Le sport de compétition est une superbe façon de drainer les émotions. Il fait d'autant plus facilement circuler la colère latente qu'il faut clairement la mettre aux commandes si l'on veut vaincre, l'autre ou soi-même, en se dépassant. Le fait d'être observateur connecte souvent les mêmes émotions et les mêmes circuits dans le cerveau que celui qui joue. Nous savons depuis une dizaine d'années que la zone du cerveau qui s'allume est la même que l'on fasse un geste, ou que l'on s'identifie à celui en train de l'effectuer. Le cerveau se trompe et vibre au même endroit, que l'on soit réellement sur le terrain, ou spectateur. C'est bien pratique. Alors quand des athlètes, des joueurs, des équipes, un pays gagnent, la joie collective exprimée peut éviter bien des émeutes. Le contraire en est toutefois le corollaire inévitable. À ce titre, le football a une place toute particulière.

La drogue du football

Pourquoi un tel engouement planétaire autour de ce sport, et tant de batailles à coups de millions d'euros pour obtenir les droits exclusifs de retransmission en temps réel, si le taux d'écoute n'était pas une véritable assurance vie ? Longtemps cet intérêt généralisé pour le football m'avait intriguée, aujourd'hui il me paraît évident. Je fais l'hypothèse, dans cette fascination « éternellement » reconduite pour le football, d'un transfert humain universel, certes surtout masculin, de la pulsion de colère présente en chacun d'entre nous. Mais ici, elle est quasiment à l'état brut, et s'exprime dès les premiers pas sur le terrain. Le football et ses héros sont connus « du monde entier ». Frank Riboud, le patron de Danone, ne s'y est pas trompé. Lors de son partenariat avec Muhammad Yunus pour créer une entreprise de business social[1] au Bangladesh, il voulut créer un événement international le jour de l'inauguration de la première usine. Il se posa la question du choix d'un personnage emblématique célèbre, connu à la fois des Français, mais aussi des Bangladais, et il eut envie de faire venir Zinédine Zidane. Muhammad Yunus éclata de rire et accepta tout de suite comme face à une grande évidence. Je me souviens d'un coin perdu d'Indonésie où des enfants rencontrés dans un petit village en pleine nature, ignorant bien sûr l'existence de l'Europe, avaient crié Zinédine Zidane sur notre passage. Jusqu'aux recoins les plus profonds de la planète, la magie compensatrice joue son rôle grâce à ce sport.

En ces temps de non-sens et d'inconforts, nos gouvernements ont tout intérêt à honorer ce genre de délire collectif récurrent, car le désir exacerbé de gagner focalise une colère qui, pendant ce temps-là, ne s'exprime pas ailleurs. Le fait qu'il s'agisse d'un sport national collectif réveille l'archaïsme tribal, témoin les scènes de violence dans les gradins ou après les tournois. Mais les débordements de fin de matchs sont peu de choses au regard des gains de resserrement sociaux et nationaux. Chaque pays veut gagner, nombre de présidents descendent sur le terrain pour honorer la victoire de son propre pays, la défaite de l'autre, de tous les autres, en prédateur éclairé. Normal, le territoire est le territoire, le cerveau

---

1. Le business social a comme objectif de participer à l'éradication de la pauvreté sur terre en ayant comme objectif prioritaire de servir l'homme et non l'argent tout en étant rentable pour faire boule de neige en réinvestissant. Lire *Pour un nouveau capitalisme*, de M. Yunus, Éditions Lattès.

reptilien va avec plaisir dans l'arène. Et puis cela fait tant de bien de temps en temps de se laisser aller à ses instincts de premier.

Il existe cependant des coins de terre où les hommes jouent au football d'une autre façon. Chez les indiens Kogi, chaque fois qu'une équipe marque un but, celui qui vient de le marquer passe dans l'équipe adverse, en échange d'un autre joueur. Cela permet aux équipes d'évoluer ensemble. Il ne s'agit plus de jouer contre, mais de jouer avec dans un plaisir non entaché de tensions et de rivalités. Et le jeu reprend toutes ses lettres de noblesse. Pendant ce temps-là, lors de nos coupes du monde de pays dits civilisés, tandis que les uns pleurent et sortent parfois anéantis du terrain après tant de pression et d'enjeux collectifs et personnels, en un même temps et sous les yeux de millions et de millions de téléspectateurs les autres, les gagnants, hurlent leur joie. Le spectacle de l'euphorie des uns et de la désolation concomitante des autres serait insupportable si le délire collectif des gagnants ne prenait le dessus. Mais surtout, il serait impensable si la logique largement partagée qui l'anime n'était pas une logique de violence et de combat. En ce sens, lors de son dernier match personnel à la finale de la coupe du monde, Zinédine Zidane a été d'une grande cohérence avec son coup de boule en réponse à l'agression verbale du joueur italien Son geste, symbole de brutalité, a fait le tour du monde. L'absolution fut générale et ne cassa pas son contrat avec Danone.

Regardons le slogan de l'équipe de France, « ensemble pour la vie, ensemble pour la mort ». Que viendrait faire « ensemble pour la mort » sur un terrain de jeu, si le message réel n'était pas vaincre ou mourir. C'est donc bien réellement de combat dont il s'agit, certes avec le sang en moins mais les motivations sont les mêmes. Nos deux cerveaux archaïques, le reptilien et le limbique, sont les fanatiques de service. Le football est une de leur drogue par excellence, ce qui explique cet engouement universel. Les femmes sont moins sensibles à cet attrait du football car leur histoire ancienne n'est pas celle des hommes. À l'époque chasse/cueillette, c'était l'homme qui devait percuter l'environnement pour réussir à rapporter de la nourriture, et, si nécessaire, protéger la tribu par la brutalité, tandis que la femme veillait au feu et gardait la progéniture. Elles n'ont pas eu à mettre en place les mêmes mécanismes de survie. Il existe peu d'équipes féminines de football, les petites filles ne tapent pas facilement du pied dans le ballon. Ce sont les petits garçons de quasiment toute la planète qui le font.

Ne vous frottez pas à un mari en train de regarder une coupe du monde, sa colère pourrait changer de cible. Virtuelle devant la télévision, elle n'est pas bien loin et prompte à émerger si on la prive de son régulateur chimique. Et surtout, surtout, ne programmez pas une sortie le soir d'une finale ou n'ayez pas justement à ce moment-là des problèmes existentiels à partager, ça ne passerait pas et vous risqueriez de vivre une angoisse d'abandon inutile.

La colère et la violence masculine sont culturellement « classiques ». Dans les violences conjugales, ce sont surtout les hommes qui se permettent de frapper. Les femmes ne sont pas toutes tendres pour autant, mais la colère n'est pas leur registre prioritaire et, s'il ne tenait qu'à elles, il y aurait moins de guerres sur la planète, même si l'exception confirme la règle, Jeanne d'Arc ne nous permet pas de l'oublier. Il est des femmes que l'on appelle des vierges guerrières, l'expression vient de la mythologie grecque, mais généralement leur colère s'exprime autrement que par la violence ou la force physique. Elle peut prendre des chemins détournés comme l'engagement pour des causes, ou la défense des plus faibles. C'est une autre façon de détourner l'énergie de colère, plus noble cette fois-ci.

Jeu d'échecs et jeu de go

Le jeu d'échec et le jeu de go[1] ont des logiques différentes très explicites. Leur comparaison donne un éclairage simple sur les émotions qui les alimentent.

Le jeu d'échec fait l'objet de tournois mondiaux et, en ce sens, il répond aussi à un impératif régulateur. Mais aussi subtil soit-il dans son approche, sa finalité est barbare. Le but en fin de partie est d'obtenir tout le territoire de l'échiquier par la mise à mort du roi de l'autre, celui à abattre. Pour y arriver, il aura fallu éliminer un certain nombre de pièces de l'adversaire. Le jeu est intellectuel et sophistiqué, il demande concentration, mémoire, et pensée stratégique à long terme. Les excellents joueurs peuvent anticiper

---

1. Inventé en Chine il y a plus de 4 000 ans, et qui s'est particulièrement développé au Japon.

jusqu'à des dizaines de coups d'avance lorsqu'ils bougent un pion. Quoi de plus excitant que de se laisser aller à ses instincts de prédateur avec une apparence de rigueur maîtrisée. Chez les grands joueurs, le déplacement de la colère en une ténacité obsessionnelle est impressionnant. Parce qu'ils canalisent la colère et jouent à la guerre, ce genre de jeux perdurent à travers les siècles et traversent les frontières.

La logique d'un jeu comme le jeu de go, jeu le plus ancien du monde, est tout autre. Ici, il y aura aussi un gagnant et un perdant, mais nous n'assisterons à aucune mise à mort. Celui qui remportera la partie aura fait un long chemin avec l'autre. Il l'aura encerclé sans jamais le tuer, aucune pièce ne sera jetée ou écartée, toutes seront conservées en fin de partie et auront gardé leur utilité. Le but final est d'obtenir le plus grand territoire tout en en conservant un pour l'autre. Tous les pions initiaux seront présents et intacts en fin de partie, contrairement au jeu d'échec où des pièces auront été éliminées. Chaque expression présente continuera donc d'exister.

Ces deux jeux anciens, le jeu d'échec et le jeu de go proposent des modèles du monde fort différents. L'un est un jeu de prédateur, l'autre de partage. L'un a un objectif de destruction, l'autre de médiation. Derrière le raffinement des « coups » mûrement réfléchis, le jeu d'échec est un jeu brutal. Il s'agit de vaincre, tuer ou mourir. Le jeu de go, lui, est un jeu de négociation. Le premier est excluant, Ou toi, Ou moi. Un seul s'en sortira. La finalité est dichotomique même si la réflexion est systémique puisque les interactions entre les pièces est au cœur de l'analyse durant toute la partie. Le second est avec, et met le « Et » au cœur de ses pratiques, Et toi Et moi.

J'aime déclencher en séminaire, lorsque nous abordons les différents styles de management, une réflexion de fond à partir de ces deux visions. C'est une façon simple de prendre conscience des stratégies de management véhiculées dans l'entreprise. La stratégie des échecs est individualiste, la place au soleil n'est pas pour tout le monde. Les tactiques pourront être apparemment softs ou ouvertement brutales, il y aura de toute façon affrontement, et des gagnants et des perdants. L'autre est tout aussi dominatrice, sauf que chacun y trouve une place et que des relations peuvent facilement exister à l'intérieur de stratégies complémentaires. Il y aura deux gagnants, l'un sans doute plus que l'autre, mais deux gagnants tout de même. Le manager style joueur d'échec aura un management plutôt brutal et se séparera d'un adjoint performant, de peur qu'il ne prenne sa place, alors que celui version jeu de go sera ravi de l'avoir à ses côtés et de pouvoir l'utiliser. Dans la logique du Et/Et, le territoire est assez grand ou varié pour que chacun trouve sa place. Les ententes sont envisageables. Le management est ouvert et participatif.

Le lecteur aura compris que c'est celui que je prône, car le management à la joueur d'échec est fait d'irrespect et de castrations diverses, sans parler des nombreuses déprimes et somatisations à la clé. Ce dernier est malheureusement chez nous le plus répandu. Je n'aime pas la stratégie des échecs quand on peut s'en passer, c'est-à-dire chaque fois que nous ne sommes pas en danger de mort. Méfiez-vous des joueurs d'échec invétérés si vous en avez un dans votre environnement ; à la première vraie difficulté, leur système de défense consistera à chercher à vous éliminer au lieu de négocier.

Notre médecine vit trop souvent son art comme une partie d'échec. La maladie n'est pas toujours le roi à mettre « échec et mat ». C'est la plupart du temps contre-performant. Elle peut au contraire être envisagée sous l'angle de la raison, et analysée comme une partenaire incontournable dont on cherchera simplement à circonscrire le territoire, car la plupart du temps elle joue un rôle qu'il faut lui reconnaître. Il s'agit de lui donner sa juste place. C'est en cherchant à comprendre son langage et en l'honorant qu'elle pourra mieux être localisée puis encerclée. Beaucoup trop de gens aujourd'hui meurent de la bataille brutale menée contre le cancer plutôt que du cancer en lui-même, tant la stratégie de mise à mort des cellules cancéreuses fauche toutes les autres pièces sur son passage. Nul n'est à l'abri de la machine guerrière. Napoléon Bonaparte déjà…

Napoléon fut pris en otage par la médecine de l'époque. Il ne serait pas mort d'un cancer de l'estomac comme on l'a cru long-temps, ou d'arsenic donné par ses geôliers, mais de l'acharnement médical des médecins de Sainte-Hélène. Ces derniers « à force de lui administrer des lavements et des vomitifs à base d'antimoine, auraient provoqué sans le vouloir une carence mortelle en potassium »[1]. Lui,

---

1. « Ces médecins qui ont tué Napoléon », *Sciences et Avenir*, septembre 2004.

l'homme de guerre par excellence, aura été tué en fin de vie par les médecins qui s'occupaient de lui.

En matière de santé, la tactique du jeu de go est plus judicieuse. L'approche est globale et cherche à sauvegarder tout le terrain, plutôt que de se focaliser et de s'enfermer dans une idée fixe, la pièce à abattre. Quelqu'un peut être très malade, et néanmoins s'en sortir sans passer uniquement par l'artillerie lourde. En France si quelqu'un va mieux contre tout pronostic, beaucoup de médecins rentrent dans le déni et continuent à faire encore plus de la même chose, quand justement ce serait le moment de faire une pause pour comprendre et honorer ce qui s'est passé. Si en plus « le patient » a associé des démarches personnelles aux traitements proposés, au lieu d'être celui qui pourrait proposer un regard complémentaire intéressant, il sera celui par qui le danger arrive. Il déclenchera la colère du médecin qui a du mal à concevoir que son approche pourrait ne pas être unique pour éradiquer ce qui est à éradiquer. La partie d'échec n'est pas une partie de jeu de go quand même, pour qui se prend-il ce patient, pour changer ainsi les règles ! Et puis le pouvoir ça ne se partage pas, où irait-on ? Le scandale n'est pas loin. L'Ordre des Médecins veille au grain heureusement, la tradition est là pour tuer toute initiative extérieure personnelle et tenter de continuer à régner seul sur l'échiquier.

Une grande source d'énergie

La colère est ombre et lumière, mais ses manifestations d'ombre dominent la planète. Elle est semble-t-il aujourd'hui l'émotion la plus investie, c'est pourquoi nous avons insisté sur ses liens avec toutes les formes de brutalités. Elle alimente toujours cette terrible loi du Talion, œil pour œil dent pour dent, car la vengeance se nourrit d'elle et réciproquement. Et pour garder ou acquérir encore et encore, alors qu'à la porte le voisin n'a rien, elle clame sa violence quotidiennement.

Faudrait-il pour autant chercher à s'en débarrasser si nous le pouvions ? Non, surtout pas, car elle est nécessaire pour percuter le monde, le faire évoluer et entrer en processus d'apprentissage. Elle est l'énergie par excellence, celle qui rassemble la force de l'individu, et lui permet de se mettre en mouvement quand la paresse, l'inhibition, l'apathie, les démissions de tout ordre le tentent ou l'envahissent, ou lorsque le danger surgit et qu'il faut l'affronter. Et la lâcheté ne fait pas partie de son répertoire.

S'il veut continuer à jouer, le petit enfant qui apprend à empiler des cubes devra connecter sa colère lorsque ces derniers tomberont encore pour la 47ᵉ fois. Elle l'aidera à surmonter la difficulté. Puis lorsqu'il aura réussi 27 fois d'affilée, elle sera encore nécessaire pour l'inciter à passer à autre chose quand l'ennui surviendra. C'est en se révoltant contre le cube qui tombe, puis en refusant l'apathie, que l'enfant peut grandir en investissant les processus d'apprentissage. Mais bien sûr l'énergie d'indignation doit se cantonner à un rôle de passeur. Nous devons rester vigilants et tenir les manettes, car en une seconde elle peut se transformer en violence, dégénérer facilement, et devenir contagieuse. En revanche bien dosée, elle est là pour permettre de se rassembler pour franchir l'obstacle et connecter le courage… de s'engager, de parler, de protéger, d'agir. Fluide, consciente, reconnue et maîtrisée, la colère est au service de la vie, et la révolte est saine. Celle de Jésus-Christ contre les marchands du temple est une colère sacrée et fut à ce titre exemplaire.

Une inconscience meurtrière

Quand serons nous assez en colère pour arrêter nos fuites en avant et nos actes inconsidérés ?

Sous couvert d'idéologie démocratique quand c'est toujours de prédation dont il s'agit, nous envoyons nos cellules cancérigènes du soi-disant progrès sur toute la planète, prenant, viciant ou tuant tout sur leur passage. Le cercle vicieux entre croissance, consommation, progrès technologiques et équilibres de la planète tourne au cauchemar. Et nous sommes efficaces, cellules cancéreuses oblige. Nous essaimons sur la terre entière et, à moins d'être exterminées, toutes les nationalités humaines et leurs cultures sont contaminées.

Lorsque les moyens de survie sont pénibles, absents ou inopérants, ou que le sens se perd et que la cohésion sociale éclate, la contagion est inévitable. L'alcool et la facilité d'accès aux objets font office d'antidépresseurs et endorment les êtres. La fascination du pouvoir, des possessions et de leurs paillettes font le reste. Les indiens Kogi, toujours eux, pour éviter cela, ne veulent pas d'interactions longues avec « les petits frères », ceux de cette autre civilisation qui propage ses virus meurtriers. Aussi changent-ils régulièrement d'émissaires lorsque ces derniers descendent dans les vallées pour les rencontrer. Quelle sagesse. Ils connaissent la fragilité du fonctionnement de l'homme face à la tentation de consommation, incapable de séparer le bon grain de l'ivraie.

Quel dommage d'être délivrés des contingences matérielles de base, et de se tromper à ce point de parcours. Semblables au papillon qui se brûle les ailes sur le lampadaire, confondant la lumière artificielle avec celle du soleil, nous confondons le progrès avec le sens de la vie. Ce n'est pas parce que nous pouvons nous laver tous les jours, manger à notre faim et avoir des assistances techniques absolument remarquables que notre hygiène globale de vie est bonne. Bien au contraire. La première fois que je suis allée dans des villages indiens où les enfants étaient nus tellement la pauvreté était grande, ou au Bangladesh au milieu de femmes très pauvres elles aussi, j'ai été frappée de voir combien leurs gestuelles, ce langage du corps qui ne trompe pas, exprimait paradoxalement plus d'harmonie que le nôtre.

Le devoir de colère

Un jour, des enfants bien intentionnés quoique inconscients, jetèrent des grenouilles dans des bassines d'eau froide. Puis ils s'amusèrent à faire chauffer l'eau lentement, pour voir. Les grenouilles moururent toutes assez rapidement, mais paisiblement. Elles ne s'étaient rendu compte de rien tellement la température augmentait de manière douce et régulière. Anesthésiées par la chaleur montante, droguées de degré en degré, elles avaient perdu toute trace de vigilance. L'inacceptable n'avait pas été détecté. Alors la fois suivante ils ne les jetèrent dans la bassine que lorsque l'eau fut bouillante. La majorité d'entre elles s'en sortirent vivantes. À peine immergées, elles avaient sauté hors de l'eau, et sous l'emprise de leur colère adaptative inconsciente, elles étaient parties vivre et respirer ailleurs.

Semblables aux grenouilles de la première expérience, nous ne voyons pas bouillir la marmite, anesthésiés à notre tour ou plutôt écrasés par le poids de nos possessions multiples et de notre apparente sécurité de prédateurs repus. Notre apathie mentale nous met en état d'extrême urgence.

Albert Camus faisait la distinction entre ceux qui passent l'essentiel de leur vie à fleurir leur tombeau, autistes de la réalité du monde et des autres, passants étrangers à la vie, enfermés dans leur pré carré[1] et leur égoïsme forcené, et ceux qui bougent, savent se rebeller quand nécessaire, investissent de « saintes » colères, osent prendre des risques, et cherchent à trouver et à honorer le sens de leur vie. Neuroleptiques et antidépresseurs sont des fleurs tombales offertes sur le marché avec constance et détermination par nos médecins inconscients. Car durant ce temps-là, le système occidental s'emballe, de degré en degré lui aussi, sans que nous voulions nous poser les vraies questions qui cependant frappent à la porte. Qui ou quoi fera exploser la bassine dans laquelle nous nous complaisons? Déjà l'émergence de cette nouvelle forme de communication qu'est le terrorisme organisé est une allumette de taille. Nous ne voulons toujours pas en regarder les significations profondes, et réfléchir aux énormes responsabilités que nous, les Occidentaux, avons dans l'émergence de cette expression de violence planétaire. Nous faisons avec le terrorisme ce que nous faisons avec la maladie. Nous refusons de regarder les causes qui dépendent de nous. La lucidité n'est pas notre attitude favorite. Et finalement, nous sommes en train de mettre nous-mêmes le pétard sous la bassine.

Tant que nous continuerons à nous révolter contre l'autre, et non contre nos propres aberrations… nous manquerons fâcheusement d'efficacité. Nous sommes nos propres marchands du temple, nous avons chacun des guerres saintes intérieures à mener. Ayons le courage de nous mettre en colère contre nous-mêmes, afin d'ouvrir les yeux sur nos tendances compulsives pour les interrompre, et pour arrêter de reporter toujours les causes des difficultés rencontrées sur les autres. Telle un maître Zen, cette colère nous donne symboliquement le coup de bâton sur l'épaule qui nous permet de rester éveillés. Utilisée ainsi elle est une alliée fondamentale. Elle seule peut déclencher le sursaut nécessaire à notre survie collective.

LA PEUR

Alors que la colère a pour mission de nous faire affronter les difficultés extérieures et intérieures, celle de la peur est de nous faire

---

1. *Le mythe de Sisyphe*, Poche.

ʟuir pour échapper au danger concret. Face à lui, l'énergie émise soit nous fait partir en courant, soit nous cloue au sol. La peur est dans la réalité du moment, l'émotion de protection par excellence, à condition qu'elle ne soit pas trop intense en déclenchant alors une inhibition qui peut être fatale.

Chez l'homme, la conscience d'être et la pensée lui élargissent son champ d'action, sauf qu'elle n'est pas adaptée à ce nouveau terrain de jeu. Ne reposant alors sur rien d'autre qu'elle-même, elle a du coup une fâcheuse tendance à s'incruster en s'autoalimentant. Envahis de ces peurs virtuelles, nous sommes plus fragiles que l'animal, car lui au moins n'a peur que lorsque le danger est là. Nous, nous l'anticipons, l'inventons, l'imaginons, de quoi ne jamais pouvoir se reposer. « L'opacité de l'avenir a toujours troublé notre tête fragile et douloureuse, ce ratage poignant d'ordre divin. C'est cette opacité du lendemain qui a porté l'homme vers les dieux…[1] »

L'obsession de la mort

La sélection naturelle n'a pas eu le temps d'agir, et ne nous offre pas encore de système de protection biologique contre l'angoisse existentielle. La mort est la grande peur de l'Occident, elle l'obsède. La docteur Elizabeth Kübler-Ross, pionnière de l'accompagnement des mourants et conférencière internationale, remarquait que plus le développement technique et industriel d'une société est élevé, plus la mort est occultée. Occultée ne veut pas dire absente, bien au contraire, et les professionnels des médias en font leur sujet quotidien de prédilection, certains de captiver l'auditoire. L'audimat est garanti par le principe du « retour du refoulé ». Ce que je ne veux pas voir mais qui m'obsède, paradoxalement m'attire. La peur est souvent plus intense dans les fantasmes qu'en situation réelle, aussi sous son emprise diffuse nous n'arrêtons pas de nous agiter dans tous les sens, souvent sans sens d'ailleurs, pour tenter de lui échapper et repousser le rendez-vous fatal. Nous courons, gigotons, polluons même avec application, dans une inconscience pathologique grave. Nous écoutons et regardons quotidiennement « les nouvelles », radio, journaux, télévision, Internet, nous ne voulons

---

1. Marguerite Duras, *L'été 80*, Poche.

surtout rien manquer, la consommation est partout… sans nous rendre compte qu'ainsi nous nourrissons quotidiennement notre angoisse. Chaque jour nous interpelle par son lot de misères et de meurtres. Alors comme des enfants, nous bougeons beaucoup et faisons du bruit pour vérifier que, Maman la Vie, est bien là. Et dans ce grand mouvement brownien généralisé, plus l'Occidental a peur, plus il s'étouffe et s'asphyxie sous le poids de sa matérialité, n'ayant plus ni le temps ni même la possibilité de reprendre sa respiration. Peur de mourir, peur de perdre son pouvoir, peur de ne pas être le premier de la classe, peur d'être trompé, peur d'être dévoilé, peur d'être rattrapé, peur de ne plus y arriver, peur d'être remplacé, et finalement toujours peur de ne pas être reconnu, pas assez aimé et admiré.

Ah ce « petit homme ». Il court de déplacements d'actions en déplacements d'actions, la majorité d'entre elles étant inefficaces et meurtrières pour son équilibre global. Produire, consommer, acquérir, posséder… acquérir, produire, consommer, posséder, … jeter, acheter, jeter… inspire, expire… inspire, expire… plus vite, plus vite, encore, plus, plus… allez, plus… C'est une fuite en avant, et le vieux mécanisme de survie est condamné à tourner indéfiniment sur lui-même jusqu'au jour de la mort si nous n'y penons garde. Il n'y a plus de place pour le silence et la réflexion.

Une médecine en porte à faux

La peur est au centre des préoccupations médicales. Ici plus que jamais la mort obsède et est en toile de fond, mais on n'en parle pas, ou si maladroitement. Elle est activement refoulée.

En réponse, notre médecine, emportée elle aussi dans le tourbillon de la consommation, cherche à calmer le jeu en tirant souvent dans tous les sens, sans prendre le temps de la réflexion, en digne produit de l'époque. Les prescriptions systématiques de produits chimiques et d'examens variés prennent alors toute la place et font disparaître l'écoute et la sagesse, et le piège se referme. La relation symbolisée par le « vieux médecin de famille » n'est plus qu'un souvenir désuet. Ce qu'il faut, c'est agir, ordonner, prescrire, rafistoler, le tout en un temps record. Alors nos médecins nous offrent des béquilles sophistiquées pour nous aider à courir de plus en plus, et de plus en plus vite. Peu importe la direction.

Ils aimeraient ne pas entendre nos peurs et nos angoisses pourtant présentes à travers les somatisations de nos corps. Mais les leurs, mêmes refoulées, leur suffisent amplement. Ils ne les soignent pas aisément, ils cherchent plutôt à les faire taire en les anesthésiant temporairement à coup de certitudes scientifiques qui servent de paravents à la réalité complexe de la vie. À les nier ainsi, ils risquent de les voir jaillir inopinément avec une force qui ne fait que s'alimenter au fil du temps, semblable à celle de l'animal tapis dans son terrier qui sort de son hibernation avec une énergie renouvelée. Et ils ont de plus en plus de raisons de craindre d'être débordés. Les technologies de pointe et la recherche dans les domaines de la santé sont condamnées à progresser plus vite que toutes nos maladies de société. Mais si les technologies continuent leur ascension, les plus sophistiquées ne sont réservées qu'à une élite du fait de leur prix, de leur petit nombre et de leurs répartitions géographiques. Quant à la recherche médicale, dans le monde entier, elle n'offre pas les débouchés que chacun espère. N'ayant plus assez de nouvelles molécules « à se mettre sous la dent » pour maintenir leur courbe des ventes, nos grands industriels pharmaceutiques se retrouvent parfois contraints à utiliser les anciennes en en maquillant l'origine sous des noms de médicaments différents. Bien sûr un élément neutre est rajouté qui garantit la légitimité du subterfuge, et dans le meilleur des cas, une nouvelle indication thérapeutique « sort de derrière les fagots » « *just on time* ». Mais que d'acteurs en porte à faux.

Les anxiolytiques et psychotropes de tous bords nous apaisent en surface, ces fameuses pilules du mal-être nommées pilules du bonheur compensent, un temps, certaines défaillances physico-chimiques, seulement voilà, notre corps est plus fragile ou plus malin que cela, il ne s'en contente pas. Les couvertures médicamenteuses ne l'empêchent pas de se dégrader si nous n'agissons pas en même temps à d'autres niveaux de l'être, voire même elles précipitent sa chute. Ce que nous ne voulons pas exprimer, lui le fait dans l'intention première de nous protéger.

Le nombre de cancers est en pleine explosion, et curieusement cette pathologie est en phase avec notre absurdité ambiante, car elle aussi vit le dérèglement du « trop » et de la violence. Cela commence par quelques cellules baladeuses qui deviennent folles et prolifèrent en masse en tuant tout sur leur passage. Ce n'est qu'avec la mort donnée à leur hôte qu'elles gagnent en disparaissant avec lui.

Notre société économique porte en elle tous les stigmates du cancer. La similitude de comportement entre ces cellules qui en veulent toujours plus et absorbent tout ce qu'elles trouvent, et nous qui n'arrêtons pas de consommer tout et n'importe quoi, est troublante. Biologiquement dérégulées, elles sont le miroir de nous-mêmes. Sans interventions précises, rien ne les arrête. Il en faut beaucoup aussi pour stopper l'être humain dans ses prédations incessantes. Cette maladie, cette épidémie plutôt, nous montre par mimétisme combien nous faisons fausse route au point d'en perdre la raison. Pareil à ces cellules déréglées, l'homme apparemment civilisé, en réalité tueur en série de l'autre et de lui-même, est déjà en chemin en train de faire disparaître les éléments de la planète terre avant d'être éliminé à son tour avec.

La peur du manque

La peur du vide, la peur du manque… et toujours en toile de fond cette confusion entre vivre et consommer. Nous nous offrons le luxe d'avoir peur de manquer, alors que nous avons des stocks de nourriture à ne savoir qu'en faire quand tant d'êtres sont au dessous du seuil de grande pauvreté. Il est clair que cette peur de substitution est d'ordre névrotique, et son transfert sur les possessions de toute sorte est une source majeure de déséquilibres individuel et mondial.

Nous ne donnons pas à l'étranger qui passe, contrairement aux femmes et aux hommes d'autres cultures qui, extrêmement pauvres, auraient apparemment plus de raisons de surseoir aux règles de l'hospitalité. Dans des pays aux problèmes matériels cruciaux, l'homme de la rue qui ne mange pas à sa faim dégage un calme impressionnant. J'ai envie de le redire encore, c'est en voyant en Inde et au Bangladesh les visages paisibles de tant de femmes et d'hommes d'extrême pauvreté, que je fus interpellée par ce paradoxe apparent et que je me suis interrogée. Nul ne sort indemne de la rencontre avec ces visages rayonnants au milieu de la plus extrême pauvreté. Nous, les nantis matérialistes, à quoi jouons-nous pour avoir ainsi perdu toute trace de luminosité ? Progrès et richesses nous laissent hagards et inconscients sur les bas côtés de la route. Ne plus avoir à craindre de ne pas manger à notre faim nous offre une liberté que nous ne savons pas assumer, et qui nous fait tournoyer sur nous-mêmes. On ne prend pas d'antidépresseurs dans les pays pauvres, les contraintes physiques et les besoins de survie suffisent à occuper le corps et l'esprit.

« Heureux les pauvres » disait le Christ. Peut-être parlait-il de la difficulté d'être « du riche », tout simplement encombré de ses possessions qui le séparent de lui-même.

La peur de la peur

Comme si l'objet de leurs craintes s'incarnait instantanément sous leurs pas, les êtres humains cherchent à se sauver de la même façon devant leurs peurs fantasmatiques que devant de vrais cataclysmes, utilisant le vieux mécanisme de défense qui consiste à détaler à toutes jambes devant l'adversité. Erreur d'aiguillage. Sous la pulsion archaïque d'un système de défense qui se trompe de cible, ils cherchent à fuir ce qui réside en eux.

C'est paradoxalement en faisant face à nos angoisses que celles-ci feront moins de ravages. Visitons-les régulièrement et acceptons d'être temporairement déstabilisés par elles. C'est ainsi qu'elles nous protégeront et non l'inverse. Ne les fuyons pas, bien au contraire, écoutons-les d'une oreille attentive. C'est de nous et de nos nombreuses fuites en avant dont il faut se méfier, et non d'elles. Notre fragilité fait partie inhérente de ce que nous sommes, et faire semblant du contraire déclenche l'inverse de ce que nous espérons. La fuite, en réponse à la peur de nos peurs virtuelles, leur laisse faire un travail de sape en profondeur qui finit trop souvent par se muer en maladies. L'homme fort est celui qui reconnaît sa faiblesse, et non l'inverse. Il a peur devant la difficulté et l'inconnu, et ne se le cache pas. Sa peur est sa partenaire. Elle l'aide à ouvrir les yeux face à ce qui peut l'attendre, lui indique les obstacles éventuels qui pourront surgir sur son chemin, lui permet de rassembler ses forces à temps avant l'épreuve, et lui offre la possibilité d'envisager plusieurs stratégies pour choisir celle qui lui paraîtra la meilleure ou la moins mauvaise. Reconnue et utilisée, son rôle de protectrice aura rempli sa mission.

En paix avec ses peurs, même si parfois elles sont particulièrement inconfortables, l'être humain sera en mesure de mieux les maîtriser en prenant des décisions qui pourront en atténuer l'intensité, ou devant l'inéluctable, en faisant un profond travail d'acceptation. Niées, les angoisses inhibent leur propriétaire et l'empêchent de s'exposer et de prendre les risques nécessaires pour percuter la vie. La grande force est d'oser, oser avoir peur, oser pleurer, oser se casser la figure et recommencer, et oser s'arrêter sur ce qui nous affole. En observant nos peurs en toute conscience, nous nous donnons plus de chance, soit d'échapper à ce que l'on redoute, soit de se préparer à mieux affronter l'épreuve inévitable, comme un athlète qui s'exerce quotidiennement avant la finale. Au passage, nous mentirons moins aux autres et à nous-mêmes, car peurs et mensonges se promènent souvent main dans la main. Pourquoi mentir si l'on n'a plus rien à cacher et à se cacher ? La peur est la cause principale de toutes nos dissimulations.

« Mon père pourquoi m'as-tu abandonné »… Le Christ, lui, n'a pas hésité à reconnaître sa peur en implorant son père. Il nous indiquait par là le chemin à suivre, celui d'accepter tout simplement notre condition humaine précaire et souvent angoissante, et de faire alliance avec ce qui murmure en nous, aussi douloureux cela soit-il.

« Ne vous inquiétez pas… y'a pas de soucis »

En France, nous faisons l'inverse, l'interdiction de la peur est une injonction sociale et parentale quotidienne, peut-être pour faire semblant d'assumer une réalité de plus en plus aléatoire. Attentats, chômage, grèves de médecins et chirurgiens, services hospitaliers encombrés, service des urgences saturés, augmentation du nombre de cancers, voitures brûlées dans les banlieues, querelles politiques affligeantes, stress montant en entreprises et ailleurs, délinquances à l'école, démotivation de nombreux cadres et salariés, grèves à chaque automne et même plus avec la crise, coupures sociales, sans domiciles fixes de plus en plus nombreux… le contexte est lourd, il y a de quoi s'inquiéter. Mais la peur donne tellement peur !

Pour ne pas l'entendre et la mettre à distance, un mécanisme verbal de protection s'est mis en place, relayé par l'ensemble des français. Il n'est pas une journée sans qu'il ne soit utilisé. Ainsi deux expressions symptomatiques de la peur montante et de l'interdiction de la nommer sont apparues récemment dans le langage courant.

« Ne vous inquiétez pas », « Y'a pas de soucis ». Ces deux injections sont utilisées quotidiennement par tout un chacun, et sont en passe de devenir une expression culturelle. Notez-les vous verrez…, amusez-vous à vérifier, vous les entendrez à tout propos, et peut-être même dans l'heure qui suivra la lecture de ce chapitre. Plus l'on veut tricher avec sa propre peur, plus on invente celle de l'autre. En lui donnant le conseil de ne pas s'inquiéter, lui qui, paradoxalement ce jour-là, est peut-être tout à fait serein, c'est soi-même que l'on cherche à rassurer inconsciemment. « Y'a pas de soucis »…, justement parce que chacun en a plein, et que l'environnement est inquiétant. L'histoire du 11 septembre n'a certes pas calmé l'ambiance… et la crise économique actuelle n'arrange rien. Notre culture française et ses expressions d'assistanat menteur sont à côté de la plaque.

Et qu'en est-il pour notre « premier de la classe », celui qui met l'énergie de colère aux commandes pour toujours chercher à gagner ? En fait, il est surtout manœuvré par sa peur de perdre et de ne pas être reconnu. Il se l'avouera difficilement, voire même parfois ne le pourra-t-il pas sans risquer de s'écrouler psychologiquement. Son stress intérieur est souvent pathétique, tant l'idée qu'un autre puisse mieux réussir que lui est insupportable. Lui qui se croit fort et puissant, il est un tout petit enfant aux aguets. Il faut du courage pour regarder sans évitement ce qui donne peur et dérange, et accepter d'être ce que l'on est avec ses défaillances. Le premier de la classe serait-il donc le dernier de sa promotion ? Si les critères que nous retenons sont la vérité à soi-même, il y a de fortes présomptions pour que ce soit le cas. Tant qu'il ne s'arrête pas pour regarder cette peur de la mort symbolique et sociale qui finalement l'obsède, il est condamné à poursuivre inlassablement sa quête inconsciente. Et il s'épuise, car ce qui est le plus difficile, ce n'est pas d'être le premier, mais de le rester. Lorsqu'il comprend enfin l'origine de ses comportements, alors il peut se libérer de cette pression intérieure qui le fait tant courir et cherche à écraser les autres.

L'ordre de tricher

Dans notre société, l'homme plus que la femme a reçu l'ordre de tricher avec ses peurs. L'éducation en place lui demande d'être à la hauteur, fort, toujours prêt à être efficace et à surmonter la situation. « Mon chéri, regardes Papa, il n'a pas peur de faire du vélo, LUI ».

Lorsqu'un petit garçon, en France, tombe par terre et crie tout simplement parce qu'il a eu peur, aussi bien sa mère que son père lui intiment l'ordre d'arrêter immédiatement ses pleurs au nom de sa virilité prochaine. Il n'a ni le temps ni le droit de laisser s'exprimer sa peur, encore moins de la partager. Il sera aimé de ses parents et sera un bon petit garçon s'il apprend très vite à occulter ce qui est en lui, à tricher avec sa réalité intérieure et à stopper de façon prématurée l'expression de son émotion. À force d'obéir et d'être sage, il finira par ne plus entendre ce qu'il ressent, ce qui programmera ses erreurs d'analyses et de comportements futurs. Elles le surprendront néanmoins de temps en temps, et ce devrait être sa chance, mais il se crispera et leur fermera la porte d'autant plus qu'il aura cherché désespérément à leur échapper par injonction familiale.

Nous les femmes avons plus de chance. Nos peurs et nos pleurs sont mieux acceptés, nous avons la permission d'être vraies. Le sexe apparemment faible a reçu socialement le droit de céder à ce qui est étiqueté culturellement comme une défaillance et peut ainsi écouter d'une oreille attentive ses turbulences intérieures. Ce qui devait entériner la fragilité féminine permet au contraire à la femme d'investir sa vraie dimension. Ressentir en temps réel ce qui se passe à l'intérieur de soi est une force extraordinaire. Parfois les larmes des femmes libèrent la pression des pleurs intérieurs masculins, libérant une sensibilité de bon aloi. Il serait temps que les modèles éducatifs évoluent, et que les hommes eux aussi puissent accéder à leur vraie puissance en lieu et place de tous ces faire semblant qui les encombre.

La nécessité d'évoluer

Lorsque nous n'arrivons pas à assumer nos peurs virtuelles, nos angoisses, que nous nous sentons incapables d'en faire des alliés ou des guides de nos vies, qu'elles prennent une importance dangereuse et tournent à l'obsession, il faudra nous souvenir que le problème n'est pas la peur du futur mais la peur que nous en avons, ici, maintenant.

Le réflexe immédiat de l'antidépresseur n'est pas le meilleur, car il ne fait qu'enfouir temporairement ces peurs sans les faire circuler pour autant. La quadrature du cercle est que nous sommes les seuls à pouvoir interrompre ce que nous créons, et le recours à notre conscience d'être sera indispensable.

Mais nous avons en nous cette « paresse subtile », comme la nomme certains moines tibétains, qui, sauf danger absolu, ne nous incite pas à agir hors des comportements habituels. Mais la souffrance présente est l'opportunité de revisiter nos automatismes et nos façons d'être. Elle est une chance évolutive, même si nous aimerions tant nous en passer.

Depuis toujours, la voie bouddhiste fait faire un travail d'apprivoisement des peurs intérieures pour mieux s'en séparer. La souffrance est un fait, accepté puis analysé en toute conscience. Inhérente à la vie humaine, elle est le point de départ d'un travail intérieur. Fuir ou s'inhiber n'a plus d'intérêt lorsque la conscience de l'inéluctable et de l'impermanence de toute chose est présente. En méditant sur ce qui est, l'ébauche de la solution se dessine, et c'est en changeant de niveau que les chaînons intérieurs peuvent alors se briser un à un. La force de l'acceptation permet de diluer les peurs existentielles.

Ainsi la mort n'est plus le problème en tant que tel, elle n'est que ce qu'en fait notre conscience. Le chemin de la vie semble passer par l'acceptation de nos peurs et de nos frayeurs pour après les avoir utilisées comme garde fou, les dépasser, les faire éclater ou les sublimer.

LA TRISTESSE

L'émotion de tristesse est là pour freiner l'action. Chez l'homme et l'animal, elle programme des temps d'arrêts afin de permettre à l'organisme d'évacuer les toxines qui l'auront envahi lors d'un échec ou d'une difficulté, ou de réparer une blessure physique.

Elle incite à respecter les cycles de repos quand le corps n'en peut plus, et permet de ne pas repartir à l'attaque tant que les moyens physiques sont défaillants. Lorsqu'elle arrive après la colère ou la peur, la tristesse permet au flot d'énergie émis de se calmer, et de reprendre une fréquence normale.

Son rôle est d'ordre régénérateur, elle impose l'immobilité et le repos, le temps de « se refaire une santé », le temps en plus pour l'Homme de digérer symboliquement et psychologiquement ce qui a été perturbant ou pénalisant, le temps de laisser du temps au temps avant de redémarrer une nouvelle activité.

La gestion de la perte

Lorsque nous vivons une perte, perte d'un être humain, d'un travail, d'une relation, d'une responsabilité, d'un territoire, d'un plaisir, la tristesse tant redoutée est une alliée qui nous permet de prendre la mesure de toute chose, sauf que nous n'avons pas souvent le courage de la traiter ainsi. Nous cherchons à l'ignorer ou à la fuir artificiellement, comme nous avons déjà tendance à le faire avec nos peurs virtuelles.

Notre fragilité là encore interrompt ce que la nature a pourtant mis à notre disposition, cette inclination programmée à nous arrêter temporairement quand l'environnement nous a mis en danger. Un mammifère supérieur qui vient de se faire prendre sa nourriture aura une tristesse, toujours instinctive naturellement, qui le fera se poser un instant. L'interruption de l'action lui permettra d'être plus attentif aux prédateurs de son environnement. Chez certains singes comme les orangs-outangs, les babouins, les chimpanzés ou les bonobos, le « rapt » d'une femelle déclenche instantanément une passivité temporaire de la tribu, la séquence de comportements déclenchée par l'émotion servant à interrompre l'agitation collective pour redynamiser la cohésion sociale du groupe et éviter un nouveau rapt. Nous, nous n'avons pas la sagesse adaptative de l'animal, et souvent nous cherchons à rebondir immédiatement sans soupçonner que nous risquons d'aggraver ainsi la situation. C'est la meilleure façon de programmer des scénarios récurrents dans lesquels on s'enlise sans cesse. Notre cerveau ne sait que répéter si on ne lui donne pas l'ordre de faire autrement. Après un échec « amoureux », combien de gens se précipitent sur une nouvelle relation affective, sans se laisser un temps minimum de latence avant de se remettre en scène ! Pauvres petits hommes fragiles qui se croient debout ou font semblant de l'être alors qu'ils sont encore à terre, programmant ainsi avec une constance digne d'éloge le prochain échec. À moins d'être masochiste, qui a envie d'avoir mal ? Et pourtant, c'est le bon moyen d'installer la prochaine souffrance que de nier les ondes de choc liées à celles du moment présent. Comme pour la peur et la colère, si nous ne commençons pas par l'accueillir, nous la rendons néfaste alors qu'elle est là pour nous protéger.

L'évitement médical

Parmi d'autres facteurs, notre façon émotionnelle de gérer les pertes de la vie ont une forte influence sur notre système immunitaire. Beaucoup de pathologies se déclenchent sur des souffrances figées intérieurement que l'on n'a pas le courage de visiter. La tristesse a été niée, ou au contraire elle a pris une place disproportionnée, dégénérant de dépression en dépression. Accueillie de façon consciente et dynamique, elle peut pourtant participer à mettre la maladie à distance. Elle permet à l'énergie négative de souffrance de circuler doucement. Encore faut-il, dans ces moments peu confortables et déstabilisants, être soutenus par des démarches d'ordre psychologiques, manger une nourriture saine, faire du sport, jouir d'une médecine globale éclairée, et être ou choisir d'être dans un environnement relationnel porteur. Car comme pour la peur et la colère, il s'agit de l'utiliser sans lui être asservie, et donc de ne pas lui laisser prendre tout l'espace.

Notre médecine écarte ce qui la trouble, et les émotions, volatiles et imprévisibles, la dérangent. Elle ne peut ni en faire des statistiques, ni les mettre en boîte et les laisser sur des tables de laboratoire jusqu'au lendemain matin. En un mot, elles lui échappent et ont bien trop de pouvoir. Alors, la majorité de nos médecins cherche à les faire taire en feignant de les ignorer ou en les annihilant de front. La tristesse particulièrement les déstabilise, car une petite voix en eux leur rappelle qu'elle leur est oh combien familière. Sans cesse confrontés à la maladie et à la mort, et aux limites de leur profession, comment pourrait-il en être autrement ? Combien de fois quelqu'un se retrouve ligoté pieds et mains liés dans une approche médicale unique et totalitaire, qui fustige en non-connaissance de cause les démarches de santé holistiques où l'esprit, le cœur et le corps, étroitement enlacés dans leurs incidences respectives, sont enfin pris en compte.

Responsable de lui-même, avec toutes ses facultés à sa disposition, le « patient » ne pourra pas dire « je suis triste, » sans recevoir immédiatement le diagnostic médical de dépressif. Avec certitude et arrogance, le médecin confondra tristesse et dépression, ce qui est gênant, car la tristesse non traitée est la dépression de demain. Si l'une peut être curative, l'autre est un agent pathogène certain. Non seulement il aura « tout faux », mais il étouffera la tristesse du « patient » en en interrompant brutalement l'expression verbale et en prescrivant d'urgence des antidépresseurs. Sauf qu'une émotion ne disparaît sûrement pas de cette façon et, puisqu'elle n'a pas le droit de circuler, elle grignotera son hôte paisiblement de l'intérieur, sous l'orchestration éclairée de nos médecins.

Comme ils sont nombreux à sévir ainsi dans nos hôpitaux ! Il existe heureusement dans certains services, entre autres en cancérologie, des initiatives porteuses pour contrecarrer ce genre d'erreur, comme l'instauration de « groupes de paroles », où des personnes malades, hospitalisées de jour ou plus longtemps, peuvent se retrouver ensemble pour nommer et partager leurs émotions. Mais encore en contre-culture, ces groupes sont relativement rares, et fonctionnent mal sur la durée. Et puis il faut payer des psychologues pour animer les séances, et la logique financière et ses contraintes sont souvent un frein.

En médecine, la stratégie du jeu de go, celle de l'alliance à terme avec l'adversaire serait celle qu'il faudrait employer avec la tristesse, malheureusement notre médecine ne sait faire que des parties d'échecs. À vouloir empêcher la tristesse de jouer son rôle de reine conseillère, la médecine classique interdit au roi d'entrer pleinement dans la responsabilité de ce qui lui arrive, et d'ouvrir courageusement les yeux sans fuir ni faire semblant. Avec ses camisoles chimiques quasi systématiques, elle lui enlève la ressource de s'engager lucidement dans ce que la vie lui impose. Se trompant de combat, particulièrement à l'hôpital, notre corps médical amputera le « patient » en danger en toute impunité, l'émasculera, le laissant comme une épave obéissante dans les mains des infirmières surchargées, déconnecté de lui-même, de sa valeur, de sa sensibilité, et de ce qui faisait sa richesse et son originalité. « Ne vous inquiétez pas, Y'a pas de soucis », il existe des médicaments, des calmants, des somnifères, vous verrez, vous ne sentirez rien, vous vous en sortirez. Et notre technologie fera le reste… Le roi sera tombé en dépression, et dans une torpeur artificielle, il mourra plus facilement, plus rapidement, soi-disant paisiblement n'est-ce pas ? Il aura perdu sa couronne et son royaume, et sa reine officiellement interdite de séjour l'aura trahi en participant à le tuer elle aussi. La médecine l'aura attaqué de l'extérieur, elle se sera vengée de l'intérieur.

Antidépresseurs et anti-vie

Une des vertus de la tristesse est de nous inciter à interrompre un instant nos courses en avant pour nous poser, réfléchir, analyser, comprendre et ressentir ce qui est douloureux dans ce que nous sommes en train de vivre, en vue de réagir le plus positivement possible, et d'appréhender comment mieux se protéger la prochaine fois. Et lorsqu'elle a rempli sa mission, elle repart en douceur. Un jour soudainement, on se rend compte qu'elle n'est plus là… et la vie reprend ses droits de bonheur et de joie jusqu'à la prochaine fois.

Mais si nous la nions ou voulons lui échapper trop vite, tôt ou tard, comme pour la peur elle nous rattrape avec une force supplémentaire, soit parce qu'un nouvel événement vient la nourrir, soit parce que les processus de refoulements compensateurs finissent par s'user, ou les deux en même temps. Comme toujours, à vouloir fuir ce qui est en nous nous en devenons prisonniers. À part dans les cas de risques d'éclatements psychologiques et physiologiques suite à une douleur intérieure trop intense, pourquoi commencer à prendre des antidépresseurs, si ce n'est pour choisir une attitude d'évitement, et repousser l'instant redouté des rendez-vous avec soi-même ? Encore une fois, ce qui est censé nous protéger programme nos défaillances futures, sans parler des innombrables effets secondaires. Les antidépresseurs ont tendance à rendre apathiques, ou à déclencher une excitation factice selon les dosages ou les molécules choisies. Parfois aussi, ils déclenchent des crises de violences soudaines à l'origine de trop de suicides. Dans tous les cas, ils sont une barrière à la lucidité.

Des religions ont souvent eu dans l'histoire le rôle politique d'endormir « le peuple », nos antidépresseurs font la même chose. Il est difficile d'en interrompre la prise, car ils créent des phénomènes d'accoutumance. Le corps s'habitue et devient esclave, il faut régulièrement augmenter les doses pour obtenir les mêmes effets. C'est donc de « drogues » dont il s'agit. Nos gouvernements interdisent le haschich ou la marijuana, mais autorisent celles qui sont si lucratives pour les caisses de l'État par laboratoires interposés. Pourtant, les études sortent les unes après les autres pour pointer du doigt la faiblesse commune de leur efficacité[1]. Pour beaucoup de médecins généralistes qui ne comprennent pas grand chose à la psyché humaine et n'ont ni le temps ni la compétence d'écouter la douleur de leurs « malades », la réponse est toute prête, c'est pratique. Afin de continuer à les prescrire en toute bonne conscience, ils sont toujours nombreux à critiquer l'authenticité d'études pourtant largement référencées, et médiatisées ce qui les agace.

Ces drogues de l'apparent confort programment notre incapacité à faire face à notre vie, pire, elles ont le terrible effet secondaire de tendre à nous faire accepter l'inacceptable. En endormant nos facultés de réflexions, ces prothèses chimiques nous aident à rester dans des situations malsaines qu'il serait parfois plus indiqué de quitter. Il faut que le malaise soit entendu pour avoir le courage de revisiter nos vies et entrer dans un processus de changement.

« Elles me permettent de tenir » me disent de plus en plus fréquemment les managers qui se confient à moi… mais tenir pourquoi, pour quoi et jusqu'à quand ainsi, quand le prix est si cher payé qu'on se remet à fumer, qu'il faut des tranquillisants pour vivre et pour réussir à résister à la pression environnante montante et à son absurdité. Est-ce que cela a vraiment un sens de courir sans cesse après des résultats qui par principe ne seront jamais suffisants, d'être sous le joug d'actionnaires à l'appétit démesuré, de voir les actions monter parce qu'on va licencier des collaborateurs ou que l'on vient de limoger un président, de ne pas toucher de bonus parce qu'on a eu le courage de prendre des décisions innovantes qui ne sont pas instantanément lucratives, ou de se faire réprimander parce que l'on choisit des stratégies qui mettent l'être humain en priorité ? Est-ce confortable de voir des collaborateurs au chômage quand le président de l'entreprise continue à avoir un salaire exorbitant ? Et

---

1. Guy Hugnet, *Antidépresseurs, la grande intoxication*, Éd. Le Cherche-Midi.

est-ce acceptable de basculer d'une culture de confiance et de transparence à un quotidien de rivalité et d'exploitation réciproque ? Si tel est le cas dans le milieu professionnel où l'on se trouve, mieux vaut changer de situation et choisir de partir, certes en ayant préparé à l'avance très concrètement où rebondir, plutôt que de se droguer pour maintenir un statu quo néfaste.

Les erreurs d'aiguillage de vie, parce qu'ils ne nous conviennent pas et nous épanouissent encore moins, génèrent du poison dans nos corps, dérèglent nos cœurs, encrassent nos artères et affolent nos cellules, sans parler ici des effets secondaires des petites pilules. En plus ils ont le don de nous faire rater nos vies. Bien sûr, il y a un prix à payer à refuser de prendre des antidépresseurs, celui d'accepter de se laisser envahir par la tristesse et son inconfort, celui de regarder son environnement tel qu'il est sans complaisance, et celui de se regarder soi-même dans ses forces, ses limites et ses fragilités. Si l'on veut être acteur de sa vie, difficile de faire l'économie de ces temps de face à face avec soi-même et d'en refuser les déstabilisations temporaires.

Lorsque la douleur est trop forte ou trop difficile à gérer, et avant que le désespoir n'apparaisse, la responsabilité personnelle consistera à accueillir en toute conscience ce qui se passe, et à chercher cette fois des moyens extérieurs pour franchir l'obstacle trop éprouvant. Il ne faut pas passer d'un extrême à l'autre et se croire capable de tout traverser. La vie parfois cogne très fort, trop fort, il peut toujours y avoir des moments particuliers où la prise d'un antidépresseur sera inévitable. Notre médecine d'urgence sera alors l'alliée temporaire indispensable. Mais la prise d'un antidépresseur fera partie d'une démarche globale et ne devra surtout pas être une fin en soi.

Aucune petite pilule ne se substitue aux grandes douleurs, pas plus qu'aux petites d'ailleurs, elle en masque seulement un temps les effets physiologiques dévastateurs. Il faudra profiter de leurs effets anesthésiants pour travailler activement comment aborder nos peines et nos angoisses, en vue sinon de les dépasser du moins d'apprendre à les accepter pour réussir à les gérer. L'objectif d'une prise sensée d'antidépresseurs est de pouvoir s'en passer le plus vite possible, par une approche globale de résolution de ce qui a été à l'origine du mal-être. Pris dans ces conditions, ils peuvent rendre de grands services et la décision d'en prendre est une démarche saine, à condition d'être très clair sur la volonté d'en interrompre la prise dans les quelques mois qui suivent.

Mais n'oublions pas, la tristesse n'est à mettre à distance que si elle dure trop longtemps ou se transforme en angoisse et nous tétanise. Devant les pertes et les souffrances imposées par la vie, elle déclenche un silence intérieur et offre de pleurer et d'être vrai avec soi même. Ici ne s'agit pas d'inhibition, comme avec la peur, mais du repos nécessaire à la gestation de la douleur.

Les liens du sommeil et de la tristesse

Les renaissances se travaillent. En présence de la tristesse, nous sommes loin d'être passifs, bien au contraire, nous sommes en plein travail, comme pendant la nuit où nous rêvons.

Le sommeil est un moment d'activités cérébrales intenses par phases variées successives, alors que nous sommes apparemment immobiles, et que nos muscles sont à leur niveau tonique le plus bas. Pareil à la tristesse, il est fondamental à notre équilibre global alors que tout paraît si calme. Il faut lui laisser faire son travail réparateur sans le dénaturer lui non plus artificiellement avec des somnifères à la moindre petite panne.

Nous rêvons chaque nuit plusieurs fois, par phases de deux à trois minutes toutes les heures et demi en moyenne. Une des fonctions du rêve est de nous permettre de faire circuler les émotions présentes en nous, de participer à trier les stimulations de la journée qui vient de s'écouler, d'atténuer certaines pressions internes, et de libérer ainsi de la place en prévision des prochains embouteillages émotionnels de la prochaine journée à venir. Le rêve est un important régulateur physiologique et psychique. Des chats en pleine santé que des chercheurs empêchent de rêver en les réveillant au démarrage de chaque phase de rêve, meurent au bout de trois jours. S'ils sont réveillés aussi souvent que précédemment mais à d'autres moments, ils restent alors en bonne santé. Rêver est une fonction vitale. Ce n'est pas parce que nous ne nous souvenons pas de nos rêves que nous ne rêvons pas. Seules les personnes ayant une psychose grave perdent temporairement la fonction du rêve.

Un stress intérieur étouffé par le « toujours plus » générera un mauvais sommeil. Le système immunitaire en prend un coup, les rêves ne réussissent plus à accomplir leur fonction correctement, les émotions ont alors du mal à s'évacuer d'elles mêmes. Paradoxalement des troubles du sommeil disparaîtront d'autant plus vite qu'il sera choisi de donner à la tristesse et aux causes de sa présence des plages de temps éveillé, vécues pleinement, et toujours en pleine conscience. Regarder la réalité en face, aussi difficile cela soit-il, installe une cohérence intérieure apaisante.

Je ne connais pas d'études faites sur d'éventuelles corrélations entre des prises de somnifères et la fonction du rêve, mais je crains que cette dernière soit légèrement, voire très perturbée, par ces médicaments, et que les études qui le prouvent dorment dans des tiroirs bien fermés, ce qui n'aurait rien d'étonnant. La presse rappelle régulièrement le triste privilège français d'être en tête de liste en matière de désinformation pharmaceutique. Comme les antidépresseurs, les somnifères non seulement ne résolvent rien à moyen terme, mais programment des problèmes récurrents. Le sommeil artificiel déclenché par un somnifère offre souvent des réveils vaseux. Quand la pression émotionnelle a été évacuée dans la nuit, on se réveille en pleine forme. Alors courage, encore une fois mieux vaut assumer notre tristesse plutôt que de la fuir quand le sommeil commence à montrer des signes avant-coureurs de dégradation intérieure.

L'occasion de grandir

« Tu accoucheras dans la douleur » a dit un jour le Christ. Longtemps je n'ai pas compris cette affirmation, particulièrement en tant que femme, et mère. Pourquoi associer la douleur à l'événement le plus beau du monde, celui de donner la vie à un enfant ? Et puis c'est devenu clair. C'est de nos propres accouchements dont il s'agit, de ces prises de conscience qui nous forcent à investir d'autres aspects de nous-mêmes lorsque l'obstacle traverse nos vies si l'on ne veut pas en mourir. Une fois à terre symboliquement et psychologiquement, la tristesse nous force à nous connecter sur nos ressources intérieures et nous tend la main pour réussir à nous relever. L'épreuve traversée fait grandir.

L'animal qui mue abandonne sans problème sa peau obsolète sur le chemin. Nous, nous avons besoin de la tristesse pour y arriver. Elle est la sage-femme qui nous accompagne de renaissance en renaissance, en nous imposant les temps de gestation nécessaires. Les grandes lois de l'univers reposent sur l'alternance des extrêmes et des opposés. Il faut l'ombre pour permettre la lumière. Rien apparemment sur cette terre n'existe sans son contraire. Le paradoxe d'une vie saine consiste donc à respecter le silence pour honorer les sons, s'arrêter pour mieux agir, se taire pour énoncer, investir la tristesse pour vivre, et méditer sur l'insoutenable pour devenir léger.

Notre société a une peur panique de la tristesse. Elle a bien raison de la redouter car la tristesse bien dosée est une arme terrible contre la déraison ambiante. Parce qu'elle nous incite à dialoguer avec nous-mêmes, elle nous engage dans la voie de la lucidité, et peut tout à fait nous aider à revisiter nos comportements de consommation dérisoires. Elle nous rend plus profonds, plus vrais, et la sagesse fait souvent partie de son compagnonnage. Pour réussir à traverser la vie, et devenir libre, il est difficile de se passer de son concours. Totalement acceptée, elle est un immense atout.

LA JOIE

La nature a sélectionné l'émotion de plaisir pour indiquer que tout va bien, tant au niveau de son état physiologique que par rapport à l'environnement dans lequel il est en train de se mouvoir. Elle déclenche un état de détente quand tout danger intérieur ou extérieur est absent, et que l'organisme a obtenu ce dont il a besoin. Elle aide à sélectionner aussi les actions à privilégier, celles qui rencontrent le succès, la réussite, le bien-être. En ce sens, elle participe activement à l'émergence des séquences comportementales nécessaires à la vie. Et puis elle provoque des états d'excitation lorsque l'environnement offre à l'animal ce dont il a besoin pour vivre alors qu'il commençait à être en état de manque. Son énergie est variable, tantôt légère dans le bien-être et le repos, tantôt forte lorsque l'action est proche du but à atteindre. Elle n'est émise que lorsque les causes et les conditions de la vie sont dans une dynamique favorable, même ponctuellement. Aussi est-elle l'alliée de la santé globale, son absence ou sa présence en sont de très bons indicateurs.

Il y a différents niveaux dans la notion générale de joie.

Cela va de la sensation de détente basique pour l'animal en train de manger à sa faim et honorer ses besoins de survie, à celle de plaisir si le manque s'interrompt. Le chien « qui saute de joie » à l'arrivée de son maître est simplement traversé de plaisir quand l'objet de ses désirs réapparaît. La solitude due à l'absence le rendait triste, le plaisir la balaye car elle n'a plus raison d'être.

La joie pure n'est pas de cet ordre. Elle est sans doute apparue aux premières émergences de la conscience. Elle est une émotion profonde et vaste tout à la fois, d'un registre d'ordre spirituel procuré par l'amour, la gratitude, l'émerveillement, le partage et le don. Elle semble réservée à l'être humain, et ne s'évanouit pas comme le plaisir qui s'atténue rapidement s'il n'est pas régulièrement stimulé.

Le principe du désir et de l'aversion

Les êtres vivants sont programmés sur la base de l'attirance et de la répulsion. Il n'est pas nécessaire d'avoir un cerveau complexe pour cela, la paramécie ou la mouche iront naturellement vers les sources de bien-être nécessaires à leur survie, ou fuiront les environnements qui leur sont nocifs. L'équilibre interne se fait par l'intermédiaire de réactions régulatrices simples basées sur des programmations inconscientes de récompenses et de punitions, selon les besoins de survie. Chaque espèce a sa partition biologique précise.

Chez l'homme nous l'avons vu, la joie est directement liée au faisceau de récompense, et les trois autres émotions de base le sont au faisceau de punition. Encore étudiante en psychologie à la Sorbonne, je vis dans un laboratoire de recherche de Gif-sur-Yvette[1] un babouin exprimer les comportements de plaisir les plus démonstratifs à partir de simples stimulations électriques provoquées dans son faisceau neuronal de récompense. La fine électrode placée au bon endroit dans le cerveau avait eu ce pouvoir. La stimulation de son faisceau de déplaisir/punition déclenchait des effets tout aussi remarquables. L'animal rentrait dans des comportements de violence extrême et se mettait à agresser brutalement ses congénères.

Ces stimulations avaient aussi un impact sur la physiologie, et entre autres la tension artérielle, le rythme cardiaque, la sudation

---

1. Laboratoire de recherche en psycho-physiologie et études de comportements animales.

de la peau, la dilatation des pupilles se modifiaient de façon synchrone avec la localisation et l'intensité du courant reçu. Ce genre d'enseignement mit rapidement à distance mes réflexions anthropomorphiques naïves.

L'alliance du plaisir et de la tristesse

Chez les mammifères dits supérieurs, dans un environnement porteur et sécurisant, les faisceaux de récompense et de punition sont stimulés alternativement par les émotions de plaisir et de tristesse et réciproquement. Que le manque réapparaisse, et le plaisir se dissipe. L'émotion de tristesse, dont un des rôles fondamentaux est d'être très présente face à la perte, prendra alors le relais pour inciter l'animal, par la stimulation de son faisceau de la punition, à changer de registre. Grâce aux nouveaux jeux chimiques liés et déclenchés par la tristesse, il sortira de son immobilité de bien-être et, après un moment de transition et d'arrêt, il s'activera en vue d'obtenir de nouveau ce qui lui manque. L'énergie n'aura pas besoin d'être violente, il suffit juste d'en rassembler la quantité nécessaire pour repartir à l'action, et l'orienter convenablement sous l'impulsion de la nouvelle émotion de plaisir reprogrammée par la vue, l'odeur, le son, le toucher, toutes ces informations transmises par les sens au cerveau, et qui auront stimulé le centre de la récompense.

Ni la colère ni la peur ne seront déclenchées si l'environnement n'est pas dangereux. Aucune raison de lutter, aucune raison d'avoir peur. Lorsque la sensation de plaisir s'étiole, toujours par mécanisme adaptatif, l'apparition de la tristesse permet de répondre au manque avant qu'il ne se transforme en carence. Si la tristesse n'était pas là pour relancer lentement la mécanique, l'organisme resterait anesthésié par les traces de bien-être. La tristesse sert de passerelle entre le repos et l'action. Grâce à elle, le plaisir et la joie n'auront fait prendre à l'animal, et aussi à cet animal particulier qu'est l'homme, aucun risque en l'incitant à se reposer ou à agir trop longtemps, car elle veille. Le manque et ses dangers font partie de son histoire. Elle a été créée pour cela et est en quelque sorte la gardienne du temple. Physiologiquement, la joie et la tristesse sont inséparables pour honorer l'équilibre de la vie. Dans un univers serein, chacune offre à l'autre l'espace d'intervenir. Leur complicité danse ensemble la symphonie de la vie et de ses contrastes.

Ce n'est pas un hasard si le crépuscule induit chez l'être humain qui ressent à ses émotions une certaine tristesse, au moment où le soleil se couche, même quand les lumières de la ville brillent pour pallier-son absence. Il faut lui obéir pour interrompre l'action, et aller se reposer et dormir jusqu'au lendemain pour que l'organisme se régénère et tienne sur la durée. Et si la tombée de la nuit ne réveillait pas la tristesse au milieu du plaisir, déclenchant un sentiment de fatigue et de lassitude, l'organisme risquerait de se retrouver en surchauffe. Le plaisir pourra réapparaître pendant le sommeil, dans le bien-être physiologique ou lors de certains rêves, mais la tristesse sera apparue avant pour le déclencher. Elle est l'initiatrice et la promesse de la joie prochaine. « L'ombre est la lumière de Dieu » nous rappelle le père Seyrac, « le bonheur est du malheur qui se repose » nous chante Léo Ferré. Le Yin et le Yang sont inséparables.

Dans les cas de figure où l'environnement se détériore brusquement, le plaisir et la tristesse sont immédiatement évacués, laissant la place à la colère ou à la peur, stimulées par le faisceau de punition. Et plus tard, selon les résultats, ce seront les émotions de plaisir ou de joie, ou celles de la tristesse qui réapparaîtront en premier, puis elles reprendront leur complicité dans leur jeu d'alternance jusqu'au prochain danger.

La religion du toujours plus

Un animal mange à sa faim, sans plus. Certains animaux domestiques stimulés artificiellement par leurs maîtres ont le triste privilège de perdre leurs automatismes de régulation et, pareils à la race humaine, ils se mettent à consommer au-delà de leur appétit. Chats et chiens deviennent obèses[1]. Comme eux, nous perturbons nos systèmes régulateurs internes lorsque nous honorons des ersatz en lieu et place de nos vrais besoins. Si apaiser sa faim est une nécessité biologique, manger par gourmandise sans attendre le manque est une grave erreur physiologique qui met notre corps en dan-

---

1. Il existe même des cliniques animales comme celle de Liverpool où scanners et thérapies corporelles, bains en piscine, gymnastique… aident ces pauvres animaux à perdre du poids. Décadence oblige…

ger. Aucun animal sauvage ne tombe dans le piège de « la grande bouffe ».

La gourmandise, lorsqu'elle déclenche la prise de nourriture avant la faim, est une réponse décalée, une recherche de plaisir détournée de sa raison d'être première, souvent liée à une frustration. Lors de son apparition, ce comportement compensatoire peut avoir du sens. Grâce au plaisir procuré par le fait de manger, le faisceau de la punition qui était stimulé par la frustration peut céder la place au faisceau de la récompense. Mais rapidement, ce plaisir devient dangereux pour notre santé physique, car il parasite et contredit les besoins basiques de survie. Nous nous retrouvons avec des aliments que notre corps ne peut pas transformer, car, s'il a besoin de nourriture, ce n'est ni n'importe laquelle, ni en trop grande quantité, ni à n'importe quel moment. Le cercle vicieux alors se met facilement en place. Tant que la frustration n'est pas résolue, elle prend de plus en plus de pouvoir. Ici l'émotion ne risque pas d'être de la joie, elle n'est qu'excitations de plaisir, et il lui en faut de plus en plus pour réussir à se déclencher. C'est ainsi que nos addictions diverses se mettent en place. Les dépendances à l'alcool, au tabac, au sexe, aux drogues, aux somnifères, aux antidépresseurs, reposent sur cette dialectique entre le circuit de la récompense et celui de la punition.

Certaines dépendances sont socialement prisées, comme les surinvestissements professionnels de tout ordre. Leurs propriétaires stimulent frénétiquement leur faisceau de récompense, par de l'argent, de la reconnaissance, des honneurs, des possessions, du pouvoir, sans se rendre compte néanmoins qu'ils entament au passage leur capital santé car la nature n'absorbe pas indéfiniment les excès. Si l'on implante dans le cerveau d'une souris une électrode située dans le faisceau de la récompense, comme précédemment pour les babouins, mais qu'en plus, dans cette expérimentation, elle a à sa disposition une manette reliée à l'électrode qui lui stimule son centre de plaisir, la souris appuiera d'abord dessus par hasard, puis de plus en plus et de plus en plus vite jusqu'à en mourir. Elle aura stimulé de façon ininterrompue son faisceau de plaisir, rentrant dans une addiction meurtrière.

Nous fonctionnons exactement comme notre pauvre souris de laboratoire, nos faisceaux de plaisir connectés artificiellement s'affolent et font des ravages. Si trop de nourriture se présente à nous, joliment présentée, avec un goût qui nous plaît, nous n'aurons aucune barrière naturelle pour manger une quantité juste, adaptée à ce dont nous avons biologiquement besoin. Alors avec le jeu des frustrations en plus, imaginez le danger ! Rappelons que notre dépendance structurelle au sucre n'arrange rien. Avec sa perpétuelle relance à la consommation et aux réussites diverses, l'Occident stimule sans cesse le faisceau de plaisir de ses concitoyens. Et les frustrations les envahissent, car les compulsions de répétition n'ont jamais fait gagner ni apaisé leurs propriétaires, et il en faut de plus en plus pour un même résultat. Tant que le plaisir est notre obsession, tout est en place pour voguer durablement vers l'obésité physique et mentale. Nos corps et nos coeurs hurlent à l'orée du bois, mais notre société ne veut pas écouter leur message. On les répare artificiellement en niant leurs vrais besoins, car ils n'en peuvent plus de ces sollicitations devenues incontournables sous la tyrannie de nos centres de récompense sursaturés. L'environnement et ses manettes sont plus forts que nous si nous n'y prenons garde.

Ce qui peut être bon au niveau d'une nation peut attenter gravement à la vie de l'individu. Dans un environnement écrasé d'offres diverses, nos faisceaux de récompense et de punition ne peuvent plus s'exprimer en alternance. Ils ne sont plus adaptés au monde que nous avons créé, les millions d'années de sélection naturelle n'avaient pas prévu cela.

Les jeux du plaisir et de la joie

Chez l'homme, la faculté de penser crée des besoins nouveaux. Maslow[1] nous a donné une grille de lecture intéressante dans une dynamique hiérarchisée où, lorsqu'un besoin est satisfait ou ressenti comme tel, l'Homme désire changer de registre sinon il devient rapidement frustré. En même temps, naturellement, aucun niveau ne restera honoré si le précédent revient à disparaître, c'est la raison pour laquelle il a parlé de « pyramide ».

---

1. La pyramide de Maslow : cinq besoins seraient inscrits chez l'homme, chacun n'étant possible que si les précédents sont comblés. Cela va des besoins physiologiques immédiats, aux besoins de sécurité, puis à ceux d'appartenance, à ceux d'estime de soi, et enfin à l'accomplissement et à la réalisation ultime de sa vie.

Dans cette grille évolutive, les deux premiers niveaux parmi les cinq répertoriés répondent aux nécessités de survie immédiate. Les trois autres sont liés à l'émergence de la conscience, surtout les deux derniers. Selon l'échelon atteint, l'émotion de joie se traduira dans l'ordre par de l'excitation, du plaisir, de la sérénité, de la plénitude et pour finir de la joie pure ressemblant à la félicité.

Alors qu'à la base l'émotion est la même, ses expressions varient à chaque niveau, ouvrant en dernière étape le cœur de l'homme à une dimension plus vaste de lui-même qui mettra enfin son ego à sa juste place. C'est essentiellement de conscience, d'amour universel et de solidarité dont il s'agira alors, nous y avons fait déjà allusion. Les approches spirituelles et les religions, lorsqu'elles ne sont pas dévoyées, en parlent toutes. Ce besoin d'amour résonne au plus profond de nous, mais nous lui donnons rarement l'occasion de s'exprimer. La hiérarchie des besoins de la pyramide de Maslow nous indique clairement que, tant que nos pulsions de survie prennent tout le pouvoir, il n'y a pas de place pour atteindre les niveaux supérieurs. Semblables à la souris précédente, nous sommes piégés par nos addictions quotidiennes. Le sexe, le pouvoir et l'argent, cette trilogie après laquelle l'être humain court tant, l'incite, comme avec les antidépresseurs, à prendre des doses de plus en plus fortes. Le soi-disant progrès nous égare dans une surenchère de stimulations éphémères, et nous perdons toute notion de liberté.

Le plaisir comme unique registre est un facteur grave de déséquilibre. La joie n'est pas exclue de plaisir, et il lui arrivera de le déclencher, mais elle ne se réduit pas à lui. Lorsqu'elle se transforme en plénitude, elle ne risque pas de mettre notre vie en péril, bien au contraire. Elle envahit notre organisme et lui procure une sensation de paix qui flirte avec l'infini. Née de l'amour et de la beauté, profonde et intemporelle, elle est d'un tout autre registre que celui des réalisations répétitives puis compulsives de nos désirs. Elle s'autoalimente alors que le plaisir n'offre que des excitations éphémères. Contrairement aux pulsions de plaisir elle n'a pas besoin d'être régulièrement déconnectée par le faisceau de la punition car elle ne nous met pas en surchauffe comme le font toutes les autres sources de plaisir. Bien au contraire, sa présence continue garantit un superbe équilibre. Quelque chose se passe à un niveau subtil qui nous envahit paisiblement comme une grande vague de fond, et en même temps nous protège. Les mécanismes cérébraux de cette régulation sont encore mal connus, peut être ne sont-ils pas encore inscrits chez l'homme. Ils feraient encore partie de ces comportements d'essais erreurs non encore sélectionnés par l'évolution parce que encore trop jeunes et trop rares.

Amour et solidarité

Dans le regard anthropomorphique, nous confondons souvent les notions de protection et de solidarité avec ce qui serait de l'ordre de l'amour. Nous nous attendrissons devant la femelle qui couve ou allaite ses petits, devant la portée de petits canards qui tous ensemble ne se quittent pas et suivent bien sagement leur « maman », devant les mammifères qui se collent l'un contre l'autre et se lèchent longuement, devant les couples de choucas ou de tourterelles, et la liste est sans fin. Mais ce qui ressemble à de l'amour n'est chez l'animal qu'une séquence comportementale vitale face aux dangers de l'environnement, une solidarité adaptative inscrite. La peur et l'obtention des besoins de survie a présidé à leur émergence. Lorsque les singes s'épouillent à l'intérieur d'une tribu, ce n'est pas par amour là non plus mais pour créer du lien social indispensable à la survie du groupe, et stimuler au passage leur centre du plaisir, ce qui déclenche des émissions de produits chimiques garants d'une bonne santé.

Chez l'homme, la vie dans les grandes villes montre combien même ces séquences ne fonctionnent plus. La richesse tue les comportements élémentaires de solidarité adaptative qui font que l'autre, le pauvre, l'exclu du système social, est vécu comme ne faisant plus partie de l'espèce. Nous arrivons même à court-circuiter les comportements adaptatifs biologiques mis en place depuis des millions d'années.

La France, parmi tant d'autres, est représentative de cette horreur relationnelle. Nos banlieues regorgent de misères, d'êtres humains laissés pour compte, honteusement stigmatisés. Nous tenons le triste record mondial du taux de suicide chez les personnes âgées[1]. L'entreprise, outre ses licenciements intempestifs,

---

1. Marie de Hennezel, La chaleur du cœur empêche le corps de rouiller, Ed. Laffont.

voit apparaître des suicides sur les lieux professionnels, car elle aussi stimule trop fréquemment le centre de déplaisir. Et la prescription d'antidépresseurs permet d'étouffer la difficulté de l'autre sans la considérer, en faisant semblant, juste semblant, de s'y arrêter. Quant à notre assistanat national, il met à distance les problèmes de « ces autres » sans les résoudre, en faisant l'aumône de l'extérieur sans qu'aucun décideur ne se sente vraiment concerné en tant qu'être. Nous sommes tellement loin de la solidarité élémentaire, que nos politiques ont dû créer un haut-commissariat aux solidarités pour tenter de donner de la consistance à ces mots creux que sont l'égalité et la fraternité. Il faut une structure officielle, un « commissariat », pour tendre la main à l'autre puisque la solidarité n'est pas inscrite dans nos gènes culturels français. J'ai passé il y a deux ans une heure en tête à tête à discuter avec Martin Hirsch avant sa nomination de haut-commissaire au gouvernement, lorsque j'avais voulu l'associer au projet que j'ai initié entre le Crédit Agricole et le Professeur Muhammad Yunus[1]. Ce qu'il permet déjà de faire bouger est certes un pas en avant, mais nous sommes pour l'instant bien loin des résultats qu'il m'avait dit rêver d'atteindre pour limiter le nombre des demandeurs d'emplois de ce pays.

Grisés par les améliorations générales de nos niveaux de vie, nous avons fait de l'exclusion un réflexe quotidien. Notre mental hypertrophié nous a éloignés de cette capacité innée qu'ont les animaux à vivre en harmonie entre eux et à être solidaires génétiquement. Dépêchons-nous d'utiliser nos peurs virtuelles pour imaginer le pire s'il n'est pas trop tard ! Ayons peur un bon coup, de l'avenir, des conséquences de nos actes, de l'autre, tous ces autres dont nous nions les souffrances y compris celles basiques de ne pas manger à leur faim et de manquer d'eau. Si la solidarité réflexe n'existe plus, l'amour universel conscient, choisi et investi au quotidien devient un ingrédient indispensable à la survie de l'espèce. Mais visiblement, nous avons du mal à le connecter, et nous en sommes encore au stade de mourir ensevelis sous nos stratégies

_____

1. Création de la « Grameen Credit Agricole Foundation », projet dont j'ai été l'initiatrice et qui s'est signé à Paris le 18 février 2008 entre Muhammad Yunus et les deux dirigeants du Crédit Agricole, Georges Pauget et René Caron. Cinquante millions d'euros ont été donnés par le Crédit Agricole pour participer à éradiquer la grande pauvreté dans le monde.

de pouvoir meurtrières, notre besoin compulsif d'acquisitions, et notre haine des différences. Allons-nous attendre des millions d'années de sélection naturelle pour avoir l'amour et l'altruisme en nous comme séquence comportementale inscrite dans nos gènes ? Notre espèce aura disparu avant, à moins que des cataclysmes ne déclenchent de grandes peurs collectives salutaires que personne ne pourra fuir.

Le bienfait des peurs collectives

À ce titre, le récent tsunami d'Asie du sud fut exemplaire. La peur individuelle, bien orchestrée internationalement par les médias en période de vacances de Noël 2004 a pu jouer son rôle salvateur. La mort injuste et sans prévenir venait encore une fois de frapper, et oh crime impardonnable, en pleines vacances quand les Occidentaux nantis fuyaient leur quotidien et se donnaient le droit de courir moins frénétiquement un instant. Beaucoup d'entre eux se sont retrouvés personnellement concernés par le drame, et les autres n'ont pu échapper aux messages incessants des médias. Le danger se mettait à concerner chacun. Alors pour la première fois dans l'histoire de l'humanité, un grand mouvement collectif émanant de presque tous les pays du monde a vu le jour. Le choc, l'effroi, puis la peur que cela ne recommence ont rempli leur mission de protection et de survie de l'espèce en déclenchant un sursaut de solidarité générale.

L'égoïsme inconscient a sans doute présidé aux différentes initiatives en faveur des disparus et des blessés, avec en sourdine l'espoir du « si cela m'arrive à moi un jour, les autres feront la même chose ». Toutefois, face à ce drame frappant des vacanciers de nationalités variées, dans un contexte porteur excluant les querelles de territoire et les appartenances idéologiques, il se peut qu'il y ait eu quelque chose d'autre qui ait aussi été investi. La grande vague du tsunami aurait-elle déclenché enfin une grande vague de solidarité universelle de l'ordre de l'amour ? Toute souffrance, tout drame peuvent être lus comme la main tendue vers le meilleur de nous-mêmes. Et c'est ce qui semble s'être passé ici. Faut-il attendre d'autres tsunamis pour connecter l'amour universel, ou continuerons à mettre au quotidien notre espèce en danger ? « Le

XXIe siècle sera spirituel ou ne sera pas » répondait déjà à ce genre d'interrogation Malraux.

La quête du sens

La présence d'un sentiment de paix permet de départager ce qui est de l'ordre de la joie ou de l'ordre du plaisir. Jamais une consommation exacerbée ou des possessions matérielles ne viendront remplacer le besoin d'amour et déclencher l'harmonie intérieure. Aujourd'hui, sans les addictions de consommations, nos sociétés occidentales s'écrouleraient. Aussi, la crise actuelle n'est pas une crise économique comme on nous le fait croire, mais une crise profonde d'identité. Notre civilisation est assujettie à la mondialisation marchande. Les entreprises internationales sont tellement grosses que personne ne sait comment échapper à leur influence sans mettre en danger l'ensemble du système. Et les États, sous l'emprise de la peur, débloquent des sommes d'argent colossales pour que ces dinosaures industriels et financiers puissent perdurer.

Beaucoup de nos dirigeants et managers rêvent de personnes dévouées, motivées, mobilisées, mais comment l'être au service d'un monde sec, déshumanisé, désaxé, quand le client n'est qu'un potentiel d'achat rangé dans des statistiques, que le geste gratuit ne voit le jour que si l'on est sûr d'un retour sur investissement, et que le salarié n'a d'identité que celle de ses performances ? Notre monde moderne est amnésique, il a oublié l'amour et la solidarité. Tant de gens salariés ou en professions libérales ne sont que le reflet d'une course de fond sans finalité autre que celle de courir et d'amasser. Comment en vouloir à tous ces prisonniers qui finissent par s'identifier aux barreaux de leur prison. Je « coache » assez de décideurs pour savoir combien il faut de détermination et d'engagement pour ramer à contre-courant, et réussir à réinsuffler du sens là où l'argent règne en maître absolu.

Le sentiment d'absurdité ambiante et l'impression d'être piégé frôlent de plus en plus de personnes. Que fait un animal pris dans un piège ? Il se débat et si le piège ne cède pas, il finit par mourir. Que fait un homme « bien élevé » et « socialement correct » dans la même situation ? Sa façon de réagir est de fuir dans sa tête et d'avoir des insomnies, d'agresser ses proches, ses collaborateurs ou lui-même, de tomber malade, de « se payer » une dépression nerveuse, de faire un épisode psychotique.... Alors il y a mieux à faire. Sans cesse nous sommes tendus vers ce que nous voulons acquérir, obtenir ou atteindre, et notre temps se réduit à un tremplin pour le futur[1]. Sortons de cette prison, nous en sommes parfaitement capables. Nous pouvons déclencher des émotions positives ou négatives par la seule force de nos pensées. Alors surprenons-nous à rencontrer la joie plusieurs fois par jour, et elle nous entraînera au bon endroit. Pour cela, il s'agit de garder en soi la capacité d'émerveillement de l'enfant, et d'être curieux, éveillé, c'est-à-dire conscient de ce qui est, là, à l'instant présent.

Tant de choses simples peuvent nous nourrir à chaque seconde, et nous faire basculer sur l'autre rive... Le reflet du soleil dans une vitre, le champ d'un oiseau, un arbre qui se reflète sur le capot d'une voiture en plein embouteillage, une odeur, la voix chantante d'un interlocuteur, la douceur de la peau de l'être aimé, la caresse de la vague et de l'eau du ciel, la splendeur d'un éclair d'orage, les vibrations d'une note de musique, le bruissement du vent... la beauté de la création est partout. Cette capacité d'aimer presque chaque seconde par l'un de nos sens et par le cœur, nous l'avons tous. Il suffit de s'en souvenir, puis de se laisser aller. Et là, dans cette paix intérieure reconnectée le temps d'un instant, nous sommes au bon endroit pour faire revisiter notre quotidien et y programmer plus de sens. Le jour, l'instant plutôt où j'ai choisi de mettre de l'énergie, beaucoup d'énergie, pour m'engager dans la grande pauvreté et me rapprocher du prix Nobel de la paix Muhammad Yunus, j'étais assise dans la nature, entre ciel et mer, dans un lâcher prise complet. Je me souviens encore, j'étais en extase devant le soleil couchant, et je ne pensais à rien, ou du moins je le croyais. Nous recevons souvent des réponses à nos questions lorsque ce cortex se détend et que l'émotion de joie prend alors tout l'espace.

---

1. Eckhart Tolle, *Le pouvoir de l'instant présent*.

III

SORTIES
DE SECOURS
ET CLÉS D'ACTION

Grand angle sur nos capacités
de calmer le jeu et vivre mieux

En méditant sur les grilles de nos prisons intérieures, nous réalisons qu'elles ne sont fermées que par notre ignorance, nos croyances, et nos façons d'agir et de subir. Alors, dans la dernière partie de ce livre, nous allons faire plein phare sur certains de nos comportements erronés, avant de proposer des antidotes pour les dépasser et cesser d'en être prisonniers. Entre autres, nous nous pencherons encore sur l'univers de la santé, car il nous concerne tous. C'est en acceptant de regarder les symptômes qu'on les transcende.

6

METTRE À JOUR LES AUTOMATISMES « SAUVETEUR-VICTIME-PERSÉCUTEUR »

Lorsque la difficulté ou l'épreuve arrivent, rien de pire que de choisir une posture de victime. C'est « parfait » pour laisser les émotions dysfonctionner en continu, soit parce qu'elles restent bloquées dans le cerveau, soit parce qu'elles n'arrêtent pas d'être émises en une danse ininterrompue. Dans cette réaction de victimisation, notre cerveau gauche prend le relais et cherche une parade, une explication, pour tenter de prendre le pouvoir sur ce qui nous échappe émotionnellement et nous rend déjà las et aigri. Il se posera en victime, et rationalisera de cette façon le mal-être qui s'exprime en nous. « Ce qui arrive n'est pas juste, pourquoi moi et pas elle, ou lui, la vie est trop dure, je n'y arriverai jamais, ou plus jamais, je n'en peux plus, et eux pendant ce temps là… c'est insupportable ! ». Cette posture est dangereuse car elle confine dans une démission de soi qui, de symbolique, devient réelle. Les causes de la souffrance et des difficultés vécues viennent toujours d'ailleurs. Si la responsabilité individuelle n'est pas sollicitée, la posture de victime ne permet pas à son auteur de résoudre ce qui est à résoudre puisque par définition il n'y est pour rien.

Nous le savons, notre cerveau est programmé pour agir, et la passivité suscitée par ce sentiment de victime déclenche l'inhibition d'action qui non seulement alimente les défaillances physiologiques de notre corps, mais en plus nous incite à nous dévaloriser, consciemment ou inconsciemment. Inévitablement cela va de plus en plus mal, et l'impuissance devient un état de fait. L'aigreur et la frustration finissent par devenir des compagnons de route. Le monde perd de son enchantement, même quand il y aurait des occasions de se réjouir, car la vue se brouille à force d'amertume.

Certains, touchés et contaminées par le comportement de victime d'un proche risqueront à leur tour de tomber dans ce même scénario par fusion. Et en pleine confusion, la complicité des attitudes communes offrira la chaleur affective suffisante pour s'enliser ensemble dans le mal-être et l'impuissance.

« VICTIME-SAUVETEUR-PERSECUTEUR »

À la longue, cette attitude de victime entraîne une dynamique très particulière qui déclenche des réactions en chaîne où deux nouvelles postures apparaissent. Steve Karpman nous a brillamment éclairé sur ce jeu névrotique des trois postures entrelacées, ce fameux «Triangle Infernal », Sauveteur, Victime, Persécuteur, où chacune contamine les autres.

Le persécuteur, énervé par l'insatisfaction permanente de la victime et par l'inefficacité induite de sa façon d'être, n'aura de cesse que de bousculer son interlocuteur pour le faire réagir d'une façon ou d'une autre.

Et le sauveteur, voulant assister celui qui ne s'en sort pas par lui-même, se substituera souvent à lui avec la culpabilité aux commandes.

Chacun peut rester ainsi campé longtemps sur sa position. La victime s'aigrit de jour en jour car rien ne sera jamais juste, le sauveteur n'en peut plus de s'occuper des autres et d'avoir le sentiment de donner à des puits sans fond. Et le persécuteur se retrouvera à tempêter sans cesse. Mais plus généralement les rôles sont contagieux, et un jeu de chaises tournantes s'instaure créant une ambiance de plus en plus malsaine.

Victimes ou sauveteurs, au nom de leurs frustrations spécifiques, pourront basculer chacun dans une posture de persécuteur. La victime investira le fameux transfert de bouc émissaire, et choisira pour la circonstance des gens bien précis dans son entourage, chargés de tous ses maux présents et à venir. Et ces autres, s'ils n'y prennent garde, basculeront dans la posture de persécuteur pour se défendre, ou celle de victime par tristesse ou culpabilité. Difficile d'assumer d'aller bien lorsque l'autre va mal.

Il se pourra que le persécuteur épuisé devienne victime pour qu'un sauveteur s'occupe de lui, le sauveteur surmené voudra faire de même et s'intitulera plus victime que tous les autres... et cela sans fin, et l'on assiste alors à une névrose collective comportementale qui en laissera plus d'un sur le bord de la route, dans les cas extrêmes épuisés, frustrés ou désespérés.

Chaque posture est perverse et cherche des bénéfices secondaires qui, malsains, se retourneront contre leur propriétaire. Le sauveteur aura le sentiment de faire le bien et sera fier de lui, sauf que si l'autre commence tout de même à s'en sortir et à se passer de ses services, il ne trouvera plus de raison de vivre ne sachant plus à quoi occuper son temps. Il deviendra victime à son tour par besoin de reconnaissance, ou persécuteur en refusant de lâcher cet autre qui n'a plus besoin de lui. Le persécuteur aura un sentiment de puissance en agissant sur l'autre, sauf que si ça ne marche pas ou que cela marche trop bien, il sera furieux ou s'ennuiera. Il pourra devenir victime par échec ou par ennui, ou jouer au sauveteur s'il est allé trop loin, et alterner ainsi brutalité et gentillesse pour récupérer sa proie. Et la victime quant à elle se sentira aimée du sauveteur ou reconnu par le persécuteur, sauf qu'elle aura un tel sentiment d'impuissance devant la vie puisque rien, jamais, ne se suffit à soi-même, qu'elle ne pourra jamais être heureuse. Et à la longue elle finira par se persécuter elle-même en tombant malade, en s'offrant une grave dépression ou en se suicidant.

Dans tous les cas de figure, tout le monde perd à terme, car ce jeu de chaises musicales de dominant/dominé déclenche des guerres, des conflits, des démissions, des frustrations, des souffrances, et la coopération n'est jamais au rendez-vous sauf pour pleurer ensemble, ou entrer dans des jeux malsains de dépendances réciproques.

Dans tous les domaines de notre vie, ce triangle infernal risque de nous envahir, certains avancent que 75 % de notre temps éveillé pourrait en être impacté.

Choisissons de caricaturer l'entreprise et son jeu d'acteurs à titre d'exemple. Le syndicaliste pur et dur adoptera une posture de « persécuteur » envers le patronat qui exploite ses salariés, au nom d'un actionnariat carnivore éternellement insatisfait, il se posera en « sauveteur » de tous ceux qui viendront lui exposer un problème, « victimes » d'une organisation, d'un manager, d'une décision stratégique

qui les malmènent, ou d'un licenciement. Et il se vivra régulièrement en victime car le système est puissant, les managers en place
efficaces, et l'horizon n'est pas gai à force de regarder ce qui ne va
pas et de « toujours » combattre. Son syndicat lui apportera soutien
et chaleur humaine, c'est le propre des groupes d'appartenance, et le
triangle pourra ainsi continuer longtemps de tourner.

Le manager en place lui aussi sera sollicité dans ce jeu d'alternance, victime de ses soixante heures hebdomadaires de travail qui
ne lui laissent pas beaucoup de temps pour jouir de sa famille, victime d'une exigence de résultats permanente et du désir intérieur
d'être le premier de la classe, victime de la difficulté de manager
des êtres humains car c'est un travail de tous les instants, particulièrement quand le sens est absent, victime de lui-même à force
d'honorer un système absurde. Puis il devient persécuteur quand il
n'en peut plus et s'énerve sur un collaborateur, utilisant son pouvoir de dominant pour l'insécuriser, lui faire peur et obtenir en
force ce qu'il veut, persécuteur aussi quand il rentre chez lui fatigué
et demande brutalement aux enfants de se taire, il ou elle bien sûr.
Et il deviendra sauveteur quand le concurrent pointe son nez et
qu'il alignera des heures et des heures de travail personnel durant
ses week-ends pour n'avoir à licencier personne. Et persécuteur
également de lui et de l'autre quand, épuisé, il refuse brutalement
d'aller au théâtre voir la pièce sublime dont les places avaient été
louées depuis si longtemps, et qu'il coupe toute communication en
regardant la télévision pour se détendre dès qu'il a une minute à lui.
Lectures faciles et exagérées, quoique…

En hôpital, les postures du triangle de Karpman sont quotidiennes. En prendre conscience est essentiel, car il y va de notre
survie physique et psychique à tous.

L'HÔPITAL, LIEU PRIVILEGIÉ DU TRIANGLE DE KARPMAN

Faisons donc un petit voyage en hôpital public français, dans ce
lieu à la posture officielle de sauveteur, ce lieu destiné à donner
des soins à toute personne en difficulté, malade ou fragilisée par
des symptômes précis, ou imprécis d'ailleurs. Il suffit d'y passer
plusieurs jours, voire quelques heures, en tant que « patient » ou

« accompagnateur », pour presque à chaque fois se retrouver plongé dans un univers de Karpman kafkaïen.

Allons dans un service où le « malade » est hospitalisé. Tout le monde souffre ici. La rentabilité une fois de plus n'a épargné personne. Infirmières et aides médicales sont en sous-effectif. Elles n'arrêtent pas de courir dans les couloirs, allant de patients en patients avec une seule obsession, quitter déjà celui avec qui elles sont pour pouvoir s'occuper du suivant, surmenées en permanence, prêtes à « rompre » intérieurement lorsque l'inattendu arrive, et il ne peut qu'arriver, car chaque personne hospitalisée est différente et donc particulière dans ses besoins et ses demandes. À l'origine pourtant, la posture de sauveteur était souvent leur motivation en choisissant ce métier. Dans cet univers, structurellement malade au nom de la « sainte » logique financière, d'adorables sauveteuses victimes de leur environnement se mettent à investir brutalement des postures de persécuteurs, souvent sans s'en rendre compte.

Les émotions s'entre choquent en sourdine, dans un non-dit culturel propre à l'hôpital. Ici plus qu'ailleurs leur expression n'est pas autorisée. Et tout le monde s'y met, le triangle infernal entre dans ses heures de gloire. La jolie infirmière ne réserve plus ses sourires qu'au professeur et à ceux qui l'impressionnent, le reste du temps ses mâchoires sont crispées, elle brusque des malades ou des aides médicales, car comment assurer dans de telles conditions ? L'interne, le lundi plus encore que les autres jours, devient fébrile et inatteignable, car il est débordé et n'en peut plus des problèmes non résolus du week-end. Son collègue a passé son temps aux urgences au lieu de s'occuper du service, et il ne peut même pas lui en vouloir, ça lui arrive à lui aussi chaque fois qu'il est de garde. Le Professeur patron du service, tout à la fois victime et persécuteur lui aussi, pique une colère de frustration devant les inévitables erreurs récurrentes. Il sait qu'il n'a en fait aucune maîtrise sur elles. Comment manager une équipe surchargée de travail quand lui-même, en tant qu'expert et gestionnaire, court d'étages en étages à longueur de journée, et que les budgets alloués sont dramatiquement insuffisants pour réussir à être véritablement opérationnel. Mais lui seul peut s'autoriser l'expression de son émotion, il a au moins ce pouvoir-là. Comme l'infirmière, l'aide médicale pourtant d'habitude si gentille craque à son tour, se transforme en victime, et regarde d'un mauvais œil le malade du fond du couloir, ou les familles arriver. Ces dernières dérangent pendant les soins, et risqueraient de remarquer ce qu'il vaudrait mieux qu'elles ne voient pas. Alors un candidat sera choisi, auteur de tous les maux pour pouvoir faire circuler une colère de persécuteur qui initialement ne lui était pas destinée, mais peut enfin circuler grâce à lui. Ce sera le malade du 327, ou la sœur du 729, ou le jeune interne qui vient d'arriver, mais avec lui ce sera plus dangereux car comme il faudra le côtoyer plus longtemps et qu'il a un peu de pouvoir, mieux vaut choisir une victime plus facile. Le pire sera ce patient du troisième étage, choisissons au hasard un service de cancérologie, qui pose sans cesse des problèmes à tout le service en ne supportant pas les protocoles chimio-thérapeutiques qu'on a choisi de lui administrer. Encore heureux que personne, ni lui ni ses proches, n'a le culot d'émettre des doutes sur la pertinence des choix et de la périodicité des injections qui lui sont faites !

Le médecin responsable du service cooptera ces choix de bouc émissaire, trop heureux de pouvoir ainsi drainer les tensions. Le drame est que ce principe est un régulateur social efficace et que, par pulsion collective de survie, tout le service se mettra à regarder de travers la personne choisie, qui finira soit par devenir réellement ou symboliquement une victime si elle ne l'est pas déjà, soit se mettra à persécuter son entourage. Rares malheureusement sont ceux qui auront le courage et la force de prendre partie pour elle, tâche délicate certes car, lorsqu'un groupe humain se choisit un bouc émissaire, il n'est pas près de lâcher facilement l'élu, d'autant plus que ce processus est généralement inconscient.

Les familles voient, si elles ont le courage d'ouvrir les yeux ou l'impossibilité de les fermer, l'étendue des dégâts, particulièrement les jours de fête ou les dimanches, où la pénurie de personnel tourne au scandale. L'épouse ou le mari de la personne hospitalisée pleurera en sortant de la chambre, en victime dépassée par les événements, ou au contraire fera des compliments appuyés de sauveteur aux infirmières en les remerciant de tant de dévouement, quand d'autres feront remarquer avec la colère du persécuteur que cela fait trois fois que le médicament qui devait être supprimé est toujours proposé au cours des repas. Le « patient » au scénario de sauveteur ne dit rien et cache les dysfonctionnements de la structure dans laquelle il se trouve pour protéger tout le monde, le persécuteur se plaint et s'énerve à tout moment, et la victime n'en peut plus, offrant une tristesse difficile à supporter pour ceux qui sont là.

Nul n'échappe à la pathologie ambiante, le malaise est à tous les étages, rares sont ceux qui ne sont pas malmenés par les conditions de vie de l'hôpital. J'ai personnellement plusieurs amis médecins et Professeurs m'ayant avoué qu'ils n'en pouvaient plus de travailler dans ces conditions. Comme ils n'en voient pas la sortie, plusieurs d'entre eux ont démissionné. Tout se dégrade tellement que la haute autorité de santé (HAS) vient, début 2010, d'introduire la « bien-traitance » comme critère de certification des hôpitaux et des cliniques. La maltraitance serait donc tacite et reconnue ?

LES DANGERS DE LA SOUMISSION

Pour que le service puisse tourner ici particulièrement, il y a intérêt à avoir des êtres humains transformés en « Patients » en face de soi qui fassent le moins de bruit possible, qui attendent sagement sans appuyer sur la sonnette pour rappeler que l'heure des soins est passée depuis longtemps, que personne n'est venu ce matin aider à se laver ou à marcher, que le nouveau médicament que l'on devait prendre depuis deux jours n'a toujours pas été donné, que le goutte-à-goutte est bouché, et que le Professeur qui avait promis de passer n'est pas venu. Et puis la personne malade ne doit pas être trop centrée sur ce qui lui arrive en donnant et réclamant des informations précises la concernant, car si tout le monde faisait comme elle, comment gérer… les infirmières surmenées diront qu'elles parleront au médecin, sauf que celui-ci, également débordé, n'arrive pas à équilibrer son temps correctement et pour cause, et ne réussit pas à passer voir les malades autant qu'il le voudrait. Ou alors il passe en coup de vent, désireux d'en finir au plus vite, ne serait-ce que pour réussir à assister entièrement à la prochaine réunion de service, ou pour entrevoir le Professeur avant que celui-ci ne parte à un prochain congrès aux États-Unis ou ailleurs.

Et en bonnes victimes persécutrices, infirmières et aides-soignantes, soit restent vagues sur l'emploi du temps du médecin quand le patient finit quand même par réitérer sa demande, soit mentent par réflexe en disant qu'il va venir alors qu'elles le savent déjà parti, ou qu'elles n'ont aucune idée de là où il est…. Puis elles feront semblant d'ignorer qu'il n'est pas passé ou l'oublierons réellement. De nouveau les jeux de dominant/dominé sont pléthore, les uns sont écrasés et n'osent plus prendre leur place légitime, d'autres imposent et font arbitrairement la loi, d'autres fuient leurs responsabilités ou fuient carrément. Il n'y a pas de relation de partenariat dans ce fonctionnement collectif, personne ne parle d'égal à égal. Il n'y a que des relations de force et de dépendances, de soumissions et de démissions collectives.

Certains médecins et Professeurs hospitaliers en profitent ici pour s'enfermer dans la toute-puissance scientifique et ne pas communiquer. Le manque de temps parfois est bien pratique pour ne pas parler quand on n'en a pas envie, pas le courage, pas la force, pour ne pas avoir à nommer les erreurs plus ou moins dramatiques qui viennent de se produire, erreurs factuelles ou erreurs de raisonnements, pour ne pas voir sa pratique remise en cause ou les défaillances de son organisation dévoilées au grand jour, ou tout simplement pour ne pas avoir à se confronter à la mort imminente d'une personne hospitalisée pour qui l'on s'était pris de sympathie. Et c'est ainsi que l'information ne circulera que selon le bon vouloir des dominants en place.

En fait, l'hôpital est la pire des entreprises car, comme toute entreprise, il a l'obsession d'équilibrer ses budgets, et s'il y a un lieu où c'est difficile c'est bien celui-là. L'argent est antinomique d'une mission de santé. Il ne faudrait quand même pas qu'ici aussi des êtres se suicident comme à France Télécom, ou d'autres lieux professionnels, pour attirer l'attention sur leur impossibilité de vivre dans de telles conditions. Mais il y a suicide et suicide, et la démission de vivre intérieure de certaines personnes hospitalisées qui se laissent mourir, malmenées par un environnement brutal et sans valeurs humaines, qui les laisse dans une grande solitude relationnelle, est malheureusement trop souvent une forme de suicide déguisée. Alors oui, l'on se suicide aussi par désespoir à l'hôpital.

Dans un tel environnement, trop de malades hospitalisés n'osent pas exprimer leurs vrais besoins de peur de se mettre le personnel médical à dos, et de risquer d'être moins bien soignés. Cette posture de victime soumise alimentée par la peur, si elle perdure, déclenche malheureusement assez rapidement un processus d'inhibition dangereux pour le système immunitaire de la personne, ce qui est en contradiction directe avec l'objectif de guérir.

Francis était hospitalisé pour un cancer du poumon. Être séducteur et charismatique, il s'entendait bien avec tout le monde. Il ne devait rester que peu de temps à l'hôpital, du moins l'avait-il cru, mais contrairement à ce qu'il espérait son séjour se prolongea. Très vite, il rencontra les dysfonctionnements dont nous venons de parler. Il rentra dans une soumission de circonstance pour, selon sa croyance, se donner le plus de chance possible de plaire à tout le monde. Mais si ses relations étaient toujours agréables avec les infirmières ou les aides médicales, en revanche au fur et à mesure que les jours passaient, elles étaient de plus en plus brèves car, comme le fleuve qui va dans le sens de la pente, ces dernières en profitaient pour répondre aux malades un peu moins conciliants, ou tout simplement normalement exigeants. Le professeur censé s'occuper de lui se fit rare, et ne vint plus qu'accompagné de ses étudiants, profitant ainsi de la gentillesse de son « patient » plus « patient » que jamais, pour économiser de son temps, et ne plus avoir à répondre en direct aux questions de Francis, qui pourtant ne lui nommait aucun des dysfonctionnements quotidiens du service. Il le fragilisait par cette rupture de communication, et générait de l'angoisse à ne pas lui donner le minimum d'informations et de signes de reconnaissances dont il avait besoin.

Le cas de Francis est loin d'être isolé.

La loi Kouchner[1] ne protège pas « le patient » soumis si le style du pouvoir en place n'a pas envie de s'y conformer intégralement. Il suffit de ne pas l'honorer, et il n'y a pas de superviseurs à l'hôpital. Bien sûr le médecin référent pourra facilement voir le dossier, à lui la grande famille médicale ne peut que dire oui, mais en dehors des résumés succincts qui lui sont envoyés quand ils le sont, beaucoup d'entre eux, par solidarité de caste ou simple manque de temps là encore, ne descendent pas dans l'arène en cas de difficultés ou de doutes, et ne savent pas réellement ce qu'il y a dans le dossier. Et le tour est joué, le pouvoir n'est plus que dans les mains de la médecine hospitalière, la vie du patient ne lui appartient plus, il n'aura d'information que celle que « la structure » voudra bien lui donner.

Et c'est ce que vécut Francis. Il n'eut pas la force de transgresser l'interdit tacite du service dans lequel il était « tombé », et demanda à

---

1. La loi de 2002 donnant au « patient » le droit d'avoir accès à son dossier médical s'il le réclame.

sa famille de se faire la plus discrète possible. Sa crainte de représailles était trop présente. Face à un tel contexte et à cette situation malsaine, le fameux triangle sauveteur, victime, persécuteur apparut au sein de sa famille, le virus s'était propagé. Les différentes postures furent investies selon les caractères de chacun, et des jeux psychologiques variés s'entrecroisèrent. Il y eut le camp des victimes consentantes, soulagées de remettre toute forme de responsabilité dans les mains de l'hôpital. Celui des victimes inhibées et écrasées, incapables de réagir face à la personnalité du Professeur en place, homme reconnu dans son milieu professionnel mais assez brutal dans ses propos et ses comportements, et qui impressionnait facilement les timides et les soumis. Il y eut celui des révoltés, qui ne réussissaient pas à avoir assez d'informations et avaient du mal à supporter l'attitude dictatoriale d'un professeur autoritaire, mais qui avaient choisi de ne pas l'affronter pour honorer la demande de Francis. Et celui des sauveteurs qui cherchaient l'information en douce pour ne bousculer personne, mais n'obtenaient pas beaucoup de résultats. Les sauveteurs passèrent leur temps au téléphone avec les uns et les autres pour câliner le camp des victimes et neutraliser celui des révoltés qui dans l'intimité se transformaient en persécuteurs. Comme la dynamique du triangle infernal n'a jamais rien résolu, certains candidats familiaux firent d'excellents boucs émissaires.

Nous aborderons plus loin comment échapper à ces dysfonctionnements relationnels de fond rencontrés ici, qui mettent non seulement notre santé en danger mais aussi nos vies.

7

RESTER LE GARDIEN
DE SA SANTÉ

Et si nous envisagions la santé sous un angle « systémique », faisant des symptômes émergeants des alliés et non des ennemis systématiques à abattre ? Des alliés porteurs d'informations, annonciateurs de désordres intérieurs ou extérieurs certes, mais qui rencontrés à temps et considérés comme des partenaires, nous rendraient service en nous offrant l'opportunité de faire un arrêt image sur nous-mêmes. Vouloir les réduire précipitamment au silence sans chercher à comprendre les raisons de leur présence, les supprimer sans regarder leurs multiples interactions avec notre corps, notre psychisme et notre environnement, n'est-ce pas reprogrammer sans cesse leur apparition ?

Imaginons une voiture lancée à grande vitesse[1]. Un voyant rouge s'allume sur le tableau de bord, indiquant qu'un problème surviendra bientôt si l'on n'y prend garde. Le conducteur aime l'efficacité, il est pressé, il va d'urgence chez un garagiste. Homme de compétence ce dernier le rassure, il va faire disparaître le problème en deux temps trois mouvements. Il est habitué. Qu'a fait notre efficace interventionniste ? Il a simplement coupé le fil électrique reliant le voyant du tableau de bord à l'un des organes du moteur, et annonce fièrement au conducteur que tout est revenu en ordre. Il lui conseille toutefois de le tenir au courant dans quelque temps pour vérifier si tout va bien. Métier à vie que celui de médecin, pardon, de notre garagiste… Qu'indiquait le voyant rouge ? Un manque d'huile imminent, des freins qui commencent à s'user, un réservoir d'essence bientôt vide, un environnement corrosif, une conduite trop brutale du véhicule ? Mystère… pas le temps de se poser trop de questions. Et notre

---

1. Histoire racontée par Stanislas Groff, chercheur et père de la respiration holotropique.

garagiste, manquait-il d'outils, de savoir faire, de formations, était-il fatigué, pratiquait-il toujours de la sorte ? Comment savoir sans s'arrêter un peu plus. Mais le conducteur était pressé et voulait une solution rapide.

Au début tout rentre évidemment dans l'ordre, le voyant n'étant synonyme que d'alerte lointaine. Lointaine ? Pas si lointaine que cela. Notre corps, la voiture, même « combat »... le médecin/garagiste le sait bien avec son cabinet qui ne désemplit pas de rechutes en rechutes, ou de déplacements de symptômes en déplacements de symptômes.

UNE LOGIQUE DE PARTENARIAT

Nous regardons trop souvent la maladie par le petit trou de la serrure avec une vision étriquée et répressive de ce qui arrive. Comment échapper dans ces conditions à la surmédicalisation ou à la prolifération d'actes médicaux inutiles lors d'attaques virales ou microbiennes par exemple ? Erreurs d'autant plus navrantes que ces attaques peuvent déclencher des crises salutaires en incitant notre système immunitaire à agir et à se réveiller spontanément. N'est-ce pas sa raison d'être ?

Connaissez-vous, me disait mi-sérieux mi-amusé un médecin lors d'une formation, la différence entre une grippe soignée avec des antibiotiques, et une grippe traitée sans produits chimiques ? La première a été soignée en une semaine grâce aux antibiotiques, et la seconde a disparu spontanément en huit jours. Les symptômes ne sont pas toujours l'expression d'une maladie dangereuse. Pourtant majoritairement, lorsque l'un d'entre eux apparaît, nos systèmes de défense sont immédiatement court-circuités par des prestations médicales. Le risque est que de telles pratiques finissent par les affaiblir, laissant alors une place princière à l'entrée des maladies. Cela ne s'appelle plus vivre, mais survivre avec une épée de Damoclès sur la tête comme compagne de route. La médecine confond grandir et mourir, et fait du symptôme l'ennemi suprême, quand il n'est souvent qu'un signe qui ne se transformera pas en maladie si on le prend en considération, et que l'on en fait une opportunité d'évolution. Quand il arrive, qu'ai-je à comprendre pour continuer ma route et en jouir convenablement ?

Lorsqu'un enfant tombe, il doit apprendre à se relever tout seul. Mais quand quelqu'un « tombe malade », notre médecine a tellement peur de la chute qu'elle la décide grave et fait des amalgames, même quand elle n'est que l'expression biologique interne d'un fonctionnement efficace d'autodéfense. Et nous ratons ainsi l'occasion d'accroître ou réinstaurer des dialogues intérieurs d'ordres tant physiologiques que spirituels.

DES RENDEZ-VOUS À NE PAS MANQUER

Ainsi la maladie pourrait me rendre service ? Quelle idée étrange… Quand je dis « Je » suis malade, « Qui » est malade ? Nous sommes tout sauf des êtres monolithiques. Quand le symptôme apparaît, est-ce mon corps physiologique qui est atteint, ou mon énergie qui circule mal et a des points de blocages ?

Serait-ce mon mental qui tourne en rond et ne réussit pas à être au bon endroit, prenant trop de place ou au contraire pas assez ?

Mes émotions sont-elles bloquées ou au contraire torrentielles ?

Est-ce ma vie sociale – milieu professionnel et relationnel, famille biologique et autres réseaux d'appartenances – qui n'est pas harmonieuse, excitante ou paisible ?

Est-ce que l'écosystème dans lequel je baigne, tant sur un plan affectif qu'en terme d'environnement – pollution, nourriture, stress – dépasse le seuil acceptable de nocivité ?

Serait-ce un niveau de conscience insuffisant sur ce que je vis qui amputerait mes capacités de discernement et serait source d'égarement, ou encore un vide intérieur qui ne connecterait plus la joie en moi et me couperait de cet essentiel propre à l'être humain et que chacun nomme à sa façon dieu, la lumière en soi, la force originelle, l'invisible, l'innommable… à chacun sa croyance et son système d'équilibre.

Mais ai-je l'habitude de me parler ? Est-ce que je m'arrête régulièrement avec compassion, tendresse et humilité sur mes besoins profonds et la façon dont je les honore ? Suis-je cohérent et clair, en phase avec le sens de ma vie, ou au contraire serais-je en train de me trahir, comment et dans quel contexte ?

Notre incarnation sur terre est constituée d'enveloppes multiples et seule notre écoute intérieure silencieuse nous permettra de savoir laquelle ou lesquelles sont en train de perdre leur équilibre. La médecine occidentale ne sait traiter que le corps physiologique. Or la vie est l'expression de connexions permanentes. Nos différents corps interagissent les uns avec les autres, les uns sur les autres, corps physiologique, corps émotionnel, corps mental, corps spirituel. Celui qui dysfonctionne va contaminer ses voisins, mais en même temps celui qui ira encore bien pourra tendre la main aux autres car ils sont tous liés. Il nous appartient de faire notre propre diagnostic pour savoir par quelle porte d'entrée il est bon d'agir lorsque le symptôme pointe son nez. Nos médecins n'ont pas été formés pour ici être à notre chevet. Voire même, cette posture intérieure responsable du « patient » en affole plus d'un.

Michel, un manager brillant et reconnu par sa hiérarchie, se désespérait de ne pas réussir à prendre suffisamment de temps pour lui, tant la pression de résultats était devenue son obsession quotidienne. Plus il réussissait, plus il en devenait dépendant, cercle vicieux bien sûr car si ses performances économiques, est-ce besoin de le préciser, venaient à baisser, l'idée d'avoir alors à rectifier le tir ne faisait qu'augmenter son stress. Dans la quasi majorité des environnements professionnels, que les résultats soient bons ou mauvais, cette exigence du toujours plus est une donnée de base répercutée à tous les niveaux hiérarchiques. Il faut être un pays dit sous-développé non encore envahi par nos grandes entreprises pour ne pas bénéficier de ce superbe progrès !

En pleine force de l'âge, il n'avait pas quarante ans, Michel eut un cancer grave. Il dût brutalement s'arrêter et envisager sa vie sous un tout autre aspect. Avec la même énergie que celle qu'il avait su mobiliser « pour faire des résultats », il se mit à s'occuper de lui, sans culpabilité mais aussi sans complaisance. Bousculé par la vie et ne pouvant plus, ou n'ayant plus envie de fuir, il répondit enfin présent à lui-même. À quoi bon toute cette course matérielle pour en arriver là.

Pour ne pas dilapider les forces défaillantes d'un organisme attaqué, il sut dans un premier temps éloigner les questions sans réponses immédiates. Oui, la biologie avait sûrement des responsabilités. Oui, son style de vie y était peut-être pour quelque chose. Oui, certaines difficultés personnelles ou contraintes désagréables avaient pu jouer un rôle. Oui, le hasard et l'injustice… mais ce n'était pas la peine de chercher un coupable dans cette histoire car les poids de l'inné, de l'acquis, de l'instant et de l'environnement sont tellement imbriqués que ce genre de réponse ne peut pas émerger facilement sans un long travail.

Sa priorité immédiate était de concentrer ses forces pour se faire du bien et s'apaiser, se relaxer, utiliser ses ressources intérieures pour dominer sa maladie et ne pas perdre d'énergie en se révoltant. Surtout ne pas se tromper d'objectif. Dans son cas comme dans beaucoup d'autres, ce qui était à gagner était d'apprendre à se centrer sur lui-même, arrêter de se bousculer, choisir de se câliner, se respecter, et le faire intensément et rapidement en toute bonne conscience.

À cause de cette épée de Damoclès occasionnée par « son » cancer, ou grâce à elle... Michel se mit à se regarder et à entendre ses besoins, en un mot à enfin s'honorer. Il eut peur que ce ne soit trop tard et fut particulièrement vigilant. Il regardait sa vie passée avec étonnement, surpris et triste d'avoir couru après des objectifs dénués de sens à ce point-là, comme celui de vouloir toujours être le premier, ce qui lui paraissait soudainement complètement dérisoire.

Devant la maladie grave, chacun se retrouve avec ses rendez-vous. Y répondre pour l'un sera de la regarder en face, pour un autre au contraire de ne pas la regarder de trop près, et pour un troisième son histoire sera de s'engager dans des démarches ou des activités qu'il n'aurait peut être jamais envisagées autrement, ou qu'il n'aurait pas osé s'offrir. Une seule règle ici semble se dégager, celle qu'il n'en existe aucune d'universelle sauf à rechercher active-ment ce qui est compatible avec ce que l'on est au plus profond de soi. À chacun d'être créatif, de voir, de sentir et d'entendre quelle sera l'attitude gagnante pour lui, et de s'y engager entièrement.

En ce qui concerne Michel, son choix fut de regarder sa maladie en face et d'aller chercher, outre ce que pouvait proposer la méde-cine classique bien sûr, des approches médicales et psychologiques complémentaires[1]. Il s'était laissé dans sa vie asphyxier petit à petit au nom de plein de mauvaises raisons culturellement bonnes, et cher-chait à réparer les dégâts. Son choix fut aussi de chercher à obtenir des informations le concernant, complètes et en temps réel, de la part des médecins qui s'occupaient de lui. Ce ne fut pas une mince affaire, mais il ne lâcha jamais. Il se voulait propriétaire de ce qui lui arrivait. Telle était son histoire et son propre besoin.

Il faut croire qu'il avait bien choisi ce qui lui convenait, car deux ans après, son corps ne gardait plus aucune trace décelable de

---

1. Psychothérapie, thérapies comportementales et techniques de relaxation, acu-puncture, activités sportives journalières, hygiène de vie stricte en terme de rythmes, alimentation spécifique...

cancer… et pourtant le diagnostic initial avait été fatal. Mais entre temps, une fois son corps physique hors de danger, il avait fait un travail concret et dense pour d'abord comprendre ce qu'il avait à changer dans son style de vie afin que le cancer ne réapparaisse pas, sous la même forme ou sous une autre, puis il s'était attelé à passer à l'acte.

8

OUVRIR SES CHAMPS DE RÉFÉRENCES

Tout est en place pour que les hommes aient du mal à voir la réalité, quelle réalité d'ailleurs?

Nietzsche parlait d'hallucinations sociales collectives pour nommer nos systèmes de croyance et nos convictions.

La biologie du cerveau lui donne raison. Nous ne pouvons pas être objectifs car il ne nous donne du réel que la déformation qu'il est capable d'en faire. Notre lecture du monde est aléatoire et décalée. C'est donc en toute subjectivité que nous nous promenons dans la vie. Nos attachements à nos convictions sont dérisoires. Aussi faut-il se donner de nouvelles règles du jeu. Celles qui feraient que nos croyances se transformeraient en simples lectures d'un espace temps donné, toujours prêtes à être remises en cause et à s'enrichir de celles des autres au lieu de les combattre. Nous aurions tout à y gagner, que ce soit individuellement ou au niveau des nations. En prime, la créativité serait au rendez-vous, ce qui est nécessaire pour sortir de ses conditionnements obsolètes, et il faut de la diversité pour la déclencher[1].

Prenons encore des exemples dans le domaine de la santé.

---

1. La pensée créatrice émerge lorsque deux champs de pensée qui n'ont pas l'habitude de se rencontrer se télescopent. Il s'agit du processus de bissociation si bien décrit par Arthur Koestler dans son livre, Le cri d'Archimède, éd. Calmann Lévy.

L'APPROCHE GLOBALE DE LA MALADIE

Une histoire singulière

Béatrice, parmi beaucoup d'autres, nous offre une autre façon de soigner. Elle a plusieurs cordes à son arc et par ses pratiques a de l'impact sur nos différents corps. Kinésithérapeute, ostéopathe, thérapeute, amoureuse de la vie et de la nature, elle honore les personnes qui viennent à elle en réveillant les harmoniques de leurs corps. Et liée à un cabinet des médecins, quand elle rencontre les limites de ses interventions, elle se tourne vers eux.

Son métier est d'écouter, sentir, entendre les pulsations de la vie, toucher et sentir comment elle circule dans le corps.

Nos médecins classiques ne savent plus toucher. Ils n'en ont plus le temps, et à force de ne plus le faire ils en ont un peu peur, et puis on se protège mieux en mettant la distance.

On est moins touché à ne plus toucher.

Béatrice travaille avec les ressources et les énergies naturelles de la personne auprès d'elle. Elle n'impose rien, n'injecte rien, elle cherche juste à les libérer lorsqu'elles ne s'expriment plus aussi librement ou souplement « qu'avant ». Elle écoute le chant entier du corps de l'autre, rencontre son architecture et son positionnement au sens figuré comme au sens propre. Lorsqu'une rupture d'énergie est présente et que le corps est fragmenté, son travail est de le réunifier. Son approche est globale. La médecine n'agit pas de cette façon. Son regard est celui de la dichotomie, c'est la partie qui l'intéresse, elle en oublie le tout. Elle ne sait plus, ou bien elle ne sait pas, qu'elle a en face d'elle un être entier, qui garde longtemps à disposition ses potentialités propres même quand il traverse des difficultés de quelque ordre que ce soit, et qu'il s'agit juste de les libérer pour les rendre de nouveau opérationnelles. Il n'est pas toujours nécessaire d'agir en urgence. Béatrice part de ce qui est, et en prend soin pour réveiller doucement ce qui s'endormait un peu trop. Elle ne prend pas le risque de briser quoi que ce soit, contrairement à nos médecins pleins de bonnes intentions qui, tels l'ours du père Castor, écrasent au passage la joue de leurs patients pour enlever la mouche qui avait osé se poser sur elle et les importunait temporairement.

Le corps garde la mémoire de ses traumatismes, et par son travail sensitif d'écoute de l'autre, Béatrice retrouve parfois des histoires anciennes, et comme pour les émotions les aide à circuler et à libérer son propriétaire. Une cliente était venue la consulter un jour avec des douleurs permanentes à l'épaule. Elle n'avait souvenir d'aucun choc, mais avait été opérée d'un cancer du sein quelques années auparavant. Celui-ci, heureusement pris à temps, n'avait pas eu le temps de faire naître des ganglions à l'aine et son bras était resté normal. Très vite Béatrice sentit que l'énergie ne circulait plus dans les fascias[1] de l'épaule, et soupçonna un lien avec l'opération. Elle avait été infirmière auparavant et connaissait le chirurgien et les infirmières du bloc où s'était passée l'intervention. Après enquête elle eut confirmation de ses doutes. Le bras de la personne avait été bloqué en arrière durant plus de deux heures, et ce de façon traumatisante, simplement « on » ne le lui avait pas dit.

Le corps ainsi se rappelle. Dans tout choc les énergies se bloquent, le sang et la lymphe n'irriguent plus harmonieusement les endroits en souffrance quels qu'ils soient, peau, organes, fascias, cerveau, et les os se durcissent sous une mauvaise irrigation des tissus qui l'entourent. Béatrice sent tout cela sous ses doigts, et agit à l'endroit du mal en fonction de sa nature et de son origine. Cela n'est possible que par une grande écoute liée à une solide pratique évidemment, du calme intérieur, de la confiance réciproque entre elle et la personne qui vient la voir, et la nécessité de plusieurs séances car chaque corps chante sa propre mélodie et est un cas unique.

Elle travaille la verticalité de chacun et l'ancrage dans la vie à travers la circulation des énergies. Nous les êtres humains manquons souvent de stabilité par manque d'amour et trop de fonctionnement dans la tête, et notre équilibre en prend un coup. Notre centre de gravité se déplace, nous sommes mal ancrés dans le sol, désaxés dit-on de quelqu'un de perdu qui vacille dans sa propre vie. Alors l'énergie vitale a parfois du mal à circuler. Les maux intérieures et extérieurs lui entravent la route. Mais que nous propose notre société ?

---

1. Fascias : lames de tissus conjonctifs denses, dissécables macroscopiquement.

Quelle verticalité intérieure peut avoir l'individu qui se lève tous les matins pour faire faire toujours plus de résultats à son entreprise, résultats financiers bien évidemment. À nous mouvoir dans un univers qui devient fou et perd son sens, nous prenons des coups. Notre corps vacille et perd son équilibre, notre tête en réaction veut prendre le pouvoir et nous cédons à la tentation de nier nos besoins physiologiques et ses impératifs. Et la médecine nous aide par ses interventions extérieures à perpétuer cette façon de faire.

À l'inverse, la pratique de Béatrice propose d'écouter la musique de nos corps pour aider à en déchiffrer les partitions et en interrompre les dysfonctionnements, tout en prenant conscience de ce à quoi l'on est en train de jouer en vue de redresser la barre quand il en est encore temps. La démarche est à la fois préventive et curative.

S'occuper de sa santé nécessite une approche systémique. L'être humain ne peut pas seulement être regardé comme un ensemble d'organes et de petites cellules, trivialité que de le rappeler. Il est un être d'émotions, de croyances et de conditionnements, et il a reçu une dimension spirituelle qu'il en ait conscience ou non. Sa matière est énergie et champs d'ondes, fluctuante « au gré des vents », harmonieux ou disharmonieux selon les circonstances de la vie.

J'ai travaillé sur cette « approche globale de la maladie » en cancérologie avec le département marketing d'un de nos plus grands laboratoires pharmaceutiques. C'était un choix du laboratoire que de se lancer dans une campagne au concept dit « accrocheur » mais qui avait un sens certain, et si cela s'avérait porteur de dégager par la suite un budget conséquent pour en faire une vraie stratégie de groupe, ce qui fut le cas.

Plusieurs médecins salariés de ce laboratoire étaient venus se former dans le cursus que j'anime à HEC[1]. À tour de rôle, chacun avait été nommé responsable de « l'approche globale » de la maladie et, à part l'un d'entre eux très clair personnellement avec ce concept, ils s'en sortaient difficilement. Ils étaient alors assez peu soutenus par une direction générale qui sentait qu'il fallait investir ce concept par effet de mode, sans toutefois comprendre exacte-

---

1. CESA « Mobilisation des talents et entraînement managérial » à HEC Executive Education.

ment de quoi il s'agissait. Je proposais de les accompagner « sur le terrain » en activité de conseil et de coach, pour les aider à faire émerger le concept et créer une mission d'envergure. Dans ce cadre-là, nous fîmes réaliser une étude sur l'image du cancer auprès de personnes touchées directement ou indirectement par cette maladie. Nous avions regardé les mots retenus et leur connotation. Si les professeurs en cancérologie qui composaient l'atelier de réflexion n'étaient pas étonnés par l'image de crabe qui ressortait de l'étude, en revanche la notion de maladie chronique qui revenait sans cesse les dérangeait. C'était étonnant car, lors des réunions de travail que j'animais, je les entendais exprimer leur pessimisme sur le fait que la majorité des cancers n'étaient jamais définitivement guéris. Visiblement, alors qu'il leur était naturel de le reconnaître entre collègues, le voir ainsi formulé sans équivoque par d'autres les plongeait trop ouvertement dans les limites quotidiennes de leurs pratiques.

Il fut difficile de donner tout de suite de l'envergure au concept. Certaines approches concrètes liées à la puissance de l'esprit sur le corps étaient écartées d'office quand, dans d'autres pays, elles sont utilisées en hôpital. Toute nouvelle stratégie nécessite de commencer humblement quand on est sur le terrain de la contre-culture et, heureusement, mes interlocuteurs au laboratoire étaient ouverts et engagés, aussi avons-nous pu faire émerger par la suite un projet dont je rêvais depuis longtemps. Je proposai le concept d'un lieu unique, centré sur la vie, où les personnes concernées par le cancer trouveraient toutes les informations dont elles auraient besoin, une pluralité de services complémentaires à ceux offerts par l'hôpital, comme des séances de Yoga ou de Qi Gong, de la chaleur humaine et de la solidarité. Elles pourraient ainsi y faire leur marché pour se prendre personnellement en main, dans un parti pris d'entrepreneur de soi-même et d'approche globale de leur maladie.

Une « Maison des Patients » a ainsi été créée au centre René-Huguenin, un des trois grands centres de cancérologie de la région parisienne. Nous avions choisi ce terme de patients par adaptation à la culture ambiante, en vue d'associer un maximum de médecins et cancérologues à la vie concrète de cette maison. Conçue puis ouverte dans le début des années 2000, très liée à son contexte, elle est encore en phase de recherche d'identité. Aujourd'hui, sur les projets de ce type, nous avons choisi de ne plus utiliser ce terme de

« patients » en contradiction avec nos convictions et la mission que nous voulons honorer, celle d'une médecine globale, intégrative, prenant en compte les différentes dimensions de l'être humain, et plaçant ce dernier comme décideur essentiel de ce que la science et sa technologie peuvent lui proposer par l'intermédiaire des experts et professionnels de santé à son service.

APPRENDRE DE L'AUTRE CÔTÉ DES FRONTIÈRES

Bien des approches médicales développées dans nos pays voisins sont encore décriées en France, ou peu ou mal investies par notre médecine, ce qui est un handicap pour répondre à certaines maladies, ou pour s'engager dans des démarches de prévention si souvent absentes dans notre pays. Prenons un exemple simple en regardant du côté de nos intestins. Notre organisme a des possibilités insoupçonnées pour se régénérer, et pour retrouver de la santé et de la vitalité après l'expression d'une maladie ou d'une longue période de fatigue. Ici l'état de notre système immunitaire est important, et il est directement lié à celui de nos intestins. Certains les appellent même notre deuxième cerveau tant leur influence est essentielle pour notre survie. Et déjà du temps du Bouddha Siddharta circulait comme sentence, « un homme pur a de bons intestins ». Le docteur Mouton, spécialiste bruxellois notoire, fait de la recherche dans ce domaine. Je l'ai rencontré et écouté plusieurs fois lors de conférences remarquables sur le sujet. Il consulte en Belgique, en Angleterre et en Espagne mais, à part quelques trop rares conférences, il a choisi de ne pas exercer en France. Cherchez l'erreur… Notre pays est sectaire et se fige souvent sur ses propres conceptions même lorsque les expériences et les coutumes des pays voisins démontrent qu'il serait temps d'évoluer. Alors trop souvent il faut aller à l'étranger si l'on veut prendre soin de soi en amont de toute maladie, ou en tout cas y faire envoyer ses prises de sang pour analyse, et avoir de l'argent bien sûr car malgré l'ouverture des frontières notre système de protection ne rembourse pas facilement les soins dits préventifs. En France la prescription de laxatifs est courante dès l'apparition du moindre problème de constipation. Cette habitude fragilise l'équilibre intestinal quand il suffit d'appuyer sur d'autres leviers pour que les symptômes ne se transforment pas en maladie et aient la chance de disparaître d'eux-mêmes. Ces prescriptions inutiles dégradent avec une constance digne d'éloges les parois de nos intestins, ce qui est plutôt gênant quand on sait que c'est le système immunitaire qui en prend un coup. Une alimentation différente, la prise de certains nutriments et celles de simples tisanes, en plus d'un travail intérieur contre le stress offriront souvent des réponses correctes. Malheureusement, des pratiques comme celles du jeûne, avec un accompagnement médical sérieux, efficaces pour garantir un intestin en bonne santé lorsqu'elles sont médicalement bien encadrées, ont du mal à voir le jour en France. Ceux qui s'y essayent ont pas mal de fil à retordre avec l'ordre des médecins, alors qu'à l'étranger les mêmes démarches non seulement existent mais sont banalisées, car très bien investies par le milieu médical depuis des décennies[1]. Prendre soin de son système immunitaire n'est pourtant pas du luxe. C'est lui en priorité qui ouvre ou ferme la porte à l'entrée ou l'expression de « nos » maladies. Le jeûne peut être préventif ou curatif et, selon les médecins qui le proposent et l'encadrent, il est entre autres spécialement efficace dans des maladies chroniques inflammatoires et métaboliques.

Et le cancer dans tout cela ? Nos experts nous expliquent qu'il apparaît lorsque certaines cellules se mettent à proliférer à l'infini, mangeant et tuant toutes les autres cellules du corps sur leur passage, sans mourir elles même. Le régulateur interne naturel s'est déréglé, leur mort naturelle a été déprogrammée. Et le système immunitaire a été et est trop affaibli pour en interrompre le processus. Vu le nombre de cancer en expansion, cela vaudrait peut-être le coup de mieux veiller à l'état de nos intestins… Nous avons tous en nous la potentialité du cancer, simplement il s'exprimera ou ne s'exprimera pas. Une politique éclairée de prévention immunitaire permettrait sûrement d'en diminuer le nombre. Mais en France particulièrement, nous l'avons déjà écrit, on ne cherche pas assez à prévenir la maladie, on cherche juste à la rencontrer ! Statistiquement, notre pays a un des taux d'apparition de cancer parmi les plus élevés, tout en proposant des traitements et des technologies reconnus comme faisant partie des meilleurs dans le monde.

---

1. Exemple de la clinique Buchinger en Allemagne, sur les bords du lac Constance : voir buchinger.com.

C'est tout à fait cohérent avec notre culture, nous « assistons », mais ne prévenons pas assez. Alors à chacun de se prendre en main et de se réveiller à temps par une hygiène de vie personnelle et des démarches appropriées. N'oublions pas, la santé est globale et systémique, et touche à tous les registres de la personne.

9

COMPRENDRE SES COMPORTEMENTS ET CHOISIR

Nous avons quatre façons instinctives de réagir face à ce que nous propose notre environnement[1].

Soit nous obtenons ce que nous voulons et nous cherchons à le reproduire, rappelez-vous notre pauvre petite souris « addictive » sous l'impulsion du plaisir. Soit nous ne l'obtenons pas, et trois comportements innés différents sont à notre portée. Celui de lutter et d'agresser, celui de fuir et de partir ailleurs, et celui de s'installer dans l'inhibition. Les deux premiers cherchent à retrouver des gratifications, le troisième est démissionnaire. Le premier est brutal, inconscient ou conscient, le deuxième cherche un environnement meilleur, le troisième connecte le renoncement. Lorsque nous n'obtenons pas ce que nous désirons, nos trois émotions liées au manque, sous couvert de nous protéger, peuvent très vite déclencher des conséquences néfastes. Elles tourbillonnent alors sur elles-mêmes, occupant notre cerveau inutilement si notre conscience ne prend pas le pouvoir.

Sans conscience, la colère ne sera pas contrôlée et la brutalité physique et symbolique dont nous sommes presque tous capables en situation de manque ou de frustration peut être terrible. N'oublions pas que nous sommes façonnés à partir de ces réactions de survie. Pauvre petit homme qui obéit à ses pulsions meurtrières parce qu'il n'obtient pas l'objet de ses désirs, et se raconte des histoires pour cautionner ses petitesses.

Sans conscience, la peur déclenchera la fuite ou l'inhibition en l'absence de gratifications. Autant la fuite pourra être bénéfique si le nouvel espace de vie procure ce qui manquait, autant elle n'aura

---

1. D'après les travaux du professeur Henri Laborit.

servi à rien si le lieu de la fuite s'avère encore plus pauvre ou dangereux en stimulations.

Et sans conscience encore, la tristesse devant le manque pourra déclencher une inhibition mortifère.

Notre cerveau n'a, par programmation, que ces quatre comportements innés à nous offrir.

LA FUITE ACTIVE

Lorsque le contexte dans lequel nous évoluons n'offre pas les nourritures physiques, psychologiques et spirituelles dont nous avons besoin, il peut être absurde de persister à vouloir vivre au même endroit. Henri Laborit nous fait alors « l'éloge de la fuite », mais pas de n'importe laquelle. Il s'agit d'une fuite choisie, décidée en toute conscience… pas celle synonyme de lâcheté dont nous avons parlé précédemment. Ici nous choisissons de ne pas nous laisser aller à nos instincts de prédateurs, et n'utilisons pas la colère pour obtenir en force ce que l'on désire. Que l'on soit du côté du dominant ou de celui du dominé, nous refusons de tomber dans l'éternel piège des dominants/dominés, ce fléau de l'espèce animale humaine. Pas question donc de tuer. Mais pas question non plus de baisser les bras, de se laisser malmener par un contexte non porteur, d'accepter de vivre à demi-mesure ou de cautionner par sa simple présence l'inacceptable. Pas question de tomber malade par manque de décision ou par inhibition. Et pas question de laisser aux hasards de l'environnement le pouvoir unique de nous épanouir ou non.

La fuite active met aux commandes la clairvoyance individuelle, et fait faire des constats réels en regardant pourquoi, dans ce contexte, l'équilibre n'est pas au rendez-vous. Il faut d'abord se poser pour analyser ce qui se passe. La tristesse acceptée calme alors les courses en avant et aide à regarder la vérité en face sans complaisance. La volonté de garder les rênes de sa vie connectera ensuite la colère qui générera l'énergie de partir pour créer ou rencontrer un environnement meilleur. Il faut du courage et de la détermination pour cette fuite active. Le prix à payer en vaut la peine, car une plante sans terre riche finit toujours par se faner plus vite que normal, et trop souvent notre quotidien tombe dans cette banale réalité. Nous sommes co-responsables des difficultés que nous vivons, et donc des absences de gratifications dont nous souffrons.

S'en souvenir nous permettra soit de changer suffisamment d'attitude et de comportement pour « renverser la vapeur », soit de comprendre qu'il est temps de connecter son courage et de partir. Il ne s'agit pas d'aller de fuites en fuites reproduire ailleurs les causes d'absences de gratifications que nous déclenchons. La fuite active est précédée d'un vrai dialogue avec soi, et n'exclut pas certaines remises en cause qui sont parfois douloureuses. Elle est un acte d'engagement avec soi-même, fort et humble à la fois, loin de la toute-puissance arrogante ou agressive qui a envie de tuer et d'écraser ce qui la dérange au lieu d'en comprendre les raisons. « Il est plus difficile pour chacun d'avoir le courage de visiter son âme que pour un soldat de tuer »[1]… Elle ne sera ni contre, ni brutale, elle n'instaurera pas la guerre, elle ne fera pas disparaître son auteur sans laisser de trace, la lâcheté n'est pas son histoire. Elle est le résultat d'une décision mature, partagée avec ceux que l'on quitte, ou simplement nommée si l'échange s'avère trop difficile.

Bien sûr, nous sommes ici hors des contextes et des situations qui risquent d'attenter directement à nos vies, car alors la lutte ou la fuite innée sont naturellement de mise et le plus vite possible. Nous ne parlons pas non plus des environnements perturbés, où nous pouvons jouer un rôle d'assainissement, car nous en aurions le pouvoir par notre posture, notre stature, les responsabilités qui nous sont données et qui nous conviennent, ou celles que nous pourrions ou voudrions investir. Car alors le sens suffirait à nous nourrir et le désir de partir viendrait au second plan.

L'intérêt des fuites actives se situe dans des contextes où le manque de gratifications personnelles et d'absence de sens risquent de nous mettre en danger, et de nous faire basculer tôt ou tard dans la violence ou la maladie. Il ne faut pas se croire plus fort que ce que l'on est.

---

1. Cornel West, revue *Réel*, n° 96

LES BONNES DISTANCES

L'autre n'est pas moi, ce sont les étapes obligées de la toute petite enfance que de s'en rendre compte. Ce processus d'apprentissage souvent douloureux est rarement abouti, nous y avons déjà fait allusion en abordant la relation objectale. Cet autre est ce qu'il est, dans sa singularité, sa splendeur et ses limites, et avant tout il « s'appartient ». Toute relation fusionnelle est une limitation de soi-même et des candidats choisis, en générant dans la confusion des identités un nivellement vers le bas, car comment rencontrer sa propre richesse, ses atouts, son propre génie, lorsque l'attention et l'énergie sont focalisées ailleurs. Et la fusion est un drame à l'horizon, car tôt ou tard une séparation sera à vivre ne serait-ce que par la mort de l'un des personnages. L'épreuve sera encore plus douloureuse, d'autant plus que chacun y aura été particulièrement mal préparé. Ce n'est pas dans la dilution en l'autre qu'on a des chances de rencontrer sa propre puissance, cette force intérieure qui permet de franchir les épreuves de la vie avec le moins de souffrance possible.

Nos attachements, liés à « ces autres » auxquels on s'enchaîne ou que l'on veut enchaîner, sont le signe de notre incomplétude existentielle. Personne ne peut ni ne doit jouer la partition de l'autre. Inéluctablement, la mort nous rappellera à l'ordre. Quand un être proche est sur le point de mourir, toute fusion est dramatique. Ce n'est pas en se cramponnant à lui, en lui offrant son angoisse et son désespoir, qu'on lui rend service. Ici plus que jamais la séparation des identités est essentielle. La tristesse à l'idée de perdre un être aimé n'en est pas moins présente, mais c'est du principe même d'attachement dont il faut se détacher. Aimer et aider à partir celui qui va peut être mourir incessamment, c'est d'abord et avant tout le libérer de nos propres adhérences, tout en restant fondamentalement présent, quelle qu'en soit la forme concrète. Les liens relationnels sont alors des atouts et non des prisons dangereuses.

Mais ce qui est si important dans ces moments ultimes de la vie l'est aussi en toute circonstance. La grande force est de savoir aimer sans attachements. Alors toutes ces attentes, ces déceptions au sujet de ce que fait ou ne fait pas l'autre sont évitées. La bonne distance génère moins de rancœurs ou de déceptions quotidiennes. Elle offre d'aimer l'autre quoiqu'il fasse, en se réjouissant quand c'est le moment, et en se protégeant tout en mettant la compassion aux commandes lorsque ses souffrances le font déraper et l'entraînent dans des dérèglements pénibles. Bien vivre, c'est à la fois savoir et accepter que l'autre ne sera jamais moi, et en même temps sentir qu'en terme spirituel ou cosmique nous ne ferons toujours qu'un.

Au final, l'acte juste est de savoir aimer dans la séparation et l'unité, paradoxe apparent seulement car en réalité, simplement, les niveaux respectifs de référence sont différents. La séparation est conjoncturelle, l'unité est structurelle et surtout éternelle.

LE JEU DE LA CULPABILITÉ

La culpabilité n'est jamais une bonne conseillère. Les remords, ou le souci de se donner bonne conscience président à son apparition, ce ne sont pas les élans du cœur qui l'initient. Adieu les yeux qui brillent, le plaisir et la joie n'ont rien à faire dans cette histoire. Le sacrifice n'est pas loin, les effets pervers de la religion judéo-chrétienne mal intégrée sont dans les parages. La culpabilité emprisonne l'énergie au lieu de l'offrir à la vie. Malgré tous les efforts de celui qui agit essentiellement par devoir sous son autorité, le naturel revient au galop. Ses gestes et le son de sa voix le trahiront sans cesse, offrant le vrai message de celui qui agit par contrainte, faisant quelque chose que fondamentalement il n'intègre pas et qui au plus profond de lui-même ne le rend pas heureux. L'amour n'est pas aux commandes, l'ego en revanche s'alimente, « je suis quelqu'un de bien ». Qui a envie qu'on lui tende la main par culpabilité, ou que l'on reste avec lui par devoir et non par amour ?

> J'ai connu un grand business man qui avait un enfant handicapé, ne pouvant plus se déplacer que sur une chaise. Lorsque j'ai rencontré son père, le fils avait 34 ans et le développement intellectuel d'un enfant de 3 ans. Le père paraissait très bien dans sa peau, avait des yeux rieurs et gais, aimait la vie. Il s'occupait depuis toujours beaucoup de son fils, aménageant ce qu'il fallait dans son temps de travail et ses loisirs personnels, avec régularité et constance. Et lorsqu'un jour je lui exprimai mon admiration pour son attitude, il me fit la réponse suivante : « tant que mon fils, chaque fois que je le vois, me dira dans son balbutiement, *mon petit papa chéri je t'aime*, avec ses yeux de joie, ce que je ressens de bonheur en moi me fera m'occuper de lui. Si un jour il ne le dit plus, sans doute je le placerai en institution ».

Cet homme était dans sa cohérence, et faisait vraiment du bien à son fils. Pas une trace de culpabilité ou de décision forcée dans son attitude. Il n'avait d'ailleurs pas hésité à quitter la mère de l'enfant pour une autre femme, mais il continuait de bien s'entendre avec son « ex » car il était en phase avec lui-même, ce qui permet à terme de faire gagner tout le monde.

LES DANGERS DU « DOUBLE LIEN »

S'il s'était forcé à aimer son fils handicapé, il n'aurait sans doute pas tenu la distance, et de toute façon aurait « pourri » la situation. Dès que l'on se ment à soi-même, même avec « de beaux sentiments », nous déclenchons un mécanisme auquel nul ne peut échapper. À ce sujet, l'expérience relatée par le psychiatre américain Milton Erickson est redoutable.

Une jeune femme eut un enfant qu'elle ne désirait pas vraiment. Vers l'âge de huit ans, il fit un épisode schizophrénique grave qui le fit hospitaliser. Il y resta six mois le temps de se faire soigner, avec interdiction de voir sa mère par ordre médical, tandis que celle-ci devait travailler sur elle avec un psychologue. La naissance de son fils lui avait rendu la vie difficile, et elle prit conscience qu'elle n'avait pas eu beaucoup d'élans naturels envers lui jusqu'à présent. Lorsque les psychiatres de l'hôpital et le psychologue « jugèrent » que la mère et le fils pouvaient se revoir, ils déclenchèrent une rencontre à l'hôpital, mais pas n'importe laquelle. Milton Erikson qui faisait de la recherche avait fait installer une caméra cachée afin de filmer la scène des retrouvailles. Lorsque la rencontre eu lieu, au moment où la maman se pencha pour embrasser son petit garçon, il déclencha une nouvelle crise. Que s'était-il passé ?

Ah là là ce cerveau ... lorsque l'autre nous ment ou se ment à lui-même, il sait, alors il ne nous épargne pas, surtout si l'émotion est forte.

Malgré tous ses efforts, la mère avait encore du mal à accepter entièrement l'existence de cet enfant, aussi lorsqu'il se jeta dans ses bras eut-elle un infime mouvement de recul que seul le film de leur rencontre passé au ralenti permit de voir, tant la rétraction du corps avait été infime. Sa vérité intérieure avait déclenché ce comportement sous la dictature de son cerveau limbique qui avait donné l'ordre au corps de s'arrêter. Sa tristesse et la peur de ne pas assumer avaient été plus forts que son désir de bien faire. Nos émotions parlent toujours vrai, malgré nos décisions conscientes de faire autrement.

L'enfant avait instantanément ressenti l'infime blocage du corps de sa mère. Mais quasi en même temps, elle lui disait « mais mon chéri je t'aime, embrasse-moi ». Ah malheur! Le cerveau gauche du petit avait entendu et analysé les mots « je t'aime » en même temps que son cerveau droit captait en vision globale immédiate le contraire. Et dans ces cas de contradictions synchrones, l'être humain se sent très mal, très très mal, jusqu'à somatiser voire déclencher des crises de schizophrénie comme ici. Notre cerveau ne sait pas gérer deux messages totalement opposés sur un même sujet. « Elle m'aime, elle ne m'aime pas », perçu au même moment, avait déclenché l'impossibilité de comprendre, et dans ces cas-là notre cerveau disjoncte. Il est incapable de gérer l'information. Le « je t'aime moi non plus » n'est beau que dans la chanson de Serge Gainsbourg.

Milton Erikson a appelé « double bind » ou double lien ce phénomène d'ultimes contradictions intérieures, et en a amplement dénoncé les effets dramatiques sur les comportements et la santé.

Ce qui est apparemment une difficulté peut finalement être d'une grande aide pour mener nos vies. Nos contradictions personnelles intimes sont dangereuses, et si on est vigilant, le malaise dû à ces coupures internes peut aider à prendre des décisions offrant plus d'équilibre et de cohérence. Notre harmonie est à ce prix.

Quand c'est l'autre à son tour qui nous met en double lien en disant ou faisant une chose et son contraire, nommons ce qui se passe, à soi-même d'abord, puis à l'autre lorsque nos émotions ont suffisamment circulé pour ne pas parasiter la communication ni envenimer la relation. Et si cela ne sert à rien, il est sain de choisir la fuite active.

10

S'ENGAGER DANS LA CONFIANCE ENVERS SOI-MÊME COMME ENVERS L'AUTRE

OSER LA CONFIANCE

J'emprunte à Bertrand Martin le titre de son livre, *Oser la confiance*. Bertrand fut un manager qui fit de la confiance une respiration collective, alimentée par une croyance fondamentale en la capacité de l'être humain à rebondir face à la difficulté si l'environnement est suffisamment sain. Grand patron en exercice, alors âgé de cinquante neuf ans, il lui fut proposé par un groupe de prendre la direction de l'entreprise Sultzer en vue à terme de la fermer. Il s'agissait. Il accepta à une condition, celle d'avoir les coudées franches durant six mois. Il s'était donné comme challenge de ne pas céder au désir de fermeture de l'actionnaire. Il n'avait aucune envie de licencier les 400 personnes de cette entreprise qui travaillait dans le secteur des chantiers navals, lesquels fermaient les uns après les autres.

Il chercha donc à la sauver, puis à la rendre rentable.

En arrivant, il ne voulut pas chercher des boucs émissaires, et ne tomba pas dans le panneau de licencier quelques personnes d'office pour avoir la paix auprès de ses actionnaires. Il ne commença pas non plus par donner des ordres à son encadrement en faisant semblant de savoir ce qu'il fallait faire, comme le font une majorité de managers à peine en place pour investir un pouvoir qu'ils ont peur de ne pas savoir prendre. Personne en arrivant n'a encore assez d'informations pour être en mesure de prendre des décisions pertinentes. Aussi est-il préférable de se promener d'abord dans toute l'entreprise, d'aller dans les services, les usines, les départements pour écouter, puis comprendre, au lieu d'avoir l'arrogance ou l'aveuglement de penser pouvoir s'en passer.

Bertrand Martin savait tout cela. Étant au fait de sa carrière et n'ayant plus rien à prouver sauf à lui-même, il prit le risque « d'oser la confiance », et de mener cette démarche à fond, sans concessions, et sans céder au désir d'intervenir à la place des autres quand l'inquiétude le prenait.

Il s'appuya ainsi sur tout le personnel, offrant à ceux qui le désiraient l'opportunité de s'investir et de proposer des solutions pour sortir l'entreprise de sa difficulté. Il fit confiance à l'ensemble des salariés, en leur parlant vrai en permanence, en leur brossant régulièrement des tableaux complets de la réalité de leur entreprise, assez dramatiques au début. La confiance ne peut s'installer qu'à ce prix. Beaucoup de dirigeants cachent des pans entiers de réalité, par peur, stratégies de pouvoir personnelles, ou jugements de valeurs dévalorisants sur les uns ou les autres. Ils font aussi de la rétention d'information par crainte de représailles syndicales. Lui au contraire s'appuya sur eux en tant que partenaires de valeur.

Il précisa lors d'une conférence à tout le personnel qu'il n'avait pas de solution magique pour sauver l'entreprise. Il exprima clairement qu'étant là depuis peu de temps, et manquant encore d'éléments pour savoir quoi faire, il s'engageait à soutenir les plans d'actions constructifs de tous ceux qui voudraient en proposer, quels que soient leurs rôles et leur échelle hiérarchique. Il leur signifiait par là qu'il les considérait comme de bons professionnels, et qu'il avait confiance en leur capacité d'engagement et de mobilisation. Rien de tel que la foi pour réveiller les atouts. « Lève-toi et marche… ».

Et l'entreprise se releva et gagna.

Les hommes en place avaient presque tous répondu à l'appel et s'étaient mobilisés en véritables entrepreneurs d'eux-mêmes et de leur entreprise. Il y eut quelques licenciements incontournables liés à la fermeture définitive d'un des chantiers navals mais, au grand étonnement du préfet de la région habitué à des grèves dures dans son secteur, même là il n'y en eut aucune. Ceux qui furent licenciés furent très vite réembauchés localement, car la responsabilisation et l'efficacité de tous les salariés de chez Sultzer étaient devenues célèbres dans la région. Ils n'étaient pas différents de ceux d'une autre entreprise, simplement, ils avaient eu un patron qui avait refusé la victimisation, la sienne et celle de tous les employés, prouvant qu'ils avaient de quoi tenter par eux-mêmes de s'en sortir et que, si eux n'y parvenaient pas, personne d'autre ne le pourrait à leur place. Il refusait au passage le rôle de sauveteur, et il n'avait persécuté personne en donnant des ordres erronés en arrivant, en sachant à la place de l'autre ou en licenciant prématurément sur décision d'actionnaires gourmands et impatients.

Même ceux qui furent licenciés ne le vécurent pas comme tel. Ils auraient certes aimé rester dans leur entreprise, mais ils comprenaient très bien les raisons objectives qui faisaient que la vie en avait décidé autrement. Ils n'avaient donc pas eu besoin de sauveteur avant de partir, et les syndicalistes n'avaient pas eu à déposer d'avis de grève. Et personne n'avait plus à investir le rôle de persécuteur, car toute l'entreprise s'était mobilisée autour d'un même objectif. Il n'y avait plus de place non plus pour les « petits chefs » castrateurs, dont la volonté de puissance si souvent remplace le sens de l'autre et génère une inefficacité remarquable. Bien sûr, non seulement Bertrand durant tout ce temps là avait travaillé sur lui-même dans des démarches personnelles et avec un consultant pour l'aider à être à la hauteur de son ambition et garder une vision d'ensemble. Le regard extérieur est toujours nécessaire pour garder le cap, car immergé dans la tempête et dans le quotidien, la bonne distance est difficile à conserver. Il avait aussi fait accompagner avec beaucoup d'attention sa hiérarchie intermédiaire, car dans un premier temps, affolée à l'idée de perdre du pouvoir, elle avait résisté un maximum. Je fais souvent intervenir Bertrand Martin à HEC, car il est pour moi l'exemple vivant que la foi en l'autre est d'une efficacité redoutable. Et il est un bon « passeur » pour le genre humain, en entreprise tout particulièrement.

L'EFFET PYGMALION

Si l'on doute du pouvoir de la confiance, l'expérimentation faite dans les années 1960 par le chercheur Rosenthal est intéressante. Les rats aussi…

> Des étudiants, séparés en deux types de groupes, A et B, eurent à observer les performances de rats de laboratoire qui devaient trouver leur chemin dans un labyrinthe. Ceux des groupes A recevaient

l'information que les rats étaient en parfaite condition physique. Les autres au contraire, que les rats étaient en mauvaise forme. L'information donnée était volontairement fausse, les rats des groupes A et B étaient rigoureusement semblables.

Après chaque parcours, les étudiants des groupes A firent état de performances significativement supérieures à celles des autres groupes. Les étudiants avaient ajusté leur comportement à leurs croyances. Les premiers s'étaient retrouvés plus motivés, avaient été plus attentionnés, plus présents pour garantir des conditions d'expérimentation optimales. Les autres avaient été plus distraits, moins présents car, avec de tels rats, les résultats ne risquaient pas d'être très excitants. Les premiers y avaient cru et s'étaient investis, les autres avaient douté.

En 1968, Rosenthal associé à Jacobin continua la recherche, sur l'homme cette fois. Ils gardèrent la même expérimentation avec des élèves d'Oak School aux États-Unis. Ils avaient fait savoir en début d'année scolaire aux professeurs des groupes A que les élèves de leur classe avaient un QI[1] excellent, et qu'ainsi ils allaient pouvoir travailler avec plaisir et passer une super année, tandis qu'aux autres, ils leur souhaitaient bon courage en les prévenant que leurs futurs élèves avaient un QI faible et que l'année ne risquait pas d'être très excitante. C'était l'époque où chacun croyait en l'exclusivité du cerveau gauche logique pour réussir dans la vie et dans ses études, aussi seules ces batteries de tests mesureraient les capacités de performance d'un être humain. Et tout le monde y croyait à fond. Les résultats des QI des élèves avaient été truqués. Comme pour les rats, tous les élèves avaient le même QI.

À la fin de l'année scolaire, le QI de chaque élève fut de nouveau mesuré, et les résultats furent impressionnants. Les élèves en qui l'on avait cru avaient amélioré le leur, tandis que ceux des autres avaient régressé.

Cette recherche offrait des résultats d'autant plus frappants qu'un QI dans une vie ne change pas facilement ! Les présupposés des professeurs, leurs perceptions parasitées par les croyances qu'on leur avait insufflées, et leurs jugements de valeur avaient réussi à déclencher de telles transformations. Leurs convictions erronées à propos de leurs élèves avaient eu un tel impact qu'elles étaient devenues

---

1. QI : coefficient intellectuel d'un individu, mesuré par une batterie de tests reposant sur les capacités d'intelligence logique du cerveau gauche. Ils reposent exclusivement sur des exercices de logique pure.

réalité. Les professeurs, enfermés dans leurs croyances y avaient enfermé leurs élèves. Leur dialogue comportemental inconscient les avait trahis à leur insu.

Ce que l'on décide de voir arbitrairement chez l'autre conditionne ce dernier à l'investir en partie, par un processus inconscient mais efficace de miroirs réfléchissants. Celui en qui je crois réveille ses talents, celui que je dévalorise devient moins bon. Quelle responsabilité et quelle influence chacun a sur chacun...

Quand votre enfant revient de l'école avec son carnet de notes, ne regardez pas en priorité celles qui ne vont pas, mais commencez à regarder celles qui sont bonnes ou se sont améliorées. Très tôt dans la petite enfance s'installe la conviction qu'on y arrivera ou qu'on n'y arrivera pas. Pour s'améliorer et transformer ce qui ne va pas, il faut commencer par s'appuyer sur ses ressources et ses réussites pour garder sa confiance en soi ou commencer à l'investir. Que d'échecs scolaires pourraient être évités par cette simple hygiène de vie. *A contrario*, si votre enfant n'a que des bonnes notes, inquiétez-vous, soit il va bientôt s'ennuyer, soit il va s'épuiser à toujours vouloir être le meilleur, et dans le bon syndrome du premier de la classe, il manquera de créativité par obsession de réussite. Aidez-le à avoir confiance en lui d'une autre façon.

Toute une classe devient mauvaise quand un professeur est las et n'y croit plus, chaque parent a pu le vérifier aussi bien que nos deux chercheurs précédents. J'ai observé régulièrement le même phénomène en entreprise. L'ambiance et les résultats d'une équipe dépendent beaucoup de l'attitude de la hiérarchie, selon le taux de croyance et de confiance qu'elle a en eux, ou l'inverse.

Personne ne peut pas échapper à la force des interactions relationnelles, et à ses boucles comportementales de rétroaction.

Suite aux résultats de la recherche de Rosenthal et Jacobin, l'influence de nos croyances sur l'autre reçut un nom, et fut baptisé l'« effet Pygmalion », du nom d'un sculpteur chypriote de l'Antiquité. Pygmalion avait créé une splendide statue de femme, si belle qu'il en était tombé amoureux. Il la regardait sans cesse, l'aimait comme un fou et rêvait de la voir vivante. Un matin au réveil, il ne la retrouva plus, elle venait de partir. La force de son amour et de son admiration lui avait donné la vie par la grâce d'Aphrodite. La mythologie grecque avait déjà tout dit.

Nous risquons de devenir paralysés si nous nous soumettons à un environnement quotidien hostile qui ne croit pas en nous. La France est très forte pour cela, dans sa politique d'assistanat qui n'offre à la personne en difficulté aucun des outils nécessaires pour pouvoir encore croire en elle. L'effet Pygmalion négatif est à traquer en permanence, et en ce sens le sauveteur du triangle de Karpman est un persécuteur en puissance car, tant qu'il veut « sauver » la victime, il sous-entend qu'elle n'est pas capable de s'en sortir par elle-même.

Changez votre enfant d'école si son institutrice le critique à longueur de journée. Cherchez un médecin qui croit suffisamment en vous pour ne pas vous assassiner prématurément. Et méfiez-vous des proches qui ne croient pas à vos engagements, vous risqueriez de perdre votre confiance en vous dès les premiers obstacles. Si cependant vous pensez, malgré leurs doutes, que vos forces resteront quand même intactes, alors vous ne connaissez pas la dictature de nos neurones miroirs.

LE POUVOIR DES NEURONES MIROIRS

La recherche scientifique découvre depuis tout juste une dizaine d'années l'existence de ces fameux neurones miroirs, qui s'activent dans le cerveau de l'animal ou de l'homme exactement de la même façon et au même endroit, que l'on soit en train de faire un geste précis, ou que ce soit seulement l'autre qui est en train de l'accomplir sous nos yeux. Puisque leur présence permet de stimuler dans notre cerveau les mêmes chaînes neurologiques, que l'on soit en mouvement ou que l'on se contente de regarder celui qui bouge, nous ne pouvons croire en notre indépendance à l'égard du champ perceptif de nos vies. L'environnement me nourrit ou m'appauvrit, que je le veuille ou non, et du coup me façonne. La thèse scientifique actuelle serait qu'il s'agit là d'un mécanisme de défense permettant d'anticiper le comportement de celui d'en face, en vivant sa gestuelle de l'intérieur. S'il est près à nous attaquer, autant le savoir en temps réel pour se protéger rapidement, et ne pas s'endormir à mauvais escient ! Et s'il a de bonnes intentions à notre égard, alors la vigilance n'est pas nécessaire et l'on peut se détendre sans danger.

C'est cela, vivre en société… d'où l'importance des séquences de comportements codées depuis des millions d'années.

L'effet Pygmalion procède de ce même genre de mécanisme, enfoui au plus profond de nous. Nos neurones miroirs nous rendent très influençables et nous enferment dans la croyance de l'autre à notre égard. De même que notre cerveau croit faire des mouvements qu'il ne fait pas, de même il croit sienne la croyance de l'autre, car celle-ci s'exprime aussi par des séquences comportementales, autrement dit par sa gestuelle, ce qui permet de confondre celle de l'autre et la sienne.

Et Pygmalion prend toute sa puissance inéluctable, impitoyable ou merveilleuse selon ce qui est mis aux commandes. Notre visage a plus de 30 muscles à sa disposition, et notre corps 700. Quand quelqu'un regarde l'autre et rentre en interaction avec lui, ses partis pris et ses croyances sont ainsi traduites facilement par de multiples séquences comportementales. De quoi faire travailler sans cesse les neurones miroirs. Notre cerveau a comme toujours beaucoup de pouvoir et si, d'un côté, cette activité neuronale mimétique nous protège, de l'autre, elle est un piège. Pas étonnant que l'être humain soit si facilement influençable.

Ceux avec qui je suis en relation régulière de travail tous les jours, avec qui finalement je passe le plus de temps éveillé années après années, ont forcément un fort impact sur mon équilibre global. L'ambiance, le bien-être ou les tensions, le sens ou l'absurdité d'une situation, des objectifs à atteindre et des pratiques ambiantes, le respect des valeurs prônées ou trop souvent l'inverse, impriment quotidiennement mes neurones miroirs que je le veuille ou non. Notre santé psychique et physiologique en est très dépendante. C'est une des raisons pour laquelle une fois de plus la fuite active d'Henri Laborit est vitale dans certains environnements trop toxiques où l'on s'enlise. Et si nous pensons à l'ambiance de la majorité de nos hôpitaux et à l'esthétisme des chambres, il y a de quoi avoir envie de s'enfuir en courant.

Tout manager devrait avoir comme obsession celle de la qualité de l'air, réelle et symbolique, que ses équipes respirent. La pollution est multifactorielle. Quand je vais pour la première fois chez un client, je demande à me promener un peu sur place pour ressentir ce qui se passe. Très vite je vois si les yeux de la majorité des collaborateurs brillent ou pas, et le diagnostique est simple.

Bertrand Martin avait réinsufflé une qualité d'être impressionnante au sein de toute l'entreprise, alors même qu'elle était encore en pleine tourmente. Il avait décidé de s'appuyer sur les hommes en tant qu'entrepreneurs d'eux-mêmes, dans un environnement de sens et de respect. Cela leur redonnait de la joie de vivre, les reconnectait sur leurs ressources individuelles et offrait de l'efficacité en prime. Et pourtant l'entreprise était loin d'être sauvée au début !

Le plus beau cadeau que l'on peut faire à son entourage est de croire en lui. La plus belle caresse que l'on peut faire à quelqu'un est de penser et lui dire « bravo, je savais que tu y arriverais ». Et la puissance humaine se réveille. L'effet Pygmalion joue un rôle fondamental dans nos vies, et selon le versant qui domine, nous réussissons ou nous ratons nos trajectoires.

Qualité d'air, qualité d'être… nous avons intérêt à choisir des environnements et des interlocuteurs sains pour bien vivre, c'est de notre responsabilité. Mais nous devons aussi être Pygmalion positif de nous-mêmes, en choisissant d'utiliser nos émotions comme des indicateurs de bien-être personnel ou non. Et s'ils sont trop bas, de déclencher d'urgence un plan d'action pour comprendre ce qui se passe et mieux guider notre vie.

Sous le pouvoir de nos prises de conscience, des neurones proches des neurones miroirs vont pouvoir nous aider. Il semblerait, au vu des toutes dernières recherches canadiennes, que parfois le simple fait d'anticiper une action, et donc de l'imaginer, déclenche aussi la même activation corticale que si les gestes étaient réellement effectués par soi ou l'autre. Alors utilisons-les, et programmons leur contenu. Visualisons-nous régulièrement en scénarios de gagnant, imaginons-nous en train d'agir et de réussir concrètement le projet qui nous tient à cœur, et notre cerveau y croira par leur intermédiaire. Depuis longtemps déjà les sportifs du monde entier sont entraînés de cette façon avec entre autres des outils de visualisation empruntés à la PNL (Programmation Neuro-Linguistique), et ce n'est pas pour rien si on leur demande de s'imaginer vainqueur sur la ligne d'arrivée, en se voyant concrètement la franchir. Dans le domaine de la santé, hors de France, beaucoup de techniques associent des thérapies intégratives[1] à des approches méditatives venant de traditions orientales. Elles participent à des guérisons en induisant des effets positifs supplémentaires aux médicamentations chimiques ou aux opérations. En France, peu de médecins et spécialistes imaginent que cela puisse servir à quelque chose, à supposer qu'ils sachent de quoi il s'agit.

La foi en soi et en ce que l'on fait permet d'atteindre souvent les objectifs que l'on se choisit, et offre de se relever de bien des épreuves. Et la foi en l'autre le propulse au meilleur de lui-même, on n'est pas supporters pour rien. La croyance dans les médicaments que l'on prend, appelé l'effet placebo, a au moins 40 % d'influence sur une guérison, les expérimentations de laboratoire en témoignent quotidiennement. L'inverse, l'effet nocebo, est aussi fort. Ma croyance intérieure me guérit, mon désespoir me tue insidieusement ou brutalement. Pour connecter notre puissance et pouvoir utiliser nos ressources en toute circonstance, nous devons croire en nous et en nos atouts individuels, sans orgueil ni vanité, mais en simple stratégie de vie d'acteur engagé face à lui-même. Et choisir des environnements sains qui offrent à nos neurones miroir l'occasion de chanter le meilleur de soi-même.

La foi déplace les montagnes avait déjà enseigné Jésus et d'autres avant lui. « Si quelqu'un dit à cette montagne, ôte-toi de là, et jette-toi dans la mer, et s'il ne doute point en son cœur, mais croit que ce qu'il dit arrive, il le verra s'accomplir[2] ».

LES RESSOURCES DE VIE INDIVIDUELLES

Nous pouvons arrêter avec le fatalisme de l'âge, du terrain ou du pas de chance de la cause extérieure. Si la médecine nous confisque nos atouts personnels parce qu'elle n'y croit pas, c'est de notre responsabilité de ne pas nous laisser influencer. Une majeure partie de nos maladies, 80 % selon certains, apparaissent car nous acceptons de

---

1. La psychothérapie intégrative ou multiréférentielle associe et utilise des thérapies provenant de courants variés, comme les courants cognitifs, analytiques, corporels, humanistes, transpersonnels… le principe étant d'intervenir à différents niveaux de conscience.
2. Évangile de saint Marc.

leur ouvrir la porte, la plupart du temps inconsciemment bien sûr. *A contrario*, notre bien-être et notre équilibre global nous protège.

Comment expliquer que des gens motivés pour en soigner d'autres, souvent dans des milieux ambiants à hauts risques, ne tombent pas malades si ce n'est parce que, en cohérence avec eux-mêmes, ils réveillent des forces intérieures ? À les écouter, ils ne passent pas leur temps à prendre des médicaments. Certes le système immunitaire se renforce en se frottant régulièrement à des milieux pathogènes, mais l'explication ne tient pas lorsqu'il s'agit de bénévoles qui arrivent sur des lieux d'épidémies pour la première fois de leur vie. On pourrait invoquer un terrain favorable, mais ce qui est nommé terrain favorable est loin d'être de la biologie pure, c'est le terme choisi pour masquer subtilement l'ignorance des mécanismes en jeux.

Les statistiques des compagnies d'assurance montrent un pic de mortalité dans les deux à trois ans qui suivent la retraite, indépendamment de l'âge où elle a été prise. Comment se fait-il ?

Beaucoup d'enfants sont malades à la rentrée scolaire, « on » parle de microbes et de virus ambiants, mais il n'y en aurait pas en colonies de vacances ni sur les plages ? Début septembre le soleil est encore là pour bien nous stimuler et le bénéfice des vacances devrait encore jouer. Curieux… Et pourquoi beaucoup d'adultes à fortes responsabilités, eux, attendent les vacances pour tomber malades quand les enfants vont si bien. Lors d'un mariage heureux, nous précisons bien heureux, il est rare que les amoureux tombent malades le jour de la cérémonie.

Qu'ont fait ces êtres humains pour dire à la maladie d'attendre encore un peu ou de s'évacuer d'elle-même tant qu'ils ont le sentiment d'avoir quelque chose d'urgent et important à réaliser ?

En entreprise, un des critères tangibles bien connu de motivation du personnel est le taux d'absentéisme. Dans le taux d'absentéisme, je ne parle pas des absences de printemps dues aux périodes de récoltes en milieu rural par exemple… ou des grèves à la crèche qui imposent de garder l'enfant à la maison… je parle d'absences pour cause de vraies maladies. Mon métier m'a permis de vérifier qu'un management humain, respectueux de soi et de l'autre, et une bonne ambiance, contribuent à diminuer les dépenses de la Sécurité sociale ! Il est sidérant de voir combien un changement de manager peut infléchir dans un sens ou un autre le taux d'absentéisme, alors même qu'aucune décision de nouvelle d'organisation ou autre n'ait été prise. Il en est de même en ce qui concerne les accidents professionnels. Regardez la motivation et observez le bien-être ou non des acteurs de l'entreprise, et vous aurez une corrélation directe avec le nombre d'accidents en usine et sur le terrain. Pas besoin de faire un audit sophistiqué.

Notre façon de vivre les événements de notre vie a un impact énorme sur notre santé globale.

Ray Charles perdit la vue enfant après avoir vu son petit frère mourir broyé dans un tambour de machine à laver. Cinq jours après, un glaucome se développait qui le rendait aveugle. Plus tard pourtant, la joie de Ray Charles s'exprimait à tous moments dans sa musique. L'épreuve, aussi terrible fut-elle, soit lui avait été salutaire en l'éveillant très tôt sur la chance d'avoir reçu la vie et de pouvoir la conserver un moment, soit n'avait pas entamé cette pulsion de vie superbe en lui, soit plus sûrement les deux. Il a su connecter sa puissance intérieure, et s'appuyer sur cette fameuse force de résilience qui offre à chacun la possibilité de se sortir de bien des situations « jugées » irréversibles.

11

CONNAÎTRE ET ACCEPTER LA LOI DU CHANGEMENT

La vie est alternance, coulées de lave, tempêtes célestes et immobilités chatoyantes. L'inhibition d'action et la peur cèdent la place à l'engagement de vivre, et puis la lourdeur du fardeau fait trébucher sur le bord de la route. Le serpent bouge lentement dans le sable brûlant, le scorpion se dresse vers le ciel pour récolter une goutte de rosée lumineuse, chacun, amoureux du soleil et meurtrier en puissance, dangereux, éblouissant, selon… Tout se mélange et se transforme, tout joue et se prend au sérieux, tout est mort et renaissance. La douleur cède la place au bonheur, l'aigreur à la reconnaissance, et tout rebascule éternellement. Le chant et le cri se confondent au loin.

Être sur terre consiste à répondre présent à la vie, dans ses moments d'horreur et ses alternatives de douceur. Il s'agit de s'apprivoiser à ses sautes d'humeur. Il s'agit d'apprendre à nager dans le grand fleuve de la vie, et comme le *Siddhârta* de Herman Hesse, de veiller à toujours évoluer dans le sens du courant.

Il s'agit de s'émerveiller d'Être, de pleurer de joie et d'accepter de pleurer de tristesse, et d'ouvrir ses bras et son cœur inlassablement pour reprendre son souffle.

Le changement fait partie de la vie, sans cesse et sans cesse il nous bouscule, qu'on l'ait choisi ou qu'il nous prenne par surprise.

Il sera d'abord inconfortable, et dans un premier temps nous fera plonger plus ou moins brutalement. L'ampleur de la difficulté et la durée du chavirement seront variables, mais nul ne pourra y échapper.

MORT ET RENAISSANCE EN CINQ ÉTAPES

Nous sommes avec le changement face à une grande loi de la vie, et les lois sont incontournables.

Que se passe-t-il lorsqu'un être humain qui se croit en bonne santé apprend qu'il a une maladie grave, ou qu'un autre habitué à jouer en vain au loto depuis vingt ans gagne pour la première fois une énorme somme d'argent, ou qu'un troisième découvre que son grand amour qui avait disparu depuis sept ans est en train de sonner à la porte ? Tous trois basculeront dans un autre monde. Le système de référence qui était encore le leur quelques instants auparavant vole en éclat.

Lors d'un changement d'une telle ampleur, le sol tremble, l'incrédulité tétanise la personne qui perd temporairement son assurance et ses moyens, que ce soit sous l'effet de l'angoisse, du plaisir ou de l'étonnement. Quelles qu'elles soient, les émotions trop violentes feront d'abord tituber.

La vie sans prévenir a proposé une redistribution des cartes, et fait passer la personne concernée d'un état à un autre sans crier gare. Nul n'est à l'abri ainsi de l'inattendu, pour le meilleur et pour le pire. L'adaptation n'est jamais simple, surtout si l'on veut préserver son unité intérieure.

La docteur Elizabeth Kübler-Ross nous a beaucoup éclairés à ce sujet.

Née en 1926, engagée très tôt à l'écoute des autres, elle s'est occupée de réfugiés juifs qui arrivaient en Suisse durant la seconde guerre mondiale, avant d'aller dans des camps de concentrations s'occuper de femmes et d'enfants en fin de vie. Elle fit ensuite des études de médecine et se spécialisa en psychiatrie. Immigrée aux États-Unis, elle a beaucoup milité pour une mort digne, et s'est entre autres occupée d'enfants en phase terminale ayant le cancer ou le sida.

Elle devint une spécialiste mondialement connue de l'accompagnement des mourants, écrit de nombreux livres et fit des conférences internationales pour partager ce qu'elle avait observé à propos de ce plus grand changement de l'aventure humaine qu'est la mort de quelqu'un. Une constante apparaissait dans le comportement des êtres qu'elle accompagnait, indépendamment de leur âge ou de leur tempérament. Tous avant de mourir traversaient des phases bien précises, cinq exactement. Elles étaient bien sûr franchies plus ou moins vite selon les uns ou les autres, mais nul ne pouvait y échapper.

Ces cinq étapes définissent un processus de transformation lié à toutes les situations de changement, pas seulement celles liées à la mort. Que le changement soit infime ou important, elles sont là. De la même façon que Piaget nous avait fait découvrir les différents stades de structuration de l'intelligence logique chez l'enfant, avec des stades incontournables hiérarchisés, Elizabeth Kübler-Ross nous a indiqué qu'en matière de changement nous sommes dans une même logique. Tant que toutes les phases ne sont pas franchies, le changement n'est ni accepté, ni intégré.

La première phase s'exprime par le déni de la réalité. « Non, ce n'est pas vrai », « c'est ridicule, cela n'a pas de sens », « si c'était vrai, ça se saurait », « c'est trop beau, je ne peux pas y croire ».

Le cerveau n'a pas été préparé à lire et à interpréter ce qui arrive. Comme il ne sait traiter l'environnement qu'à partir des traces qui sont les siennes, il n'a pas encore les codes de lecture nécessaires pour comprendre ce qui arrive. Notre espèce animale n'est pas très douée pour le changement, ou du moins pour le franchir aisément. Certes l'évolution a permis d'accéder à d'infinies variétés de vies, toutes plus extraordinaires et prodigieuses les unes que les autres, mais depuis le bing bang, que de temps passé pour les faire émerger !

Dans les cas extrêmes de grands bouleversements émotionnels, ce déni peut être remplacé par un état dit de sidération. Nous avons déjà fait allusion à cet état dans ce livre, mais il est tellement lié à la grande loi du changement que nous choisissons de nous y arrêter de nouveau. En état de choc, la personne ne saura pas ce qui vient de se passer, n'aura rien vu ni rien entendu. Son cerveau limbique, sous l'émission d'une émotion de peur trop brutale, aura stoppé toute possibilité de transmettre l'information au niveau du cortex conscient. La situation dans son ensemble n'aura carrément pas existé. L'animal tétanisé par la peur se retrouvera en état d'inhibition et, cloué sur le sol, se fera manger sans défense par le prédateur. L'état de sidération l'aura empêché de s'enfuir, mais en même temps il lui aura permis de ne plus rien ressentir, ni douleur physique, ni peur. Encore un très vieux système de protection biologique, à double tranchant. C'est en reconnaissant l'horreur que l'être humain peut lui faire face et la surmonter au mieux.

La connaissance des mécanismes du cerveau ne fait que confirmer ce que la docteur Kübler-Ross avait observé si souvent. Sans aller jusqu'à l'état de sidération, cette attitude schizophrénique qui nie la réalité, ce Non de départ à tout changement est du même ordre. Une information a beau été donnée par l'environnement, à ce stade notre cortex rationnel refuse encore de la traiter. Il en est dans un premier temps physiologiquement incapable. Il faut que du temps passe. Au début, sous la dictature émotionnelle, les informations restent dans le cerveau limbique ou dans le cortex droit, celui qui ressent mais n'analyse pas. Et ce n'est que lorsque les émotions de départ baissent d'intensité que, sous l'impulsion du système limbique qui se libère du premier choc et du cortex droit qui en reçoit l'information, le cortex gauche pourra enfin analyser la situation.

Alors et alors seulement, la phase de déni pourra être franchie. Celle-ci pourra durer une seconde, une semaine, une année, toute une vie, selon… et il en sera ainsi pour les quatre autres phases. Chacune durera le temps qui sera le sien, en lien avec l'environnement, son contexte, et les personnalités présentes.

La deuxième phase s'exprimera par de la colère. « Pourquoi ça m'arrive à moi ! », « je ne mérite vraiment pas ce qui arrive ». L'existence de la situation est reconnue, mais cet état de fait est accompagné d'un grand sentiment d'injustice. Alors on s'énerve facilement, on se plaint, les communications peuvent devenir orageuses avec les interlocuteurs, on tempête pour un oui pour un non, et l'on se choisit un ennemi de service. La route sur laquelle on marchait semble s'interrompre de façon brutale et arbitraire, sans concession et sans appel. Justement, ce sans appel est inacceptable. Il déclenchera une révolte qui permettra à la colère de se déverser, libérant ainsi le passage à la phase suivante.

Et si tout cela pouvait être évité ! Avec cette troisième phase une stratégie de contournement va voir le jour. « Avant c'était mieux, ce n'est pas possible, il y a une erreur, je vais avoir une deuxième chance ». On va agir pour essayer de transformer la réalité, et faire qu'hier soit encore aujourd'hui. C'est alors la place du marchandage, et des négociations avec la vie et ses événements, pour de nouveau tenter de nier la réalité et retourner en arrière. Alors apparaissent des raisonnements sophistiqués pour nier l'évidence, et la personne tentera de négocier avec les acteurs impliqués de près ou de loin dans le changement, afin de leur démontrer ou de leur faire dire qu'ils s'étaient trompés, ou pour leur demander une deuxième chance pour revivre comme avant, ou une dernière. Certains exigeront, d'autres supplieront, pendant que d'autres encore se réfugieront dans la prière pour implorer que ce qui est ne soit pas. Mais si le changement est réel, cela ne changera rien à ce qui se passe. À un moment donné, qu'on le veuille ou non, il faudra bien se rendre à l'évidence, la situation de changement est là, impossible de lui échapper.

Et la quatrième phase arrivera au détour du chemin, fréquemment sans prévenir. « Ce ne sera jamais plus comme avant, c'est terrible ». La personne s'effondre, l'espace d'un instant ou pour longtemps. Période de déprime, dépressions, somatisations, le corps et le mental savent bien qu'hier n'est plus, et chacun dérape à sa façon. L'être humain craque, il intègre enfin ce qui est en train de lui arriver, mais il ne le supporte pas. Il se rend compte qu'il devrait accepter, mais il s'en sent incapable. C'est trop difficile. Pourtant quelque chose en lui sait bien qu'il faudrait réagir. Tant qu'il ne le fait pas, son système immunitaire en souffre, et son appétence de vie diminue, cédant la place à une inhibition d'action qui peut être dangereuse. Les somatisations de toute sorte s'expriment, choisissant comme toujours les défaillances génétiques de chacun, en interaction avec son environnement. Et les tendances dépressives trouvent là un terrain de prédilection. Le cortex préfrontal gauche enregistre une diminution de son activité de plus en plus intense si l'état dépressif s'installe.

Lorsque la cinquième phase émerge, ce sera enfin la sortie du tunnel, car elle est celle de l'acceptation de ce qui est. « OK, ce n'est pas ce que j'avais prévu, ou ce que j'avais imaginé, mais puisque c'est là, c'est là ». En toute conscience, l'individu va enfin accepter ce qui lui arrive, il arrêtera d'être focalisé sur ce qu'il vivait hier. Il va maintenant pouvoir investir sa nouvelle histoire et se mettre à la vivre, car dans les phases précédentes, il mettait toute son énergie à résister à ce qui était sous ses pas. C'est ainsi qu'après la période inévitable de déstabilisation, plus ou moins longue, plus ou moins forte qu'il vient de traverser, l'être humain reprendra les rênes de sa vie et pourra en redevenir acteur à part entière.

Tant qu'il résiste, l'homme ne passe pas la cinquième phase. Ses émotions alternent entre la peur, la colère ou la tristesse. Il se fait du mal, il fait du mal à son entourage, et n'est d'aucune efficacité pour gérer ce qui lui arrive. Ce n'est que lorsqu'il lâche prise dans le sens oriental du terme, en quittant ses adhérences au passé, qu'il pourra ré-enchanter le monde et redevenir responsable de lui-même. Les émotions perturbatrices auront circulé après s'être exprimées, le cerveau se sera libéré, et l'être humain est prêt à renaître pour une nouvelle aventure. Hier n'est pas oublié pour autant, il est simplement remis à sa juste place, comme un patrimoine témoin d'une tranche de vie passée, que l'on peut continuer à honorer si l'on en a envie, mais sans confusion, à la bonne distance là encore. Est-ce que l'on oublie quelqu'un que l'on aime et qui meurt ? non. Mais dès que l'on a franchi la fameuse courbe au sujet de sa disparition, on peut recommencer à vivre, retrouver la joie et l'émerveillement, tout en continuant à faire vivre au quotidien, à l'intérieur de soi, celui qui est parti. La mort de l'être humain aimé est un héritage intérieur qu'il s'agit d'honorer en grandissant dans le plus beau de soi-même. Mais pour y arriver, il faut avoir franchi la courbe de changement.

Dans cette acceptation de « l'ici maintenant », on a pu observer que le cortex préfrontal gauche se met à jouer un rôle prépondérant. Il est tout particulièrement impliqué dans les processus de lâcher prise. Après deux minutes de méditation, des moines tibétains qui méditent chaque jour depuis leur enfance sont les seuls à avoir une très forte augmentation de l'activité de cette partie du cerveau. Méditation, lâcher prise, moment présent, nous sommes dans un même champ de référence. Ce cinquième stade de la courbe de changement est celui de la libération, car les émotions négatives liées au changement se seront évanouies. Le cortex préfrontal gauche qui avait été comme débranché précédemment se sera remis à travailler. Et notre candidat du changement sera étonné de ressentir de nouveau de la joie de vivre, ou de trouver un sens là où précédemment il craignait de ne plus pouvoir en rencontrer. Il est sympa ce cortex frontal gauche, car il est plus actif chez les personnes optimistes que chez les autres… alors autant le cajoler en méditant régulièrement.

COURBE DE CHANGEMENT ET SAUT DE TARZAN

Les cinq phases de changement, déni, la colère, la négociation, la dépression, l'acceptation, peuvent être représentées sous la forme d'une courbe, appelée aussi la courbe de mort et renaissance, ou courbe de deuil. La courbe plonge jusqu'au cinquième stade, indiquant une perte d'efficacité au fur et à mesure que le temps passe. Ce pourra être une chute de productivité dans le travail, des sautes d'humeur, de la difficulté à trouver le sommeil… L'équilibre intérieur est temporairement atteint et la perte de confiance en soi quasiment inévitable. Quel que soit le changement, nul ne peut échapper à la déstabilisation. Alors nous tentons des passages artificiels en force, nommés « saut de Tarzan » dont l'effet boomerang fait repartir à zéro. Nous pensons pouvoir museler nos émotions, et faire l'économie des différentes phases, mais notre cerveau ne sait pas faire. Nous devenons pareil à cet équilibriste qui s'envole pour attraper un trapèze caché par des nuages, et qui n'attend pas que ceux-ci s'évaporent pour sauter. Alors il rate son but et devra recommencer en attendant le bon moment cette fois.

Même quand un changement est choisi, les cinq étapes sont inévitables, ce qui intellectuellement est plus difficile à comprendre car comment se fait-il que ce que j'ai voulu puisse me déstabiliser ! Et pourtant. La dépression post-natale en est un exemple frappant. Dans la semaine qui suit la naissance d'un enfant, toutes les mères passent par quelques jours de dépression, y compris lorsque tout s'est bien passé, que l'enfant est normal et qu'il était totalement désiré. Deux causes principales sont à l'origine. L'une, le bouleversement hormonal qui perturbe et fatigue l'organisme et le rend plus vulnérable au diktat des émotions, et l'autre, une énorme courbe de changement inévitable. Voir enfin de ses yeux cette vie qui bougeait en soi, et se retrouver engagée dans une longue, très longue aventure avec ce petit être, le sentir si présent et si fragile, projette la mère, qu'elle le veuille ou non, dans une turbulence émotionnelle majeure. Il y a celles qui l'entendent, et celles qui se cramponnent sur le saut de Tarzan par devoir ou inconscience. Le déni commencera par refuser d'entendre la peur qui émerge car, passés les premiers jours de joie, la responsabilité de cette vie est quasi effrayante. Comment être sûre d'être à la hauteur quoiqu'il arrive. Et ce quoiqu'il arrive est terriblement angoissant car la fusion avec ce petit être est encore omniprésente et génère toutes les angoisses de mort inscrites chez l'être humain. Puis la colère pointera son nez car c'est agaçant de ne pas se lever instantanément et de se sentir fatiguée. Et tous ces gens qui viennent déjà, qui restent trop ou pas assez longtemps et qui dérangent, ou au contraire ne font pas signe, c'est énervant. La phase de négociation trouvera qu'hier, avec ce bagage de responsabilité en moins, c'était quand même bien aussi. Maintenant il y a un fil à la patte, certes tissé d'étincelles de lumières, mais il est là et la liberté ne sera plus la même. Et la fameuse étape de dépression émerge. Elle est souvent étouffée car ça ne se fait pas. Personne ne comprendrait. Et la dépression rejaillira à la moindre difficulté car les émotions qui l'alimentent seront encore là. Mais quand enfin la maman reconnaît sa fragilité et l'accepte, intègre que le cordon ombilical vient concrètement d'être coupé, et prend conscience que ce n'est pas parce qu'elle a mis au monde un être humain qu'elle a pour autant tout pouvoir sur la vie, ni donc une responsabilité absolue trop lourde par essence, alors la courbe sera franchie. Le père s'il est présent vit aussi une courbe de changement, mais elle est moins essentielle car il n'a pas vécu la fusion de la maternité.

Partageons maintenant les effets d'un changement simple et désiré, simple seulement en surface, car ici comme ailleurs, la loi de la vie est toujours présente.

> Marie-José était heureuse. Elle avait un mariage paisible, deux petites filles qu'elle adorait, un mari qui gagnait bien sa vie, et elle ne travaillait pas, par choix personnel. Elle eut envie de changer d'appartement pour en prendre un plus grand. Elle prit son temps, et au bout d'un an de recherche elle trouva celui de ses rêves. Le déménagement eu lieu en fin de période scolaire pour que ses filles ne soient pas changées d'établissement en cours d'année. Et Marie-José eut mal au dos, pensa qu'elle en avait trop fait physiquement, et nia le message de son corps. Elle s'énervait sur ses filles, ce qui ne lui était jamais arrivé auparavant, et trouvait que son mari rentrait trop tard du bureau alors qu'il n'avait en rien changé ses horaires. Elle retourna faire ses courses dans son quartier précédent, car elle ne trouvait pas le fromage qu'elle aimait, et les légumes étaient moins frais, quant au pain n'en parlons pas. Elle se mit à perdre doucement sa joie de vivre jusqu'à entamer une dépression qui dura plusieurs mois. Elle se noyait dans des verres d'eau et en faisait des montagnes. Elle ne pouvait même plus recevoir ses amis, elle qui aimait tant cela avant. Marie-José a vécu toutes les

étapes de la courbe de changement sans que ni elle, ni son environnement ne comprenne ce qui s'était passé. Elle avait tout simplement perdu ses repères habituels en déménageant, et chez elle les émotions avaient été particulièrement intenses. Plus elle était mal dans sa peau, plus elle perdait confiance en elle. Elle s'était mise à culpabiliser car elle avait imposé ce changement à toute sa famille, et ses filles n'avaient pas encore retrouvé d'amis à l'école.

Nos changements choisis nous font souvent faire le saut de Tarzan. Le déni de la situation commence vite, l'auteur du changement ne voit aucun dysfonctionnement. Alors souvent, enfermé dans un « double lien » inconscient, il affirme que tout allait bien quand chacun se rend compte que la situation commence à se dégrader. Et il risque d'accumuler erreurs sur erreurs. Au stade suivant, face aux difficultés qu'il reconnaît enfin, il se mettra en colère pour un oui pour un non, critiquant ce qui se passe, et s'énervant sur les autres de préférence. Il ne pourra pas encore envisager sa part de responsabilités. Ici encore le principe du bouc émissaire fonctionne très bien. S'il commence à reconnaître certaines erreurs, ce sera quand même à cause des autres, du patron, des collaborateurs, de la boulangère, du voisin de palier, de sa femme et au final, mais oui bien sûr… de sa belle-mère. Mais devant les obstacles, il commencera à regretter de s'être mis dans cette situation. Il s'ensuit des moments de déstabilisation souvent accompagnés de doutes personnels et de périodes d'inconforts. Et sa colère se retournera contre lui. « Mais pourquoi je me suis embarqué dans cette histoire », « qu'est-ce qui m'a pris, c'était bien, avant ». S'il a entraîné ses proches dans ce changement, la culpabilité fera son apparition avec son lot d'accusations personnelles ou celles induites par les autres. « Je n'aurais pas dû ». Il remettra son choix en cause, et sera traversé par l'idée de négocier un retour en arrière, ou de renoncer. Mais souvent c'est trop tard. La perte de la confiance en soi occupera le terrain, avant de céder la place à la déprime et aux somatisations diverses. Là encore, seule l'acceptation de ce que l'on est en train de vivre et découvrir permettra de remonter la pente. Alors des portes s'ouvriront, offrant des opportunités constructives. Centré sur ses schémas passés pour cause de précipitation, Tarzan avait été trop occupé à sauter fébrilement d'arbres en arbres pour les entrevoir.

DU BON USAGE DU CHANGEMENT

Ce qui est banal quand on connaît la courbe prend beaucoup trop d'importance quand on l'ignore, et les émotions en profitent pour s'autoalimenter.

Elizabeth Kübler-Ross nous a rendu un service immense en nous faisant connaître cette grande loi de la vie. Savoir, que quel que soit le type de changement les déstabilisations initiales sont normales, que nous ne pourrons pas être efficaces et heureux tout de suite, même quand nous avons appelé ce changement de tous nos vœux, que les adhérences au passé sont inévitables, que la perte de confiance en soi fait partie du chemin et que ce sera temporaire, qu'une fatigue ou une petite déprime n'ont rien d'anormal, savoir tout cela permettra de remettre à sa juste place ce qui est en train de se passer.

Alors la grande force consiste à accepter. Accueillir ce que l'on ressent, en spectateur impliqué, sans jugement ni complaisance, afin que les émotions liées à chaque stade puissent s'exprimer pleinement et disparaître rapidement. La volonté et le courage seront nécessaires, car rien de plus inconfortable que de laisser les émotions perturbatrices nous envahir, sans leur résister, sans chercher à les évacuer prématurément. Si nous ne les honorons pas complètement, nous risquons de rester bloqués sur l'une des phases et de ne pas pouvoir atteindre la suivante, encore moins la dernière, ce moment béni où nous redevenons enfin capables de répondre présent à ce que la vie nous propose.

C'est donc en toute responsabilité qu'il s'agira d'honorer les perturbations liées à chaque phase. Mais là encore le chemin n'est pas simple. Nous aurons à gérer des paradoxes permanents. Tandis que nous accepterons de vivre pleinement les émotions présentes, nous devrons en même temps veiller à leur interruption. En effet, les émotions quelles qu'elles soient s'autoalimentent si nous n'y prenons garde. Elles se mettent à tourner sur elles-mêmes, déconnectées des causes qui les avaient initialement déclenchées. Et nous restons prisonniers de la courbe à l'endroit de leur première émission. L'autoallumage des émotions est contagieux, et dégrade son propriétaire autant que les êtres et les situations de son milieu socioprofessionnel et affectif. Aussi nous devons être des acteurs très présents dans ce processus. Ce n'est pas pour rien si le saut de Tarzan est si répandu pour tenter d'échapper à cette responsabilité, sauf qu'en l'investissant on fait soi-même son propre malheur. On se promène alors en aveugle pour éclairer une situation inconnue, sans canne et sans béquille, sans chien pour se faire guider, les oreilles fermées pour ne pas être perturbé par ce qui se passe, et l'on entraîne tout le monde dans sa chute !

Dans l'entreprise, les courbes de changement sont une denrée quotidienne. Quand un nouveau manager arrive à la tête d'une entreprise ou d'un service, qu'un concurrent surgit quand personne ne s'y attendait, que les chiffres deviennent catastrophiques, que la crise économique affole tout le monde, l'entreprise entière sera percutée par le changement. Toutes les courbes des acteurs présents se mettront à interagir les unes sur les autres. Chaque être est différent, les courbes ne sont pas franchies de façon synchrone, c'est là que réside la plus grande difficulté dans l'art de manager. Le responsable devra particulièrement travailler sur lui pour s'interdire le saut de Tarzan et franchir sa propre courbe avant d'accompagner ses collaborateurs. Il ne pourra en effet que semer le désordre s'il est sur le déni et refuse de voir la réalité, s'il est dans sa phase de colère et que tout l'énerve, s'il reste « scotché » sur le passé et n'envisage que des stratégies obsolètes et coupe toute initiative, ou s'il déprime et ne voit plus ce qui ne va pas, et que l'énergie lui manque. Mais après avoir franchi sa propre courbe en manager conscient et investi de sa responsabilité personnelle et collective, il sera alors en mesure de veiller à ce que les facteurs clés qui permettent de réduire le temps de passage des autres courbes soient réunis.

Chaque situation est spécifique, les enjeux ne sont pas simples, le temps n'est pas élastique, et la contrainte de résultats ne peut pas être ignorée pour autant. L'acceptation d'un chaos temporaire, et la dynamique de son interruption dans un temps relativement restreint, est l'un des paradoxes à gérer dans la responsabilité managériale. De surcroît il n'est pas facile de s'accompagner mutuellement dans le changement quand chacun est concerné. Bertrand Martin ne s'y est pas trompé. Dans ces moments-là, il est bon de se faire aider par un regard extérieur pour prendre des décisions en phase avec ce qui est, avec le courage de regarder ce que l'on génère afin d'éviter la tentation du bouc émissaire. Plus que jamais il s'agit de rester calme, les yeux ouverts, responsable, au service du Sens et des Hommes. Si le sens est absent, et les valeurs une vieille histoire que l'on promène sans les honorer, quoique l'on fasse, les courbes de changement ne risquent pas de se franchir rapidement, car l'absurde ne libère pas du passé. Seules les étoiles font relever la tête et respirer.

12

RECONNAÎTRE ET ACCEPTER D'ÊTRE HUMAIN

DE LA NÉCESSITÉ D'ÊTRE HUMBLES MAIS PRÉSENTS

L'homme est beaucoup plus fragile qu'il ne l'a cru pendant des siècles. Il se croyait tout puissant, voilà que son cerveau est son maître essentiellement à son insu, l'imagerie médicale et les neurosciences ne lui permettent plus d'en douter. Il se pensait unique, il n'est qu'une espèce animale parmi tant d'autres dont il partage la majorité des comportements. Il se croyait au centre du monde, non seulement sa planète est noyée dans une galaxie, mais celle-ci l'est elle-même dans un milliard d'autres galaxies. Nous avons ainsi vécu dans notre ego collectif trois désillusions de taille au siècle dernier, car il fallu les avancées scientifiques pour en prendre clairement connaissance. C'est excellent pour se réveiller. Plutôt que de nous en attrister, nous pouvons choisir d'être fiers de faire partie d'un univers si vaste, émerveillés de tout ce qui nous entoure, et rendre grâce à chaque instant du souffle de la vie en nous, cette grande inconnue que l'on ne domine pas mais dont nous avons reçu temporairement la jouissance. Mais il ne s'agit pas de s'endormir pour autant. Vu l'état des relations sur la terre, nous ne pouvons plus céder à la tentation renouvelée de l'arrogance, ni à celle de la fuite en avant dans des courses effrénées, ni à celle qui consiste à se fermer les yeux en nantis gavés et satisfaits parce que nous sommes nés à un endroit apparemment confortable. Il devient crucial, quand d'un côté des habitants consomment sans cesse de façon compulsive, et que d'autres sont en proie à la plus extrême pauvreté, de faire de la responsabilité individuelle une ambition commune. La méchanceté est rarement aux commandes, seuls la souffrance, les conditionnements primates et la non-conscience égarent « le petit homme » qui réside en chacun d'entre nous. Et la contagion des émotions fait le reste.

SORTIR DE L'ALIÉNATION
DU TRIANGLE DE KARPMAN

Que faire pour échapper à l'engrenage de ces postures comportementales systémiques si promptes à jaillir chez chacun. Ce ne sera pas en refusant les réalités de la vie que l'on peut évacuer les difficultés réelles et objectives d'une situation. Ce fameux lâcher prise, cette acceptation active de ce qui est, sera indispensable pour échapper aux jeux pervers du triangle de Karpman.

Souvenons-nous, la façon de vivre un événement est plus importante que l'événement lui-même. Soit l'on peut agir dessus, et autant être en possession de tous ses moyens, soit l'on n'a aucune prise sur lui, et autant travailler sur soi pour l'accepter. L'énergie se fourvoie à trépigner ou à pleurer de façon stérile devant les épreuves de la vie. Pas de victimisation ici, pas de sauveteurs ou de persécuteurs. Juste une présence responsable face à ce qui est, avec la tristesse en alliée passagère.

Dans la névrose collective du triangle de Karpman, un point commun aux trois postures est de faire de sa souffrance personnelle le centre de ses comportements, de lui offrir trop d'espace, et de s'y complaire. Et chacun le fait à sa façon. La victime trouve tellement injuste ce qui se passe. Elle se laisse chavirer, écrasée, colère refoulée, peur au ventre et tristesse non assumée en toile de fond. Le persécuteur tire sur tout ce qui bouge sous l'emprise d'une colère permanente face à ce qu'il ne supporte pas, et le troisième cherche sans cesse à colmater les brèches, triste devant la réalité et cherchant à la nier par un activisme débordant sur les autres, ces pauvres autres qui forcément souffrent encore plus que lui. Mais tout cela ne fait qu'empirer la situation, car les acteurs se trompent de combat. C'est la vie contre laquelle ils luttent, quand c'est de leur difficulté à accepter ce qu'elle propose dont il s'agit. Le seul combat à mener est celui de dépasser sa souffrance après l'avoir reconnue, de refuser de la laisser s'installer, de s'interdire de s'y enliser, et d'utiliser les atouts dont on dispose pour améliorer ce qu'il est possible de faire évoluer, ou simplement traverser ce qui ne peut être transformé.

Un deuxième point commun aux protagonistes du triangle est de donner trop d'importance à l'autre, de lui être attaché, d'en être dépendant, et par des liens trop serrés de générer une foule d'attentes à son sujet. Son comportement est sans cesse dans le champ de mire, et immobile, le doigt sur la gâchette, chacun est prêt à tirer à sa façon. Alors comme le cerveau a horreur du vide et est fait pour agir, selon le moment et les circonstances, l'une des trois postures sera investie activement. L'épidémie est redoutable car elle trouve en chacun un terrain favorable. La nature semble avoir sélectionné ce type de comportements dès la moindre difficulté personnelle. C'est dans l'épreuve le moment de se rappeler que même dans la plus grande proximité nous sommes des êtres concrètement séparés, et que la vie de chacun appartient à chacun. Si l'autre agit à ma place alors que je ne me mets pas en chemin, à quoi cela me servira-t-il, sinon d'être un assisté à vie ? C'est en partenaires différenciés et entiers que les situations difficiles se résolvent le mieux. Travaillons nos forces intérieures, et ne ratons jamais l'occasion de voir la beauté où elle est au lieu d'avoir les yeux rivés sur l'autre et de rentrer dans des jeux pervers.

Dans l'investissement des postures du triangle infernal, au nom finalement de cette non-acceptation de ce qui est, de ces attentes multiples, et des jeux de dominants/dominés permanents, nous devenons aigris, maladroits et brutaux. Si le ressentiment est en nous, ouvrons les yeux, il y a de fortes chances pour que nous soyons en train de nager dans les eaux troubles générées par ce triangle.

Regardons maintenant le dernier ingrédient, celui de la « volonté de puissance » personnelle dont Nietzsche a si bien décrit les effets, cette posture qui, lorsqu'elle ne sert pas à exprimer le génie de chacun, cherche à attirer l'autre dans ses filets ou à l'y enfermer, et qui se glisse partout, rendant la vie quotidienne sinon pleine d'embûches du moins inutilement compliquée. Ici elle sera détournée et perverse. La victime l'utilisera en attirant l'attention par ses lamentations, et jouira ainsi de son pouvoir, car difficile de la laisser mourir sur le chemin. Le sauveteur se rendra tellement disponible qu'il en deviendra indispensable. Il se veut incontournable, et investira ainsi le territoire de l'autre dans une hypocrisie complète.

Et le persécuteur usera de sa force et de son autorité pour réformer le monde selon ses propres critères et ainsi impressionner les faibles ou les prisonniers du système, tout système confondu. Ainsi, ainsi, ainsi… chacun enferme chacun, et passe du ressentiment à la satisfaction d'enchaîner son voisin, ne résolvant pas la difficulté du moment mais faisant semblant en s'agitant de la traiter.

La vie est tellement plus simple quand nous refusons ces comportements névrotiques.

Car contre qui s'énerver, qui jalouser ou envier, qui persécuter, qui faire semblant de sauver, auprès de qui se plaindre, si l'autre est mis à sa juste place. Pourquoi s'enliser dans la souffrance, s'effondrer ou se brutaliser, si nous acceptons ce qui est. Pourquoi faire semblant de sauver l'autre si c'est pour en faire un assisté à vie. Enfin pourquoi avoir si peu confiance en soi pour tomber si souvent dans cette volonté de puissance, qui, soyons-en conscients, n'est en fait qu'un aveu d'impuissance, un cri pour exister.

Vivre demande de s'engager et non de s'agiter fébrilement. De jouer chacun sa propre partition, sans empiéter sur le territoire de l'autre et sans jeux inutiles. D'être des partenaires et non des ennemis, afin d'éclairer nos routes au lieu de les assombrir. En agissant ainsi individuellement et cependant ensemble, l'Homme risque moins de se perdre.

LA FORCE DU PARTENARIAT

Je travaillais alors avec la Poste, plus particulièrement auprès du patron de la région Nord-Pas-de-Calais de l'époque, lorsque je pus professionnellement vérifier combien un management respectueux de l'autre et centré sur le partenariat pouvait mettre à distance toute tentative de triangle de Karpman et éviter bien des grèves.

Ce patron était un de mes clients depuis quelques années déjà, et j'animais fréquemment dans sa région des séminaires d'analyses stratégiques pour ses équipes de directions. Fin 1989 début 1990, il eut peur d'un conflit grave avec ses syndicats et me demanda de venir l'aider. Quelques années auparavant son prédécesseur avait été séquestré deux jours durant, et il craignait de subir le même sort. Une nouvelle loi les concernant allait sortir prochainement, et il avait très peur de la réaction des syndicats. On ne change pas en France si facilement les habitudes, et encore plus difficilement celles de certains fonctionnaires en place. Tous les patrons de la Poste redoutaient des grèves, et en effet durant plusieurs jours les centres de tris postaux de tous les départements français furent paralysés, sauf,…, ceux de sa région, le Nord-Pas-de-Calais.

Comment avions nous remporté cette victoire ?

Autant il est difficile d'interrompre le cercle vicieux du triangle de Karpman une fois présent, autant il est simple d'en empêcher en amont l'apparition. S'engager, respecter tous les acteurs en jeu, être ensemble, refuser les jeux de dominant/dominé, écarter les stratégies de bouc émissaire, voilà quelques simples ingrédients de base.

J'incitai mon client à regarder la réalité en face, et à accepter l'importance du rôle des syndicats. Ce n'était sûrement pas en les stigmatisant ou en les ignorant que sa région traverserait la difficulté à venir. Je lui rappelais le bien-fondé et l'importance de la mission syndicaliste quand des problèmes qui devraient être résolus dans une entreprise publique ou privée ne le sont pas, et notais que si certains syndicalistes sont obsédés par le conflit, d'autres au contraire ont réellement envie de jouer les régulateurs sociaux à bon escient. La stratégie que je proposais consistait non seulement à les reconnaître, mais à s'appuyer sur eux. Je l'ai accompagné pour qu'il transforme son regard et accepte la différence de l'autre. Et que malgré des comportements parfois extrêmes ou maladroits de certains syndicalistes, il puisse lire l'intention de départ qui souvent est pure avant que la personne ne se fourvoie face à des problèmes qu'elle ne sait pas résoudre, ou face à de vieilles souffrances récurrentes qui se réveillent. Il faut reconnaître que les comportements dans sa région avaient été brutaux puisque son prédécesseur avait été enfermé deux jours, et qu'il fallait vraiment faire l'effort de transformer son regard. Je lui ai proposé de chercher parmi les syndicalistes influents de sa région ceux qui seraient des interlocuteurs pertinents, s'étant engagés dans la voie du syndicalisme pour protéger les salariés et non pour s'opposer caricaturalement et systématiquement au patronat. Je lui ai suggéré de dialoguer avec eux rapidement, en les traitant d'égal à égal car ils avaient une tâche commune à résoudre ensemble, celle d'accepter et de faire accepter à tout le personnel une réforme incontournable imposée par le gouvernement.

Il reconnut que sans eux, sans leur intelligence de terrain et leur mobilisation en amont, il ne s'en sortirait pas, et il le leur fit savoir. Ils organisèrent des réunions de travail pour analyser la situation et arriver à des constats communs, puis ils décidèrent ensemble des stratégies à retenir afin d'éviter des arrêts de travail et des grèves qui à terme pénaliseraient tout le monde. Ils firent circuler l'information, chacun à son niveau et dans son territoire. Que signifiait cette loi ? Qu'allait-elle déclencher et changer au quotidien ? Quelles étapes concrètes pouvait-on déjà imaginer et envisager ? Et ils insistèrent aussi sur les marges de manœuvre possibles, laissant ainsi la porte ouverte à la créativité des uns et des autres.

Et le triangle de Karpman n'eut pas de victimes à se mettre sous la dent. Chacun était dans son identité et sa responsabilité, les missions spécifiques du patronat et du syndicalisme avaient été respectées, tous avaient compris que l'opposition est stérile et que l'alliance était la meilleure des stratégies. Certes quelques réunions avaient été vives, surtout au début, mais au final elles s'étaient révélées productives.

Ce directeur de région n'a pas joué les persécuteurs bien au contraire, il n'a pas fui pour autant, et il n'a pas cherché à cacher la réalité pour faire semblant de protéger tout le monde. Tous les collaborateurs furent reconnus car rien de tel que de se donner le temps de communiquer, rien de tel que de reconnaître l'importance de chacun et lui laisser sa place, rien de tel que de dialoguer avec ceux que l'on craint, et ce fut en s'alliant à ceux qu'il redoutait le plus autour d'une cause commune que tout le monde s'y retrouva. En entreprise, la grève est souvent une des conséquences d'un fonctionnement collectif de ce fameux triangle. J'avais basé toute ma stratégie de conseil sur son évitement.

Mais l'ingrédient de réussite fondamental au départ que je n'ai pas encore cité ici, avait été la confiance réciproque que ce client et moi avions l'un envers l'autre, et que nous avons toujours gardée durant la mission. Je l'appréciais et j'étais convaincue de la réalité de sa mobilisation. Quant à son engagement et son désir de protéger son institution et les hommes de sa région, ils ne faisaient aucun doute. Et lui me savait quelqu'un d'également engagée, motivée à faire gagner tout le monde, transparente sur mes intentions et toujours prête à reconnaître une éventuelle erreur de stratégie de ma part, même et surtout dans mon rôle de conseil. Grâce à cela, toute difficulté rencontrée était instantanément partagée, les doutes aussi, et personne n'avait besoin de se protéger, de se plaindre ou de critiquer l'autre. Chacun avait offert à l'autre de déclencher le meilleur de lui-même.

ACCEPTER DE TOMBER

En période de changement, autant dire dans le quotidien de la vie, le triangle de Karpman est à la croisée des chemins dès que l'on manque de vigilance. Son alliance avec les différentes phases des courbes de changement est une vraie catastrophe, et tout le monde se fait du mal.

Pour interrompre ce duo, il sera important de se souvenir que dans l'histoire humaine, nul n'a fait ses premiers pas sans avoir rencontré le déséquilibre et la peur de tomber. L'Homme apprend à marcher vers un an, il se traîne d'abord sur le sol puis tombe plusieurs fois avant d'y arriver. Nous sommes les seuls mammifères à ne pas savoir marcher dès la naissance, notre maladresse est un état de fait. Comme pour la marche, nous avons tout à apprendre quand le changement se profile. Nous commençons par déraper et perdre de l'efficacité, la courbe de « mort et renaissance » est là pour en témoigner, puis nous nous relevons et investissons un pas nouveau. Quand l'enfant se confronte à la difficulté de tenir debout, nul n'a envie de le persécuter, ni de le plaindre, et ses premiers pas sont applaudis dans la joie générale. Apprendre à marcher, apprendre à changer… nous avons à nous soutenir mutuellement pour réussir à grandir.

Chez l'être humain, le changement n'est jamais une histoire facile. Le ver à soie quitte sa chrysalide avec aisance pour grandir, nous, nous avons beaucoup plus de mal à évoluer. Sur un simple plan logique, notre maladresse devrait toucher notre compassion au lieu de nous jeter dans des postures malsaines. Mais nous n'avons pas assez conscience de notre fragilité, et n'avons pas de tendresse pour elle quand elle est là. Pourtant, tomber comme un fait naturel permettrait de se relever d'autant plus vite que l'on ne perdrait pas de temps et d'énergie à douter de soi et à se dévaloriser.

L'acceptation de notre fragilité, additionnée d'intentions positives et de méta-communication[1] seront trois « ingrédients » qui, investis à la place de celles du triangle de Karpman le neutraliseront, et offriront de beaux espaces de vie. L'acceptation de nos maladresses permet de ne pas réagir tant que les émotions perturbatrices sont présentes. Les intentions positives ouvrent le meilleur de nous-mêmes, et permettent de connecter la compassion indispensable à la respiration de la vie. Et la méta-communication fait verbaliser les erreurs comportementales de chacun, en commençant toujours par celles qui sont propres à celui qui commence à parler, sans honte ni culpabilité, mais en partenaires confiants et dynamiques. C'est une façon d'ouvrir ses bras, de déclencher l'écoute, et d'installer la tendresse ou du moins l'estime là où risquait de régner la discorde. L'autre pourra entrer dans l'échange, lire et partager à son tour sa propre responsabilité, et le manège infernal des postures du triangle aura des chances de se calmer. Et si cet autre ne rentre pas dans la communication, alors ce sera son histoire et la fuite active sera à envisager.

Les guerres de nations à nations sont empreintes du triangle de Karpman, le mécanisme est le même. Mais les morts physiques rendent plus difficile la nécessité des pardons respectifs, et le principe de bouc émissaire fige souvent toute possibilité d'ouverture. Et pourtant, pour l'aventure humaine, il n'y a pas d'autre solution que de se souvenir que nous sommes tous les mêmes, et que seules, encore une fois, les méprises dues aux traces spatio-temporelles de nos cerveaux nous font croire l'inverse.

CET INFINI BESOIN D'AMOUR

L'amour, nous en avons tous un besoin vital. Nous ne parlons pas ici de la passion, cet emballement d'émotions certes délicieux à vivre, mais essentiellement basé sur les projections et la fusion, et donc voué à l'éphémère. Par amour nous évoquons le cœur ouvert à l'autre, à tous les autres, y compris à soi-même, avec la compassion

---

1. Méta-communiquer consiste à parler avec quelqu'un de ce que l'on est en train de vivre ensemble, et par l'échange, de prendre mutuellement conscience, de ce qui se passe.

aux commandes comme une évidence, capable d'écarter tout jugement sans pour autant tomber dans la complaisance. Il ne s'agit plus
de fusion, mais d'une présence, une façon d'être et de se comporter, une attention permanente faite de joie, de respect, de solidarité, d'échanges sans aucune trace de dominance, de soumission,
d'appartenance ou d'attachement, et encore moins d'arrogance.

La peur de ne pas être aimé est inscrite chez chacun et réveille
une fragilité telle que, en état de manque réel ou supposé, certains
choisiront le suicide, tomberont dans la violence, ou se laisseront
mourir par inhibition dans l'impossibilité de fuir ou d'agir. Cette
soif d'amour, de caresses, et de signes de reconnaissances multiples
est aussi importante que de manger ou non à sa faim.

Le docteur René Spitz[1] a étudié le comportement de nourrissons placés en orphelinats au moment de la guerre de 1940.
Là sévissait un taux de mortalité infantile de 40 % quand, dans les
autres maternités, il ne dépassait pas 5 %. Et parmi les autres bébés
de ces orphelinats, 30 % seulement étaient en bonne santé, les
autres souffraient de troubles divers. Il découvrit qu'il ne s'agissait
pas d'épidémies virales ou microbiennes, mais que les nourrissons
souffraient de manques de caresses et de tendresse au point pour
beaucoup d'entre eux d'en mourir ou d'en être gravement déstabilisés La prophylaxie et les nettoyages à outrance prenaient la disponibilité du personnel et volaient le temps minimum à allouer à
des caresses physiques et relationnelles.

On nomme « syndrome d'hospitalisme de Spitz » les conséquences physiques dramatiques de cette absence de signes de
reconnaissance et de caresses. Nul n'est égal devant la vie, et certains sont des candidats plus fragiles que d'autres. Mais à des taux
divers, tous les êtres humains sont concernés. Hospitalisme, milieu
hospitalier... cela devrait donner des idées à nos patrons et médecins d'hôpitaux, mais visiblement, leur programmation a étouffé
cette grande loi de la vie. Spitz et son hospitalisme, il s'agit pourtant d'un confrère, n'est plus référencé... et ce manque terrible de
caresses physiques et relationnelles est une constante dramatique de

---

1. Médecin autrichien né en 1887, proche de Sigmund Freud, Anna Freud et
Melanie Klein.

la vie en hôpital, ce qui est inacceptable car la maladie évidemment en profite.

Ce besoin vital de caresses vient de très loin. D'autres mammifères aussi en sont dépendants, des éthologues comme Konrad Lorentz ou Rémy Chauvin l'ont souvent observé.

> Un petit chimpanzé seul dans une cage, avec une nourriture correcte mais complètement seul et sans caresses de la part du gardien, aura un développement anormal. Il n'en mourra pas, en revanche, il sera incapable plus tard de se reproduire et il développera de nombreuses maladies. Si dans les mêmes conditions une fourrure synthétique est installée dans la cage, il ira s'y frotter fréquemment, se procurant ainsi les stimulations et les sensations de caresses dont il a besoin. Quelle efficacité inconsciente! Ce substitut du contact de la mère lui offrira une physiologie et un développement normaux, mais s'il s'agit d'une femelle, plus tard elle ne réussira pas à allaiter ses petits. La séquence de comportement d'allaitement n'aura pas pu se mettre en place. À nos petits chimpanzés, il faudra aux débuts de leur vie la présence d'autres congénères à défaut de leur mère, pour que s'inscrivent en eux tous les comportements de l'espèce. Ils se frottent beaucoup les uns contre les autres, et se donnent en jouant des caresses et des signes de reconnaissance qui sont alors suffisants pour évoluer normalement et grandir harmonieusement. Beaucoup d'expériences chez les mammifères dits supérieurs confirment ces faits.

L'animal, l'homme… mêmes combats, mêmes besoins. Sauf que l'homme a ici une fragilité bien supérieure a toutes les espèces du règne animal.

> Victor, un nourrisson de quelques mois fut abandonné et déposé dans une forêt, où il fut recueilli par une louve. Accroché à son pelage il grandit avec elle, et se nourrit de son lait. Il émettait des grognements informes lorsqu'il fut recueilli par les hommes vers l'âge de 7 ans. Il ne put acquérir ni le langage, ni les comportements adaptés à un environnement humain comme s'aider avec les mains pour manger ou se laver, et mourut vers l'âge de 20 ans malgré les efforts prodigués par médecins et psychologues. Les procès-verbaux de l'époque relatent dans le détail son histoire[1].

> Les caresses physiques de la louve, la nourriture qu'elle lui avait offerte et les stimulations nombreuses de la forêt lui avaient permis de ne pas

---

1. « L'enfant sauvage Victor de l'Aveyron » Extraits de procès-verbaux. « L'enfant sauvage » film de François Truffaut.

mourir, mais l'absence de mots et de signes de reconnaissances venant de sa propre espèce dans la première partie de sa vie avait été rédhibitoire. L'enfant n'avait pas manqué de caresses, la louve lui en avait donné. Mais nous ne pouvons pas nous comporter normalement si nous n'avons pas reçu les « bonnes » stimulations à temps, venant de la mère, ou d'un substitut humain en faisant office.

Le petit être humain est particulièrement maladroit durant ses premières années. Plus que pour les autres mammifères, il a besoin de beaucoup d'attentions et de stimulations variées pour pouvoir rester en vie, et grandir harmonieusement en vue d'acquérir de quoi s'adapter. Une fois de plus, l'espèce soi-disant la plus évoluée est en même temps la plus fragile. Cette dépendance si longue après la naissance force « l'autre », la femme surtout, à « prendre soin » et à s'oublier au passage. Le Dalaï-Lama interprète notre fragilité comme la nécessité évolutive d'avoir à longuement rencontrer l'amour et la solidarité pour réussir à nous perpétuer. Nous qui venons il y a si peu de temps de recevoir une conscience d'être, il y a de quoi réfléchir.

BESOIN DE RECONNAISSANCES

Notre fragilité ne s'arrête pas là. Citons maintenant des faits vécus par tant de prisonniers sur la planète entière. En l'absence complète de stimulations extérieures, enfermé seul dans un cachot sans lumière, sans son, sans variation d'odeurs et bien sûr sans bruits, avec juste de la nourriture déposée anonymement dans le noir, un être humain adulte déclenchera des crises psychotiques graves au bout de trois à cinq jours, voire avant pour les plus fragiles. Il « déstructurera », deviendra fou. L'hospitalisme de Spitz, s'il est oublié dans les hôpitaux pour éviter ses nuisances, est malheureusement une donnée de base universelle pour sévir en son nom. Les rapports d'Amnesty International sont sans équivoque sur cette forme de torture tant répandue sur notre planète, et qui malheureusement atteint ses objectifs à tous les coups.

Cette dépendance aux stimulations est dans notre programmation génétique. Mais là, notre conscience d'exister change encore la donne, et le besoin de stimulations uniquement sensorielles chez l'animal s'accompagne, chez l'Homme, d'une recherche quasi permanente, voire obsessionnelle, de signes et de marques de reconnaissances venant d'un entourage humain. Notre ego, telle une drogue, s'en nourrit continuellement. Sédiment par sédiment, nous nous construisons tout au long de notre vie à travers cette quête permanente de la caresse et du regard de l'autre. C'est touchant et agaçant, selon, et nul n'est épargné sauf peut être quelques personnes d'exception comme certains moines assis des années durant dans des grottes et qui, s'ils ne sombrent pas dans la folie, ont appris à se débarrasser de leur ego et de sa soif de reconnaissance. La peur de l'abandon est là, réveillée le jour de notre naissance par l'obligation de quitter le milieu aquatique de la mère, avec ce cordon coupé pour bien marquer le coup. Et nous pleurons de peur et d'angoisse, cette grande peur du froid sidéral de l'apparente solitude. Notre fragilité nous envahit de toute part. Des médecins attentifs proposent des accouchements dans l'eau, pour que la première grande rupture soit la moins traumatisante possible. Mais la France n'aime pas beaucoup ce genre d'approche, et propose peu de structures opérationnelles.

D'autres médecins n'ignorent pas que l'enfant à la naissance doit rester collé contre sa mère, pour calmer cette angoisse venue du fond des âges. Mais combien dans les maternités en parlent et ordonnent, eux qui font tant d'ordonnances, de laisser l'enfant en contact physique avec sa génitrice ? Mais ce serait trop compliqué ici. Il faut aseptiser, nettoyer, encadrer scientifiquement et techniquement. Alors trop vite le nouveau-né est séparé de sa mère et manipulé dans tous les sens, programmant ainsi des milliers de petits enfants « Spitz », avec les syndromes d'abandon tapis au plus profond d'eux-mêmes. Ils auront par la suite sans cesse le besoin, pour exister à part entière et ne pas se diluer, de vérifier que Maman les aime plus que les autres bien entendu.

Nos petits occidentaux pleurent beaucoup, beaucoup, beaucoup, et crient très souvent. Il y a fort à parier que la brutalité des naissances y soit pour quelque chose. Au suivant… il y a une file d'attente même pour accoucher, rentabilité oblige.

Il existe des endroits, en Allemagne par exemple, où certains prématurés de six mois ne sont pas mis en couveuse pour éviter l'angoisse de séparation qui les fragiliserait encore plus. Ils vivent 24 heures sur 24 contre la poitrine de leur mère, et y reçoivent la majorité des soins. Les résultats, remarquables, sont impressionnants alors que ces petits êtres ne sont pas en milieu strictement aseptisé. La science pure et dure ne s'y retrouverait pas. Il a fallu oser. À cet âge-là déjà, les ressources intérieures se réveillent et font des miracles grâce au pouvoir et à la chaleur de l'amour.

Les femmes africaines, indiennes, et d'autres, vivent avec leurs bébés accrochés dans leur dos, y compris lors des travaux des champs. Là encore, la paix sur ces visages d'enfants est remarquable. D'ailleurs ils n'éprouvent pas le besoin de pleurer, contrairement à tant de petits chez nous dont les cris finissent par devenir un mode relationnel. En absence de contact physique et de signes d'amour, l'enfant pleure ou fait des bêtises pour avoir le sentiment d'exister ne serait-ce que par la gifle encourue, car tout plutôt que l'absence de stimulations. Et s'il n'obtient rien, le corps parle et les ennuis de santé prennent le relais.

Ce qui est vrai au niveau individuel l'est aussi à un niveau plus vaste. Aimons-nous, partageons, et offrons à l'autre de le considérer. Et le grand corps humain universel se portera mieux. Toutes les religions nous en parlent. Il suffit de voir la lueur dans les yeux d'une sœur Emmanuelle qui vit chaque rencontre comme unique et essentielle, pour se rendre compte qu'elle a trouvé la voie. L'ego n'a plus sa place.

A contrario, il y a fort à parier qu'une majorité de nos premiers de la classe ont été dans leur enfance particulièrement en déficit de signes de reconnaissance voire en manque d'amour, car pourquoi se donner tant de mal pour se faire remarquer? En cela il s'agit d'une nouvelle forme de délinquance, car l'anamnèse de ceux que l'on nomme délinquants montre généralement une carence affective sérieuse dans la petite enfance. Alors cette délinquance institutionnalisée dans tous les pays du monde, celle qui aime avoir les rênes du pouvoir tant politique qu'économique avec les honneurs de la gloire, ne reposerait-elle pas sur un profond déséquilibre affectif? Les stratégies de pouvoir personnelles et leurs démonstrations bruyantes ou insidieuses sont majoritairement mues par une grande insécurité intérieure. L'ego ici plus que jamais s'affole et se débat pour exister. Le « Moi je » du petit enfant en manque d'amour, toujours présent en chacun quel que soit l'âge, envahit tout l'espace intérieur de son propriétaire pour « obtenir » de la considération. À ne pas identifier sa peur d'abandon, celle de ne pas être reconnu et aimé suffisamment par les autres, à ne pas accepter sa fragilité, notre premier de la classe plus que d'autres programme ce qu'il redoute tant. Le pouvoir isole, chacun le sait. Il aura peu de vrais amis, et au fur et à mesure qu'il « grimpera », il sera de plus en plus seul. Toutes ces cartes de vœux professionnelles envoyées chaque nouvelle année à ceux qui sont jugés « importants » ne sont pas des signes d'amour, loin s'en faut, mais juste une publicité personnelle de courtisan pour ne pas se faire oublier. Un de nos grands patrons français me disait avec une certaine amertume qu'il avait fini par comprendre. Il ne se fiait ni ne se confiait plus à personne professionnellement. Il réservait son ouverture… de cœur… uniquement à sa famille. Être aimé pour ce que l'on fait n'est pas être aimé pour ce que l'on est.

ATTENTES ET ATTACHEMENTS : ATTENTION DANGER

Dans les traversées lourdes de certaines courbes de changement, il est souhaitable et même crucial de baigner dans un environnement d'amour et de caresses sociales, psychologiques et physiques. Le syndrome de l'hospitalisme de Spitz est particulièrement redoutable dans ces moments-là. Les grands singes ne s'y trompent pas lorsqu'ils passent leur temps à s'épouiller et à se caresser. Mais ce qui est proximité n'est pas à confondre avec l'asphyxie symbolique de l'attachement humain, ni avec les syndromes de l'attente. Les attentes font de nous des êtres en sursis, incapables de lire et de vivre pleinement l'instant présent. Centrés sur un futur qui n'existe pas encore ou n'existera jamais, rêvant d'une revanche sur des passés d'amertume, ou encombrés de souvenirs d'événements heureux que nous voudrions tant revivre et qui ne sont plus, nous sommes déconnectés du moment présent, toutes nos facultés mentales étant tournées vers ce qui a été, ou n'est pas encore. Et nous stagnons alors sur les phases de la courbe.

Certes les difficultés rencontrées nous font souvent basculer dans l'attente, l'attente d'une main tendue, l'attente de jours meilleurs, l'attente que ce qui est ne soit pas, mais la vie n'en a rien à faire car dans sa réalité incontournable, d'instants en instants elle EST. L'avenir dont parle l'attente n'existe tout simplement pas au moment où l'on est en train de vivre. Alors lovés en elle, nous ne construisons rien, nous ne partageons rien, nous ne créons rien, nous ne faisons rien d'autre que regarder ailleurs, là où il n'y a encore rien à voir. Toutes ces attentes voilent l'instant présent, et nous font déraper à force de ne pas regarder où nous posons nos pas. Nos sens et nos pensées ne stimulent plus notre faisceau de plaisir, car l'attente n'est pas le rêve, elle est désir de ce que l'on n'a pas. Le manque est son moteur, la frustration sa compagne. Et notre mental stimule l'autre faisceau, celui du déplaisir, offrant au passage à notre système immunitaire l'occasion renouvelée de s'affaiblir. C'est parfait pour s'enliser, ne pas réussir à franchir une courbe de changement, ou ne pas en déclencher justement par attentisme. Aussi ne faut-il pas se tromper, la seule attente à avoir est de n'en avoir aucune. J'agis, mais je n'attends pas.

Les attachements ne valent guère mieux. Ils sont trop étriqués, et comme l'arbre qui cache la forêt, ils font barrière à d'autres cieux et d'autres dimensions de nous-mêmes. Ils installent des verrous sur les portes entrouvertes de nos parcours de vie. Difficile de faire un travail de deuil quand nous n'avons pas l'autonomie intérieure suffisante pour accepter que ce qui était ne soit plus, ou pour trouver la force d'oser prendre des initiatives afin d'écarter les grilles de nos prisons dorées.

> « Comment ma chérie », dit la mère à sa fille de 28 ans qui a envie de réussir sa vie sur d'autres critères que ceux qu'elle rencontre dans sa vie professionnelle actuelle, « sous prétexte que ton travail n'aurait pas de sens, en pleine période de crise économique tu vas casser un contrat à durée indéterminée pour partir en Bolivie t'occuper d'enfants défavorisés ? Tu te rends compte du risque que tu prends ! Tu as peut être un contrat avec cet organisme, mais c'est juste sur une période d'essai. Sois raisonnable enfin ! »

Et j'entends si souvent mes interlocuteurs en coaching me parler de leurs désirs de s'envoler un peu.

> « Je rêve de quitter mon entreprise et de faire autre chose, 15 ans déjà que j'y suis… Mais bon, ça ne se passe pas trop mal et, à part quelques petites frictions, l'ambiance est plutôt sympathique. Alors cela fait des années que j'hésite et que je ne me lance pas. Pourtant… j'aimerais y arriver et avoir le courage de faire le saut dans l'inconnu. Mais j'ai peur ».

Nos attentes et nos attachements nous entravent. Ils réduisent notre envergure et notre liberté d'être. Si l'attachement enchaîne

car les distances ne sont pas justes, en revanche les liens affectifs
« intégrés » offrent la stabilité nécessaire pour « oser », oser percuter la vie. À partir du moment où ils sont souples, avec des aires
d'indépendance assumées de part et d'autre, il ne s'agit plus d'attachements mais de ressources essentielles.

OSER ET ACCEPTER, MAIS NE PAS RENONCER

Des projets, il nous en faut pour vivre si nous voulons garder en
nous le dynamisme et la capacité d'émerveillement de la petite
enfance. L'avenir est imaginé, puis passé au crible du réalisme et
analysé en terme d'éthique, d'objectifs à atteindre et de moyens à
mettre en œuvre. Il se construit, et nécessite une présence active
qui est antinomique de l'attente qui ne fait que subir. Une attitude
est du domaine de l'engagement et de la prise de responsabilité,
une autre est de l'ordre de la passivité et de la démission. Au sein
d'un projet, les difficultés rencontrées dans l'action sont analysées
comme des étapes à franchir ou des contraintes normales ou inévitables à prendre en compte, tandis que dans l'attente d'un ailleurs
ou d'un autrement, elles sont vécues comme des injustices ou des
fatalités. L'être humain a besoin de stimuler son centre de plaisir
pour bouger et honorer ce qu'il choisit d'entreprendre, des actions
les plus bénignes aux plus ambitieuses. Sans la stimulation régulière
de ce fameux faisceau neurologique de récompense, l'énergie se
tarit. Aussi, non seulement il faut éloigner les attentes qui ne font
que diminuer l'énergie à notre disposition, mais encore faut-il traquer toute forme de renoncement qui ne génère que des regrets
stériles et stimule le centre de déplaisir en permanence. Aussi, la
route est claire, j'agis, ou j'accepte. Les contraintes et les souffrances
sont des réalités de la vie. La grande force consiste à les faire siennes
comme si on les avait créées soi-même. L'acceptation dynamique
de ce qui Est permet de continuer à piloter sa vie en restant aux
commandes, et c'est le seul moyen de laisser la route libre au désir
de vivre même au sein de l'épreuve. L'énergie encore présente n'est
plus autodestructrice, elle reste au contraire à disposition, soit pour
faire disparaître les obstacles, soit s'il n'est pas possible de les surmonter ou de leur échapper, d'en accepter la présence en toute
conscience.

Le renoncement en revanche est une petite mort avant d'en devenir une réelle, dans une stratégie d'échec douloureuse où l'inhibition d'action investit le terrain et finit par être fatale. Comment s'exprime un renoncement autrement que par de la plainte, du refoulement, puis par des corps cassés, et des morts symboliques et prématurées ? Le personnel médical l'a souvent vérifié. Si quelqu'un a renoncé à vivre dans sa tête, il mourra rapidement car ses capacités de résistance et son système immunitaire, étroitement liés à sa pulsion de vie, chuteront inexorablement. Alors, tout sauf renoncer.

Savoir accepter ce qui est n'est pas simple et ne se décrète pas. Il s'agit d'un travail quotidien fait de courage et de volonté, alternant des moments de méditation, de dialogue intérieur et d'action, nourris d'une vigilance de tous les instants. Mais notre puissance intérieure, celle évoquée si souvent par Nelson Mandela, paradoxalement aussi présente que notre fragilité, est là pour nous accompagner. Même dans les moments extrêmes comme ceux de la mort, le renoncement est à éviter. La mort aussi peut être paisible et lumineuse, un engagement à part entière là aussi. L'être humain aura réussi à faire son travail de deuil, aura franchi les cinq étapes de la courbe de changement en toute conscience, et sera arrivé à l'acceptation dynamique de ce qui est, c'est-à-dire l'arrivée de sa propre mort ! Il sera alors serein et prêt pour le fameux « passage » dans l'inconnu.

Conclusion

S'OFFRIR LA CONSCIENCE
COMME COMPAGNE DE VIE

Si nous voulons rester sain dans notre monde malade, seule notre conscience d'être peut nous servir de guide.

LA NÉCESSITÉ DE CHANGER

Notre cerveau est une petite merveille et ses potentialités multiples sont dignes d'admiration, mais nous avons été dépassés par ses prouesses mêmes. Pris pour un maître, il est devenu l'ennemi tapi au plus profond de nous. Voué à lutter contre le manque, il a déclenché ce qu'il redoute tant, une pénurie des ressources de la Terre. Il nous a fait créer un monde où l'abondance et la pauvreté sont chacune en train de s'asphyxier. L'une prive la planète de ses ressources et creuse le fossé entre les hommes. L'autre réveille la honte et le mal-être et fait mourir la vie prématurément dans des circonstances et des conditions inacceptables.

Chaque jour, nous subissons les conséquences de ses aveuglements et les dysfonctionnements, voire les horreurs, de ses automatismes. Il est le tueur par excellence quand il croit l'organisme qui l'héberge en danger. Et si sa tribu rapprochée, très rapprochée, sa famille réelle ou symbolique, est elle aussi en danger, il fait alors exterminer tout ce qui la dérange, et même un peu plus au passage.

Il est l'instrument de l'intolérance, et du rejet systématique et viscéral de la différence. Ses apparentes capacités d'amour ne sont que des systèmes d'adaptation aux besoins de survie basiques, nous le savons. Quand l'anémone de mer héberge sans le dévorer un certain petit poisson, toujours de la même espèce, ce n'est pas parce qu'elle « craque » devant sa fragilité et qu'elle entre en compassion.

Tout simplement, leurs systèmes adaptatifs se complètent. Ils ne se sont pas choisis par amour, la vie et le hasard en ont décidé ainsi. Elle lui procure de la nourriture et une protection tandis qu'il la débarrasse de ses parasites. C'est l'efficacité qui compte, uniquement elle. Et nous fonctionnons exactement de la même façon. Il n'y a pas de tendresse particulière dans ces comportements. Les millions d'années pour en arriver là ont ciselé ce type de comportements qui n'ont de générosité que l'apparence.

Il faut faire appel à la conscience si l'on veut parler d'amour. Elle seule permet de le faire naître ou de se connecter à sa présence. Sans elle notre cerveau en est strictement incapable, c'est bien le drame de notre humanité. L'émergence de la conscience est un saut évolutif énorme dans l'histoire de la vie, mais elle est toute récente.

CONDAMNES À ÉVOLUER

Si l'homme n'utilise pas la faculté de se voir en action, vu la puissance technologique meurtrière qu'il a su créer, et la brutalité avec laquelle il attaque la Terre et sa biosphère, le futur ne pourra qu'être apocalyptique.

Notre cerveau, si dangereux aujourd'hui pour l'équilibre de notre planète, fut paradoxalement l'atout essentiel qui petit à petit a façonné nos ancêtres et nous a permis une telle expansion. Responsable de l'apparition de la conscience ou simple réceptacle, il a toutefois du mal à accepter son influence. Aussi, embarqués dans les automatismes primaires qui nous avaient aidés à subsister, nous n'avons pas su jusqu'à présent donner à la conscience la gouvernance de nos vies. Elle n'est encore que dans les coulisses de notre grand théâtre. Les tentatives récentes comme celles de Gandhi, de Martin Luther King ou de Nelson Mandela ont été sauvagement sanctionnées. Deux d'entre eux ont été assassinés, le troisième fut emprisonné près de vingt ans. Et pourtant, d'elles seules peut venir le salut. Mais la vie continue, et des êtres comme le Dalaï-Lama ou le Professeur Muhammad Yunus existent aujourd'hui, et leur engagement ouvre de nouvelles portes d'espoir. Je suis devenue proche de Muhammad Yunus quand j'ai choisi concrètement de participer à lutter contre la grande pauvreté dans le monde, et je peux certifier que cette dernière pourrait encore être éradiquée. Lui et ses équipes le prouvent au quotidien. Il nous faudrait sur cette terre des milliers d'êtres connectant les mêmes ressources intérieures qu'eux, vivant comme une évidence que nous sommes tous de la même espèce, et qui feraient de la fraternité et du lien entre tous les hommes une respiration continue. Là encore, notre cerveau uniquement livré à lui-même n'en a que faire. Il ne connaît que la loi du plus fort. Pour lui y a les grands fauves et les autres, les espèces qui méritent de vivre et celles qui sont vouées à disparaître. Mais, le cerveau de l'homme a hérité d'un chef d'orchestre, certes timide, évanescent, et trop souvent dans l'ombre, mais dont le potentiel est de le diriger en le forçant à changer certaines de ses programmations. Je rêve du jour où notre cerveau ne serait plus que l'exécutant des symphonies écrites par notre conscience.

LES JEUX DU CERVEAU ET DE LA CONSCIENCE

« Science sans conscience n'est que ruine de l'âme », nous disait déjà Auguste Comte. Bien que nous ne sachions pas réellement ce qu'est la conscience, elle n'en est pas moins là à notre disposition.

Elle aime le partenariat et l'égalité entre les êtres. Notre cerveau a toujours vérifié que l'égalité n'est pas de ce monde.

Elle fait de l'amour universel le joyau par excellence. Notre cerveau n'en entrevoit même pas l'existence. Il ne connaît que la prédation et l'intérêt personnel immédiat. S'il flirte apparemment avec la solidarité, c'est uniquement pour se rassembler contre l'ennemi extérieur et assurer la cohésion du groupe pour être plus fort, toujours plus fort.

Elle fait du Sens de nos vies et de celui de nos actions une priorité de base. Lui ne comprend pas ce que cela signifie. Il est là pour assurer la survie et stimuler le plus souvent possible nos centres du plaisir, c'est tout.

Elle est énergie, orientation et direction. Notre cerveau est action et sensation.

Le rôle de la conscience est de nous faire basculer dans une autre réalité, plus vaste, plus lumineuse, et de faire de nous des êtres éveillés au sens bouddhiste ou religieux du terme, c'est-à-dire des êtres d'amour et de plénitude. Celui du cerveau est de nous maintenir en vie par tous les moyens.

L'une est un état d'être, l'autre est un exécutant.

Nous avons besoin des deux, en interaction permanente, sans confondre leurs rôles. Une de nos habitudes est de confondre la finalité et les moyens, et de penser « Comment » avant et à la place de « Pour Quoi », « Pourquoi ». Le cerveau doit être au service de la conscience, et non l'inverse. Dans ces conditions et dans ces conditions seulement, il redevient un allié superbe qui peut nous permettre de faire concrètement de nos vies des œuvres d'art.

Les démarches sont variées pour s'entraîner à mettre la conscience aux commandes. La confession catholique impose le prêtre pour la connecter officiellement et pouvoir ainsi communier « en toute conscience », la culture protestante propose une rencontre seul à seul, le bouddhisme et l'hindouisme choisissent la voie de la respiration et de la méditation, l'islam programme plusieurs rendezvous par jour, et les peuples premiers appellent les esprits lors de longs rituels initiatiques. Toutes à leur façon appellent la conscience de leurs vœux, et l'être humain recherche par la prière, le silence et la rencontre avec des prêtres, des moines, des rabbins, des chamans ou des maîtres à mieux la connecter.

La pleine conscience dont parle le bouddhisme est le diamant à l'intérieur de chacun, l'essence même de l'homme, ce continuum de lumière individuel dont nous serions chacun une cristallisation temporaire. Jésus exprimait la même chose lorsqu'il disait « Et Dieu créa l'homme à son image ».

Que d'œuvres humaines comme les pyramides sont là sur le chemin pour nous rappeler que depuis longtemps l'Homme à tous les coins de la planète recherche cette présence d'une conscience supérieure, globale, cosmique. Les réalisations et les expressions sont différentes, mais la quête est la même. Quelles que soient les croyances et les approches culturellement différentes, dans leur dimension la plus accomplie, le point commun de toutes est la recherche de l'amour universel et la compassion. Alors l'espoir est encore permis.

Il existe différents niveaux de conscience.

Ce pourra être une simple observation factuelle de l'environnement ou de nos actes, c'est ce que nous nommerons la conscience ordinaire.

Elle pourra aller à la rencontre de nos états intérieurs comme l'écoute de nos sensations et de nos émotions, de nos rêves et de nos frustrations, nous l'appellerons la conscience témoin. C'est celle qui permettra de vivre consciemment nos émotions et d'en orchestrer l'influence.

Un autre stade, celui de la pleine conscience, ouvrira la fenêtre du sens de l'autre, de tous les autres. L'horizon s'élargira au fur et à mesure qu'elle s'exprimera, elle nous connectera sur l'amour inconditionnel et la compassion infinie.

La Conscience inclut et transcende ce qu'elle rencontre, et peut nous permettre de passer d'une simple posture d'observation à un état d'être spirituel lumineux. Le philosophe américain Ken Wilber, encore trop peu traduit en France, nous parle de vagues et de courants à son propos. Les courants sont symboliquement les domaines où elle intervient, les vagues sont les dimensions de son essence. Vagues et courants se nourrissent mutuellement et s'entre-lacent indéfiniment.

Si Piaget nous a fait découvrir que la maturation du cerveau du petit enfant puis de l'adolescent et de l'homme s'effectue marche par marche, et que nous ne pouvons accéder à une nouvelle marche qu'après avoir franchi la précédente, en revanche une vague de la conscience pourra émerger d'un coup sans prévenir. C'est rare certes, mais les recherches et les interprétations de Ken Wilber sont en phase avec ce que les religions ont toujours exprimé. La vague ultime de l'illumination peut nous surprendre sans prévenir. Elle fait appel à cette notion de présence cosmique dont la consé-quence est la responsabilité globale que nous ne pouvons totale-ment investir que sous son influence. De tout temps, dans toutes les cultures et toutes les religions, des êtres dits « Éveillés » en ont témoigné. Pour reconnecter la conscience témoin quand nous la perdons, le calme, le silence et le mode de respiration jouent un rôle important. Respirer lentement, profondément et sereinement permet de la remettre aux commandes au milieu de nos agitations physiques et mentales.

La « pleine conscience », elle, cette conscience suprême que nous venons d'évoquer, celle qui permet d'atteindre ces états particuliers nommés selon les lieux et les cultures, état de grâce, révélation, illumination ou nirvana, peut se connecter par l'entraînement à la méditation et à la prière. L'immersion dans la nature proposera un environnement porteur pour approcher sa présence, et nous avons besoin de nous y plonger régulièrement pour cette raison. Ce n'est pas pour rien si tant de monastères de par le monde sont nichés « loin de tout » dans des endroits superbes de calme et de beauté. Le désert aussi est un lieu merveilleusement porteur, car il offre une étendue visuelle qui tend à apaiser les agitations du cerveau, permettant là aussi d'ouvrir plus facilement la porte à la pleine conscience. Celle-ci, sans doute logée à l'intérieur de nous, mais également présente dans le « Grand Tout », la Nature et le Cosmos, peut ainsi plus simplement nous être révélée par surprise au détour d'un sentier ou d'une respiration. C'est la grande chance de l'humanité, car le temps perdu pourrait ne pas tuer tout espoir de s'y connecter, et si les êtres humains de tous les horizons se mettaient à vouloir y accéder enfin en plus grand nombre, notre planète et les êtres qu'elle y héberge pourraient encore être sauvés.

LES ÉTINCELLES D'AMOUR

Tomber et se perdre en chemin fait du partie du jeu de la vie. « Essayez encore, ratez encore, ratez mieux » nous disait Samuel Becket. C'est en osant que l'on découvre, et en trébuchant que l'on comprend. Et c'est par la nature de nos engagements et de leur concrétisation que l'on reste debout sur le chemin de la vie.

En faisant des difficultés de la vie des opportunités pour s'accompagner et se soutenir, nous allions le Sens au pragmatisme, car rien de plus efficace que la présence et l'amour. Si l'être humain comprend que sa famille n'est pas seulement celle de son pré carré mais la grande famille universelle de tous les êtres, il ne sera jamais seul. Les courbes de changement, les siennes et celles de ses prochés ne seront plus un danger. Si l'autre, le proche ou l'inconnu, sent en lui, malgré les épreuves et les souffrances, l'amour et la compassion comme identité de base, l'attirance fera son travail, car chacun au fond de lui rêve de cet état intérieur lumineux et serein. Comme pour l'enfant qui apprend à marcher, des mains se tendront alors sur son passage pour le soutenir.

À notre endroit de conscience, nos souffrances semblent être l'occasion unique de réveiller au plus profond de nous-mêmes cette étincelle de lumière qui semble nous avoir été inoculée. Les grandes traditions spirituelles le rappellent toutes. « Dieu a fait l'homme à son image », « chaque être est un Bouddha en puissance », « chacun peut être un être de lumière ».

> Une vieille légende hindoue raconte : « Il y eut un temps où tous les hommes étaient des dieux. Mais ils abusèrent tellement de leur divinité que Brahma, le maître des dieux, décida de leur ôter le pouvoir divin et de le cacher à un endroit où il leur serait impossible de le retrouver. Le grand problème fut donc de lui trouver une cachette. Mais les dieux mineurs conclurent qu'ils ne savaient pas où le cacher car il ne semblait pas exister sur terre, dans la mer ou dans le ciel, d'endroit que l'homme ne puisse atteindre un jour. Alors Brahma décida. Nous cacherons la divinité de l'homme au plus profond de lui-même, c'est le seul endroit ù il n'ira jamais… ».

Êtres de matière et de lumière, il nous est demandé à la fois d'honorer la matière et de nous en libérer pour accéder à cette autre part de nous-mêmes. Pour cette seconde naissance, une vigilance de chaque instant doit identifier nos erreurs concrètes orchestrées par notre cerveau archaïque, pour se soustraire à leur pouvoir et réussir ainsi à se transformer en vue de vivre bien, et d'avoir une action responsable sur nous et sur le monde.

RÉVOLUTIONS INTÉRIÉURES

Nos sociétés de consommation sont construites sur la manipulation des désirs, dans le but de faire consommer à outrance et d'engranger des bénéfices financiers sans cesse renouvelés. Nous ne pouvons plus évoluer paisiblement dans un tel non sens, le point de non retour se rapproche dangereusement. Quand en plus les valeurs essentielles de la vie comme celles du respect des différences, de la solidarité, de la tolérance ou de l'amour de l'autre sont trahies par tous les pouvoirs en place depuis trop longtemps, l'inacceptable est arrivé. Nous avons alors, en toute responsabilité individuelle et collective, un devoir de désobéissance.

Comme Ivan Illich, je crois aux vertus des crises, qui « peuvent signifier l'instant du choix, ce moment merveilleux où les gens deviennent brusquement conscients de la cage où ils se sont enfermés eux-mêmes, et de la possibilité de vivre autrement[1] ». La liberté consiste à tout moment à choisir ce que l'on accepte ou ce que l'on refuse de vivre et de coopter.

Les révolutions indispensables à mener pour sortir de la cage sont d'abord les révolutions individuelles, qui passent par la transformation de la personne elle-même, afin de lui faire traverser l'inacceptable sans se soumettre ni combattre violemment, et par l'exemplarité, de réussir à contaminer son entourage. En refusant de se trahir, en refusant de renoncer à soi-même, l'énergie ne se disperse pas, bien au contraire, elle reste à portée de la main et se régénère dans l'engagement.

Si nous regardons sœur Emmanuelle, mère Térésa, l'abbé Pierre, le père Ceyrac, le docteur Albert Schweitzer ou d'autres êtres de ce profil, nous n'avons pas à nous poser beaucoup de questions. Leurs visages ont tous été rayonnants d'une joie profonde et contagieuse, ils ont eu la sérénité des êtres unifiés qui ont trouvé le sens de leur vie. Ils n'ont pas fondé de famille au sens étroit du terme, tous les êtres sur terre en font partie. Ils n'ont pas eu de possessions car ils ne se sont pas accrochés aux objets, et leur patrimoine fut la terre. Ils n'ont pourtant renoncé à rien, encore moins à eux-mêmes. Ils ont rendu des services inestimables aux êtres humains particulièrement déshérités qu'ils ont choisi d'aider, mais ce n'est pas strictement de service dont il s'agit, mais d'amour. Avec eux, nous ne sommes ni dans le devoir ni dans le don, mais dans l'expression de soi et l'accomplissement personnel. Aimer l'autre nourrit autant celui qui émet que celui qui reçoit. Réussir sa vie n'est pas se dissoudre et obéir à des injonctions extérieures qui polluent les espaces et les âmes, mais en acteur conscient et engagé, c'est choisir de dire oui à l'amour en nous et à ce qu'il nous permet de créer et d'honorer. Le courage n'est alors qu'un vernis protecteur facile à conserver, car la cohérence intérieure le rend indestructible en le transformant en simple façon d'être.

---

1. Le chômage créateur, Ed. Seuil.

L'HEURE DU RENDEZ-VOUS

L'histoire humaine a un rendez-vous avec elle-même. Nous n'avons plus le choix, nous devons évoluer et faire le Saut Qualitatif qui seul peut encore collectivement nous sauver. Si nous n'y arrivons pas, tant pis pour nous, nous ne serions pas la première espèce à disparaître de cette belle planète. Nous ne pouvons plus indéfiniment laisser des milliards d'être humains dans la famine sans intervenir. Avec le nomadisme planétaire et les nouveaux moyens de circulation d'informations à portée de tous, si nous continuons à les ignorer sauf à piller toutes leurs ressources, tel un grand raz de marée, c'est eux qui occuperont nos territoires et ce serait justice. Révolte des laissés pour compte, révolte de la planète, le danger collectif est notre salut, comme un catalyseur de changement obligé. L'idéogramme chinois est le même pour exprimer à la fois crise et opportunité. Les crises sont en effet les opportunités de nos vies. Leur bienfait est de nous inciter à évoluer.

Rêvons, après tout l'espèce humaine a déjà fait preuve de tant de capacités d'adaptation. Il n'est peut-être pas encore trop tard, nous avons bien réussi à nous envoler dans l'espace au siècle dernier.

LA VOIE DE L'ÊTRE ET DE LA CONSCIENCE

Le chemin est tracé, il s'appelle solidarité, responsabilité, et conscience d'être. Encore faut-il décider de se diriger vers lui et de s'y engager.

Pour la première fois de son histoire, le cerveau humain est confronté à un environnement dans lequel ses propres performances sont prises en défaut. Il ne domine plus les effets des technologies qu'il a permis de créer, ni les pulsions meurtrières des êtres humains contre eux-mêmes. Il se retrouve en rupture de contrat, la perpétuation de l'espèce semble ne plus le concerner. Il aide les êtres humains à courir sur des pentes de plus en plus raides encombrées d'objets et de services inutiles, en les enchaînant dans le frivole et l'éphémère. De là naît une ivresse cérébrale factice, la notion de sens disparaît, l'idée même de survie devient inopérante. Et notre cerveau petit à petit se désengage de l'essentiel, et perd son sens de la responsabilité, n'étant plus en mesure de faire ce pourquoi il avait été initialement conçu. Il est temps que chacun se réapproprie sa vie, dans une posture individuelle et collective revisitée, radicalement différente de celle actuellement investie.

Concrétion éphémère certes, mais poussière d'étoile douée de l'aptitude de vivre, nous, les êtres humains, avons reçu la conscience en héritage. Elle est notre bouée de sauvetage, notre guide et notre sauveur, et le cadeau est qu'elle réside à l'intérieur de chacun d'entre nous, pas seulement dans un espace temps dont nous ignorons les contours. Si aujourd'hui l'invention religieuse est absente, et son efficacité traditionnelle en déclin, l'apparition régulière de mouvements parallèles multiples montre que l'homme est toujours en quête de sens. Il a besoin de spiritualité et de communion. Depuis l'apparition de la conscience, sa demande est omniprésente, son désir est resté intact. Les prétendus progrès et les consommations de tout ordre ne réussissent pas à combler ce besoin universel existentiel, et c'est une chance.

Aujourd'hui notre conscience est là pour prendre le relais de notre cerveau, et honorer la mission de survie qui désormais le dépasse complètement. Sur terre, elle est apparue à son heure dans la chaîne animale, quand le cerveau devenait suffisamment évolué pour lui céder un peu de place. Mais il a du mal avec le changement, et le déni actuel de celle dont il a pourtant laissé filtrer la présence devient problématique. S'il ne l'accepte pas inconditionnellement, il programme, par cela même qui fut son efficacité, sa propre destruction et la nôtre au passage.

Cette conscience d'être est notre salut, même si nous ne réussissons pas à savoir ce qu'elle est ni d'où elle vient. Notre fragilité voudrait tout appréhender, tout dominer, notre faiblesse est de croire que c'est possible. Il y a ce que l'on peut comprendre, et ce qui n'est pas de cet ordre. Si la connaissance du fonctionnement du cerveau peut nous rendre service pour mieux gérer nos vies, en revanche chercher à cerner la conscience est voué à l'échec. Elle est inscrite en nous sans support apparent, indiscernable et absente si on ne lui ouvre pas la porte, mais capable aussi de nous envahir sans prévenir, et telle une tornade de nous jeter par terre ou nous faire léviter. Les grandes souffrances peuvent l'écarter comme la faire apparaître soudainement, et dans les temps de paix que nous nous programmons, le silence, certaines formes d'art et la méditation peuvent nous offrir de la connecter. Les vibrations énergétiques de notre corps investissent d'autres fréquences, le bruitage intérieur s'apaise, les pensées cessent de vibrionner, et notre cerveau travaille sur un autre registre. Il ouvre nos canaux de réception à un au-delà qui nous dépasse, laissant de nouveau le passage à la conscience d'être et à une plénitude silencieuse étonnante.

Il est de la responsabilité personnelle de chacun de se donner la possibilité de la connecter fréquemment. Mais cela nécessite un entraînement intérieur quotidien, car sa présence est récente en nous, et nos environnements ne sont guère porteurs. Et nous ne sommes pas encore vraiment apprivoisés à ce qui pourtant est lové en nous. Elle seule peut encore nous aider à interrompre nos façons d'agir aveugles et meurtrières. Sa lumière est à tous les chemins pour qui la désire intensément, différentes expériences en témoignent. Mais le temps presse. Puisque cette vieille histoire de dominant/dominé est si profondément inscrite dans notre patrimoine génétique, utilisons-la. Prenons pouvoir sur notre cerveau par une compréhension accrue de son fonctionnement, c'est l'objet de ce livre, et traquons ses aberrations.

« Osons la confiance » en notre conscience d'être intérieure. Ne cherchons pas à l'enfermer dans un protocole expérimental en cherchant à la morceler en petits fragments infinitésimaux pour mieux la comprendre, elle n'est pas de cette nature, cela ne risque pas d'être sa voie d'accès. Lâchons prise et laissons-la nous envahir. Il est temps qu'elle domine la terre. Le salut encore à notre portée dépend d'elle, et donc de chacun d'entre nous puisque nous l'avons reçue en même temps que la vie. Elle nous offrira alors la compassion et le bonheur d'être comme une respiration, fera de la solidarité universelle une nourriture de base, et nous fera rencontrer des espaces de bien-être et d'amour infini car elle n'a pas de frontières. Et notre santé globale s'y retrouvera.

Alors, dérive ou ré-enchantement du monde ? À chacun de choisir.

L'art et la beauté ont également leur rôle à jouer, car l'émerveillement qu'ils suscitent connecte le meilleur en nous. Mais la voie royale est sans doute le chemin de l'Amour, le Vrai, l'Inconditionnel, l'Universel. Qui n'en a pas fait l'expérience, ne serait-ce qu'un millionième de seconde ? Il est bon de s'en souvenir, histoire de savoir que nous avons le pouvoir et la dimension d'y accéder.

Finalement, le vrai voyage à faire est le voyage intérieur, pour apprivoiser nos instincts de meurtre et de prédation et nous délivrer de cet ego identitaire individualiste qui ampute notre puissance humaine d'Amour et de Partage.

Prendre Conscience de chaque instant, à chaque instant et connecter en nous la dimension globale et universelle… N'est-ce pas un bon plan ?

Remerciements

À ma mère, qui toute sa vie a conjugué un regard d'artiste, d'humaniste et de citoyenne du monde, et a fait de l'amour et du respect des différences un ingrédient de base. Elle m'a nourrie de sa vision du monde et je lui en suis toujours reconnaissante.

A Albert Schweitzer, l'abbé Pierre et le père Ceyrac, que j'ai eu la chance de rencontrer, et qui m'ont permis de garder intacte en moi la foi en l'être humain, malgré notre grande fragilité à tous.

À Muhammad Yunus, dont l'engagement et les actions prouvent quotidiennement que chacun peut être entrepreneur de lui-même si l'environnement ne le tue pas, et que « tout est encore possible dans ce monde malade ». Mes rencontres avec lui me procurent toujours un immense bonheur, et ce qu'il est a nourri mon livre.

Merci à Claire Nuer pour son engagement, son souci du partage et les prises de conscience qu'elle m'a permis de faire. Elle m'a fait appréhender des pans entiers de réactions humaines que je n'aurais peut être jamais travaillées avant de la connaître.

Merci à mon amie Marianne Sébastien de réveiller le meilleur de l'être humain, en réussissant à éradiquer une partie de la très grande pauvreté en Bolivie.

Merci à David Servan Schreiber de défendre la notion de médecine intégrative, qui est celle en laquelle je crois et qui permet d'aborder l'être humain dans sa globalité.

Tous trois sont des représentants fidèles de ce que l'être humain peut faire des merveilles, pour lui et pour les autres.

Merci à mes clients et à beaucoup de participants de séminaires, pour avoir fait pression afin que j'écrive ce livre. Leur fidélité et leur confiance m'ont été précieuses, et m'ont aidée à mener à terme cet ouvrage. Nos interactions nombreuses ont nourri sans cesse mon écriture, m'offrant ainsi un véritable laboratoire de réflexions sur l'être humain.

Je remercie Alan, mon compagnon, pour la patience dont il a fait preuve chaque fois que je m'asseyais devant mon ordinateur.

Et j'ai beaucoup de reconnaissance pour Hélène de Castilla, qui dès nos premiers échanges a cru en cet ouvrage et m'a proposé d'en être l'éditrice. Son accompagnement a apporté au texte une clarification nécessaire.

Et puis, merci à tous les lecteurs qui donneront du sens à ce livre et, de ce fait, l'enrichiront.

Bibliographie

ANDRÉ Christophe : *Vivre heureux : psychologie du bonheur*, Ed. Poche Odile Jacob, 2004

BARBIER Geneviève, FARRACHI Armand : *La société cancérigène*, Ed. La Martinière, 2004

BAUDRY Pascal : *Français, Américains, l'autre rive*, Ed. Village Mondial, 2003

BELPOMME Pr. Dominique : *Ces maladies crées par l'homme*, Ed. Albin Michel, 2004

CAMUS Albert : *Le mythe de Sisyphe*, Ed. Gallimard, 1985

CHOPRA Deepak : *Le corps quantique*, Ed. InterEditions, 1991

CHOPRA Deepak : *Le miracle oublié : notre pouvoir de régénérescence*, Ed. InterEditions 2010

CHOPRA Deepak : *Un corps sans âge, un esprit immortel*, Ed. InterEditions 1994

CYRULNIK Boris : *L'ensorcellement du monde*, Ed. Odile Jacob, 1997

CYRULNIK Boris, MORIN Edgar : *Dialogue sur la nature humaine*, Ed. L'aube Poche Essai, 2004

DAMASIO Antonio : *L'erreur de Descartes : la raison des émotions*, Ed. Odile Jacob 1995, poche Odile Jacob 2002

DAMASIO Antonio : *Spinoza avait raison*, Ed. Odile Jacob 2003, poche Odile Jacob 2005

DURAS Marguerite : *L'été 80*, Ed. Minuit, 1982

EVEN Philippe, DEBRÉ Bernard : *Avertissement aux médecins, aux malades et aux élus*, Ed. Le cherche midi, 2002

FORRESTER Viviane : *L'horreur économique*, Ed. Fayard, 1996

FRANKL Viktor : *Nos raisons de vivre*, Ed. InterEditions, 2009

GOLEMAN Daniel : *L'intelligence émotionnelle*, Ed. Robert Laffont, 1999

GOLEMAN Daniel : *Quand l'esprit dialogue avec le corps, entretiens avec le Dalaï Lama sur la conscience, les émotions et la santé*, Ed. Guy Tredaniel, 1998

GROF Stanislav : *Pour une psychologie du futur*, Ed. Dervy, 2002

HAMMEL Pascal : *Guérir et mieux soigner, un médecin à l'école de sa maladie*, Ed. Fayard, 2008

HENNEZEL Marie de : *La chaleur de cœur empêche le corps de rouiller*, Ed. Leffont, 2008

HUGNET Guy : *Antidépresseurs, la grande intoxication*, Ed. Le Cherche Midi, 2004

ILLITCH Ivan : *Le chômage créateur*, Ed. Seuil, 1977

JANOV Arthur : *La biologie de l'amour*, Ed. du Rocher, 2001

JANSEN Thiery : *La solution intérieure*, Ed. Fayard, 2006

JANSEN Thierry : *La maladie a-t-elle un sens*, Ed. Fayard, 2008

JEANNEROD Marc : *Le cerveau intime*, Ed. Odile Jacob, 2002

KABAT-ZINN Jon : *Au cœur de la tourmente, la pleine conscience*, Ed. De Boek, 2009

KOESTLER Arthur : *Le cri d'Archimède*, Ed. Calmann Levy, 1966

LABORIT Henri : *La nouvelle grille*, Ed. Robert Laffont 1974

LABORIT Henri : *L'éloge de la fuite*, Ed. Robert Laffont 1976, Ed. Folio-Essais/Gallimard 1993

LEMOINE Patrick : *L'enfer de la médecine est pavé de bonnes intentions*, Ed. Robert Laffont, 2005

LEOTHAUD Eve, CHASSERANT Philippe : *L'Im-patiente*, Ed. Balland, 2002

LEROUX Mathieu, DARNIL Sylvain : *80 hommes pour changer le monde*, Ed. J-C Lattès, 2005

MALSON Lucien : *Les enfants Sauvages*, Union générale d'Editions, 1964

MARTIN Bertrand, LENHARDT Vincent, JAROSSON B. : *Oser la confiance*, INSEP Editions, 1996

MORIN Edgar : *Ethique, la méthode 6*, Ed. Seuil, 2004

MORIN Edgar : *Pour une politique de civilisation*, Ed. Poche Artea, 2002

MORIN Edgar, WEINMANN Heinz : *La complexité humaine*, Ed. Poche 2008

PERAUT SOLIVERES Anne : *Infirmières, le savoir de la nuit*, Ed. Puf/Le Monde, 2001

QUENAU Patrice, MASCRET Damien : *Le malade n'est pas un numéro*, Ed. Odile Jacob, 2004

SCHUTZ Will : *L'élément humain* Ed. InterEditions, 2007

SCHUTZ Will : *L'option vérité*, Ed. Le jour Editeur, 1990

SERVAN-SCHREIBER David : *Anticancer*, Ed. Robert Laffont, 2007

SERVAN-SCHREIBER David : *Guérir*, Ed. Robert Laffont, 2003

SOULLAR Thierry, ROBARD Isabelle : *Santé, mensonges et propagandes*, Ed. Seuil, 2004

STIELGLITZ Joseph : *Le triomphe de la cupidité*, Ed. Broche, 2010

STORA Jean Benjamin : *Quand le corps prend la relève*, Ed. Odile Jacob, 1999

TOLLE Eckart : *Le pouvoir du moment présent*, Ed. Ariane, 2000

WILBER Ken : *Brève histoire de tout*, Editions de Mortagne, 1997

WILBER Ken : *Le livre de la Vision Intégrale*, InterEditions, 2008

YUNUS Muhammad : *Vers un monde sans pauvreté*, Ed. J-C Lattès, 1997

YUNUS Muhammad : *Vers un nouveau capitalisme*, Ed. J-C Lattès, 2008

ZAZZO René, collectif : *L'attachement*, Ed. Delachaux et Niestle, 1992

TABLE DES MATIÈRES

PARTIE II
LES RAISONS DE TANT DE DÉRAISON
Zoom sur les mécanismes
de notre monde intérieur

PARTIE III
SORTIES DE SECOURS ET CLÉS D'ACTION
Grand angle sur nos capacités de calmer
le jeu et vivre mieux